Capturing
Life Education

中国教育现场丛书

捕捉教育生命力

李荣霞 著

北京师范大学出版集团
BEIJING NORMAL UNIVERSITY PUBLISHING GROUP
北京师范大学出版社

荣霞老师的教育智慧与情怀

认识荣霞，是在北京市海淀区小学“十佳班主任”评选的现场。那个场地有一个美好的名字——阳光屋顶。她在台上讲述自己的学生和班级发生的教育故事，笑容很温暖，就如三月明媚的阳光。

得知她顺利入选，我丝毫不觉得意外。后来我受命给“十佳班主任”写颁奖词。虽然当时并不特别熟悉，但有一种特别的亲切感。仅仅凭借文字材料以及一面之缘的直觉，我试着用心感受到她的教育魅力，写出了下面这段文字：

班级小活动，创新大视野；工作小事情，人生大情怀。相信人性的她热爱教育热爱孩子；追求知性的她不断探索努力学习；富有弹性的她解决问题游刃有余充满智慧。历经二十载风风雨雨，她像一只执着飞行的大雁，越过教育的蓝天，始终朝着目标无限飞翔。

今天，看着荣霞这本记载了成长之路上所有进取足迹和收获的手记，我又一次想起自己当初对她的印象，不禁微笑：原来，认识一个人，有时并不需要朝夕相处，耳鬓厮磨，同是教育人，在灵魂的深处，大家的脉搏保持着和谐的共振。

荣霞是智慧的，一直担任班主任工作的她，不仅能把有意义的活动做得有意思，还有一手为人称道的绝活——治理乱班。通过类似于“望闻问切”的观察与诊断，她有一整套的策略：立规矩、定方向、积善成德、明理导行。不长的时间，班级开始“有模有样”。面对形形色色的个别学生，她类似于“十万个为什么”的宝典。情绪暴怒的孩子怎么办？拿别人东西的孩子怎么办？厌学的孩子怎么办？不愿当小干部的孩子怎么办？林林总总，在纷繁复杂的教育问题中，她总能够游刃有余，有原则但方法灵活，充满弹性。

荣霞是好学的，或许由此可以猜出她教育智慧的来源路径。正如她自己写的那首小诗：教育教学无止境，登攀探索有门径，课堂教学创佳境，爱心育人出蹊径。她不仅认识到教育是科学，而且坚信“路靠自己走，梦靠自己圆”。无论工作多么繁忙，从来不放弃读书与思考的精神生活。她读一线老师的经验，从中学习技能；也读哲学的思考，从中获得启发；她读教育的理想，也读教育的现实；她不仅从书中更新教育的观念，也认真琢磨研究的方法。正是对知性和理性不懈的追求，使得她始终能够做一个清醒的教育者，有方法，更有方向。

荣霞是热爱教育和学生的。她亲切而且和煦，被学生称为“李妈妈”。然而这种爱，既不是血缘意义上的天性，也并非朴素对儿童或者幼小生命的自然怜惜，甚至也不完全是基于理性的职业宽容和耐心。它有着一种别样的风采，是一种对人性敏感基础上的生命情怀。她多次引用国际知名教育学者闫学在《教育阅读的爱与怕》一书中的一句话：“在苏霍姆林斯基庞大而完整的教育体系中，有一个根本核心，那就是‘人’。”她一直努力在寻找和探索教育和人的关系。教育是为了人的成长而来的使命。如何使得其永远保持价值理性的光芒？她用教育引领教学，用教学滋养教育，在教育教学中发现和引领生命。在她的手记里，你能发现很多篇幅留给了学生，学生那些稚嫩的生命感悟，那些创意的想法，都被她视作珍宝般留了下来。从这个意义上说，荣霞这本书，线索不是理论，也不是条分缕析的阐述。它只是师生生命成长轨迹的记录，如海滩上的贝壳，虽未打磨，自有一份独特的光华。

“爱心书写，智慧创造”，这又何尝不是她教育人生的写照？从荣霞的身上，我们可以看到所有优秀教育者的共同特质：外显成行的总是处理问题的智慧，内隐于心的却是生命情怀，纵向连接的是孜孜不倦的学习和追求。

北京教育学院教授

张红

2013.12.15

最有魅力的教育

全国教育学会德育专业委员会主任鲁洁曾经说过一句话——“道德教育要成为最有魅力的教育。”这句话精辟地道出了德育的意义与方向，实在是发人深省。

从事教育工作已经二十多年的我，越是教书，就越是感受到我们不只是在“教书”，更是在“教人”。一位良师益友曾这样对我说：“你最大的特色就是‘能透过教学看到你背后的教育’。”细细想来，的确是这样。这么多年来，我津津有味地教语文，我孜孜不倦地做德育。教育教学实践使我由衷地感受到德育确实是最有魅力的教育，我越来越坚定不移地用教育实践来证实这个理儿。

德育就是育德，是培育高尚的道德情操。德育中涌动着生命的激流，展现着真善美的花蕾，培植着纯净高雅的心灵，散发着人性的芬芳。德育就是要用“爱”的浪花推动学生前进，用“善”的乳液润滑少年生命，用“美”的春雨沐浴儿童双翼，用“真”的阳光照耀生命成长。

作为德育工作者，教师不仅是知识的传播者，更是学生道德的引导者，思想的启迪者，心灵的开拓者，情感的培育者，意志的锻炼者，人格的塑造者。我们每天和学生生活在一起，我们自身的言行直接或间接地影响、教育、感染着每一个孩子。就是我们不甘心做榜样，为示范，可是，自从我们走上工作岗位的那一天，社会、学校、家长、学生早就已经给我们定了性。我们就是“传道授业解惑”的楷模，我们就是“真善美”的代言人！因为，我们选择了教师这一崇高而伟大的职业。

作为教师，我们是学生人生道路上的领路人，我们要用自身的温情感染学生的心灵，我们要用内在的智慧丰富学生的头脑，我们要靠高尚的行为引导学生提升生命的质量。

我们不是丰碑，但却要像丰碑一样，成为学生心中的“不朽”；我们不是专家，但却要像专家一样，成为家长眼中的“博学”；我们不是圣人，但却要像圣人一样，成为社会中的“神圣”；我们不是……为了这么多的期盼，为了这么重的责任，为了这么大的信任，我们责无旁贷，要全力以赴，做最好的我；我们无从选择，要率先垂范，为培育英才。教育，要从德育抓起；教师，要从自身做起，这才是最有魅力的教育！

有感于2014年初春

李荣霞

目录 CONTENTS

1 教育的情怀从哪儿来？

教育战线上，
我只是普普通通的一员，
就仿佛广袤的天空中，
我只是一只执着飞行的雁。
没有苍鹰强劲的翅膀，
没有天鹅柔美的羽翎，
我只是一只扇动并不强硬的翅膀，
朝着目标不懈飞翔的雁。
尽管天空留不下我飞行的痕迹，
但我依然为在天空飞过而无憾。
……

1. 记忆中的那件事

迄今为止，我已经送走了 12 个毕业班，每届学生跟我的感情都特别好。他们有的亲切地叫我“李妈”；有的三十多岁了还“恩师恩师”的恭敬有加。

教师生涯中，有一件事对我产生了深远的影响和深深的启迪。2005 年 8 月 20 日，一个极其普通的日子，但对我而言却意义非同一般。这一天，我真切地感受到了作为一名教师的幸福与骄傲。这一天，我和自己从教后所教的第一拨学生相聚在一起，这是我们离别后的第一次聚会——十年相聚。

那天，我被已经大学毕业走上工作岗位的孩子们开车接到了餐厅，他们一路护送着我，迎接着我。我们拥抱着、问候着。一张张认识的、不认识的似曾相识的面孔满是笑意。拥抱再拥抱，寒暄再寒暄，场面甚是感人。孩子们一个个深情地回忆着和我在一起的或美好或难忘的时光。他们中有的已经做了会计师，有的还在读研究生，有的在说相声，有的也做了老师，还有的则成为了军人……看着小伙子们深深地向我鞠躬，望着姑娘们手捧鲜花向我致敬，我的内心激动不已。这些我曾经亲手捧起的“小星星”真的长高了，长大了……

聊天中我才知道，为了这次聚会，他们忙前忙后、不辞劳苦。由于校舍周边进行了房屋拆迁的大改造，同学们的家都搬了。为了寻找昔日的伙伴，他们印制了小广告，张贴在学校附近每栋楼的门洞前。他们冒着酷暑走遍了周围的小区，一张张贴，一回回问，寻找失去联系的同学们。最终，全班同学有 2/3 都到齐了。为了这次聚会，孩子们专门定做了统一的带有“十年相聚”标志的文化衫，穿在每个人身上；他们准备了签到本；定制了横幅，还有一面让每个同学签名的大宽幅……那份感动令我久久沉浸其中。

切蛋糕了，我们无数双手握住刀柄，切下一块块蛋糕，吃在嘴里，软软的、甜甜的，就像这份师生情，浓浓的、纯纯的……

孩子们簇拥在我身边，让我从教以来第一回真真切切地感受到了作为教师的欣慰与幸福。没想到，电影中满头华发的教师，桃李芬芳的场面，我这么年轻就已经拥有了。那一刻，开心、激动、幸福、愧疚等复杂的情感一股脑儿地涌上了我的心头。这些我曾经一再“欺负”过的孩子们，他们依然想着我，念着我，除了感恩还是感恩，他们多善良啊！那天，我们聊到很晚、很晚……后来，当看到孩子们专门刻录的这次聚会的光盘时，当听到那首《感恩的心》再次响起时，我早已是泪流满面。

我有何德何能让孩子们如此爱我？要知道，这次聚会的发起者、组织者，恰恰是那些曾经被我批评得痛哭流涕，“欺负”得无可奈何的孩子：

一对双胞胎——学习吃力、沉默寡言，不被我关注的弱势群体。（如今已经成为电脑绘画设计师）

一个犟脾气——因饭盒中剩饭发毛儿不去洗，宁死不吃饭，死死抱住篮球架，被我强行拖拽到办公室的倔人。（如今是一家超市的小小管理者）

一个留级生——这是个成绩极差，人见人怕，敢于跳着脚骂老师的女中豪杰，没有人敢接手的烫山芋。（如今是区体校摔跤教练）

他们用自己最真的情感、最善的心灵、最美的行为给我上了人生中最重要的一课，让我对自己从事的职业有所顿悟——

不要小看每一个孩子，相信每个孩子都是一座宝藏，要发自内心地善待他们，从人格上尊重他们，因为他们并不比你差。每个人都有自己的成长轨迹，每个人都是最好的孩子，引领他们、尊重他们、关爱他们，才是教师最应该做的事。

不要欺负这些年纪小的孩子，再小他们也是有血有肉有情感的人。你的一个善意的眼神他们会记得，你的一句无心的话语他们不会忘记。他们也有长大的那一天，绝对不要打着爱的幌子做伤害他们身心的事，不要让自己的所为愧对“人类灵魂的工程师”的称号。

教师是一种慈善的职业，不要为了成绩强逼孩子，要承认并尊重个体间的差异。引导到位、关注始终、相信学生、终会成功。尤其是孩子的人生之路还很长，不要主观地给孩子盖棺定论，要相信每个孩子都能成功，不以好恶谈学生，不以分数论英雄，不凭成绩定输赢。

学生是可爱的，是宽容的，是善良的，是值得学习的。他们中尽管有的孩子总是因为这样那样的原因挨狠批，被严训，有时可能还会被冤枉，可他们从不记仇，总是很善意地包容老师的任性、暴躁，有时甚至是蛮横。小小年纪的学生就能胸怀宽广，他们是可敬的！向学生学习是每一位教师应有的谦虚品德。

越是学生中的弱势群体，教师越是应该给予他们更多的爱，因为他们缺少爱——很少有人喜欢成绩落后的、纪律涣散的、品行不佳的孩子。因为他们渴望爱——被爱是每个人，尤其是孩子最应享有的权利。因为他们需要被尊重——人与人之间是平等的，尊重可以唤醒孩子的内在尊严，做人怎能没有尊严？因为他们需要被发现——“尺有所短，寸有所长。”帮助孩子发现自身显性或隐性的长处，从而树立自信品格，自信可是成功的基石。

这次聚会带给我的感受很多，感触很深，让我在享受教育的幸福的同时，意识到教育的责任。社会需要各行各业的人，教师培养的不是学习的容器、得分的机器，而是拥有爱心的天使，常怀感恩之心的善良的人。对待善良的孩子们，我们怎么还能板起一副吓人的面孔，发出一阵骇人的咆哮？教育家夸美纽斯说：“只有品行高尚的人才能教别人品行高尚。”既然从事的是把学生培养成品行高尚的人的职业，那么，我们教师责无旁贷，先从做高尚的人开始重塑自己。

从那时起，作为教育工作者，我的眼中开始有了“人”，我的心中常驻着“民主”，我的反思中关注着“心灵”。

这么多年的教育教学工作一路走来，我将自己的感受写作一副对联，上联——朴素最美，关注人性做真教育；下联——幸福至上，享受童心当好老师，横批——教书育人。

二十年如一日，在教书育人的岗位上，我用心做好自己的事，关注每个孩子的成长，从学生的成长、成才中获得快乐。和我佩服的教育家李镇西老师一样，我深知教育绝不是冷冰冰的分数，而是一份浓浓的情感。在我心中，教育是充满人性的，是具有知性的，是要有弹性的，是感性与理性相结合的。作为教师，我时刻提醒自己要心中有爱，眼中有人，让尊重做根，才会结出幸福之果。

我深知：教育不是一日之功，而是长久之力。教育不是汹涌如汪洋，而应是潺潺若溪流。教育真的有时只是一个善意的眼神，一句暖心的话语，一次轻柔的抚摸，一声调侃的嗔怪……爱的教育就是充满人性的教育，就是以心灵赢得心灵的教育。

2. 朴素的教育　幸福的教师

二十多年的教育教学体验，使我深深地感受到：教育是辛苦的，也是幸福的。我的幸福源自于学生的健康成长，我的快乐源自于学生的发展进步。

“幸福教育”是一种人性教育，是由表及里的心灵教育，是更深层面的爱的教育。“做朴素的教育，做幸福的教师。”这是我执着的追求。

朴素最美，关注人性做真教育；幸福至上，享受童心当好老师。

何为“朴素”？朴素教育就是擦掉口红，去掉油彩，去掉脂粉气的教育。我记得教育家李镇西老师曾说：“朴素比特色更美丽。”因为学校不是要面向市场的，而是要面向人性的教育。作为教师，认认真真做好每一件事就是最好——认认真真把每堂课上好，认认真真把每个孩子教好，认认真真把每个班带好。

“认真”是什么？是态度的体现。一个教师，他的教育教学水平未必很出色，但他一定是一个对教育全身心投入的人，一定是一个把教育看做自身本分的人。只有热爱学生的人，只有具备依恋、迷恋情怀的教师，才可能做好教育。

苏联教育家阿莫什维利说过：“谁爱儿童的叽叽喳喳声，谁就愿意从事教育工作，而谁爱儿童的叽叽喳喳声已经爱得入迷，谁就能获得自己的职业的幸福。”

我们现在总是在说“幸福教育”，什么是“幸福教育”？书上说：“幸福教育就是以人的情感培养为目的的教育，通过这种教育培养能够创造幸福、拥有幸福的人。”应该说幸福教育就是一种教育体验，一种心态感受。“幸福”不代表“优秀”，“优秀”也不是“幸福”的代名词。其实，一个教师是否“优秀”不是最重要，是否“卓越”更无关紧要，最最关键的是，是否幸福！优秀与否是别人的评价，幸福与否是自己的感觉。所以，用心做好自己的事，关注每个孩子的成长，从学生的成长、成才中获得快乐的感受，这就叫“幸福教育”。

幸福的教师会享受学生，享受工作，好或不好，全盘接受，过程的投入从不量化，情感的付出，累或不累，从不计较，不计得失。是高尚吗？不，只是一种责任。爱即责任，爱即尊重。真爱是以尊重为前提的，教师绝不能在关爱学生的同时践踏他们的尊严！脱离了尊重的爱可能会是一种伤害！

教育绝不是冷冰冰的分数，更应该是一份浓浓的情感。教师的主要任务不是把学生变为知识的容器，而应是教会学生爱，做人永远比求知更重要。教师要让学生学会从平凡的生活中感受爱，体验爱，传递爱，让学生在点滴爱的付出与得到中享受幸福。学生就是在爱的付出与得到中体验给予的快乐，感受被爱的幸福。

我记得《教育的理想与信念》中有这样一段话：“有心的地方，就会有发现；有发现的地方，就会有欣赏；有欣赏的地方，就会有爱；有爱的地方，就会有美；有美的地方，就会有自由；有自由的地方，就会有快乐！”

是啊，有快乐的地方，就不会有伤害，有快乐的地方，就是幸福的所在。可见，班级要靠“心”来带，教育要用“心”来做，终将得到收获！

2 教育的智慧从哪儿来?

有那么一段时间，我如饥似渴地拜读有“中国的苏霍姆林斯基”之称的李镇西老师写的每一本书，什么《爱心与教育》《走进心灵》《教有所思》《做最好的班主任》……就是为了让自己成为一个有爱心的教育者，真正走进学生的心灵，触摸学生的心情，成为学生成长路上的助力器。后来，读书成了我每日生活的必需。

1. 做清醒的教育者

我不断地学习，向学生学，向书本学，向专家学。在一次聆听了北京教育学院陈爱苾教授的讲座后，我最突出的感受是——做清醒的教育者。

3个多小时的讲座，陈教授孜孜不倦、深入浅出地引导我们懂得“班主任究竟是做什么的”。别看我们教了十几、二十几年书，可真的是对自己的职责没有过更多深入的思考，只是日复一日地在做工作，凭热爱，凭热情，凭良心，凭干劲，对育人之道还不能侃侃而谈，只是似懂非懂，身在其中。

一听到“育是什么?”这个问题时，我还真是不知如何谈起。我们每天都在教书育人，可是谁又真正思考过“育”指什么呢？现在我知道了，原来“育”贯穿在我们教育行为的始终：一句尊重的话语、一个善意的眼神、一次耐心的交谈、一回生动的体验、一次静心的倾听……这都是教育，真应了那句话：教育无小事，事事皆教育。

对学生“育”的过程，有的是显性的、直接的、有声的；有的是隐性的、非直接的、无痕的，大概教育的“润物无声”正是如此吧！明理说道，鼓舞激励……这些是每个班主任每日必做的功课，不足为奇，而更多时候，教育的魅力则存在于无声的环境熏陶，教师的躬身示范以及规则的制定落实等方面。每一起学生突发事件的机智处理，每一处教室环境的精心布置，每一次与生交往中善意的言行，都是教育。

作为教育者，时时处处事事人人都是教育契机和教育资源，抓住每一个教育契机，利用每一种教育资源为“育”服务，实现由他律向自律的转变，这才是教育的最高境界——教育就是为了不教育。

做清醒的教育者不光要明白什么是“育”，更要知道用什么方法

"育"。"教学有法，教无定法，贵在得法。"教书如此，育人也是如此。俗话说："一把钥匙开一把锁。"特别是面对独生子女这一要么"爱过剩"，要么"爱缺失"的特殊群体，教育没有万能钥匙可言，因材施教、因人而异显得尤为重要。

方法在手，万事莫愁。一旦班主任具有了创造性解决实际问题的能力，不死板，知变通，讲创造，懂尊重，那么，从事教育工作就会游刃有余，解决学生问题就会得心应手。不盲从，不蛮干，用智慧，巧抓点，让每一件最棘手的小事都能成为教师教育的契机，变坏为好；让每一个最容易忽略的细节都能展现教师育人的精巧，变废为宝……不放过，不错失每一次"育人"的契机；不懈怠，不疏忽每一次"育人"的过程；不浪费，不逃避，每一次反思育人行为的机会……

做清醒的教育者就是要在学中思，在思中悟，在悟中行，且学且思，一路前行，能清醒地教育人，做智慧的班主任。

2. 理智地去爱学生

首先，我们来看“班主任是什么?”这是一个角色定位问题，这个问题很关键，因为你把自己定位成什么角色，你就会自觉不自觉地扮演这个角色，于是你就会真的成为这种人。书上说：“班主任是学校中全面负责一个班学生的思想、学习、健康和生活等工作的教师，是一个班的组织者、领导者和教育者，也是一个班中全体任课教师教学、教育工作的协调者。”

我是怎么看待班主任和班主任工作的呢?

没有鲜花的姹紫嫣红，没有露珠的璀璨晶莹，没有清泉的悦耳叮咚；有的只是苦乐参半的平淡，有的只是披星戴月的从容，有的只是呕心沥血的经营，这便是班主任的工作。

班主任，是班级工作的领导者，组织者和实施者；班主任，是教学工作的协调者。作为班主任，不但肩负着教书育人的重任，而且更是学生健康成长的引路人。班主任能够与学生产生心灵的共鸣，学生才会亲其师信其道，工作才会取得成效。这不仅需要班主任具有强烈的事业心、责任感，更需要班主任具备一定的组织管理能力和组织管理学生的艺术。

班主任工作艰巨而繁杂，但责任与意义重大。如何做一名好班主任，做好班主任工作，是每一位班主任需要用心灵揣摩与实践的。我觉得班主任就好比一位高超的指挥家，若想成功演奏出动听的乐曲，就需要有掌控全局、协调一致的能力。班主任就如同海中航行的舵手，把稳船舵，辨明方向，班级这艘渡轮才会一路顺风，扬帆远航。

20 多年的班主任工作使我深切地体会到，班主任工作是充满人性的，是具有知性的，是要有弹性的，是感性与理性相结合的。班主任工作是一份责任，责任不容懈怠；班主任工作是一种创造，创造需要智慧；班主任工作是一种幸福，幸福成就人生。

那么，怎样做一个好班主任呢？国际知名教育学者闫学在《教育阅读的爱与怕》一书中说：“在苏霍姆林斯基庞大而完整的教育体系中，有一个根本核心，那就是‘人’。”只要我们心中有“人”，只要我们把人的全面和谐发展放在第一位，那么，我们就离一个好的班主任的标准不远了。

日常教育工作中，我始终坚持“科学育人、立人为本”的原则，用在北京师范大学所学的“促进儿童青少年心理健康与发展”的相关理论，指导自己的教育行为。班主任工作中，我采取“代币制”、“增强与削弱法”等教育方法，与家长配合，使后进生旧貌换新颜；采取“行为矫正技术”，帮助具有攻击性行为的学生解决了自身存在的问题；利用“档案袋评价”等教育评价措施，激发调动学生各方面的学习兴趣；运用“双主体育人”的理念“以爱育爱”，在班级中营造一份爱的乐园，培育一颗颗美好的心灵……

多年来，我不断地学习—实践—再学习—再实践，用科学的教育理论与自身的教育实践相结合，工作中讲方法，讲策略，不因循守旧，力求将育人育心工作做好、做实。

我深知，教育的根基在于爱，师德之魂在于爱，爱是教育的永恒主题。没有爱，一切教育无从谈起。作为班主任，我将自己对教育事业的爱，撒播在每一个孩子的心田，爱孩子成为我工作的主旋律。我始终坚信“只有童心能够唤醒爱心，只有爱心能够滋润童心。”用爱心赢得学生、用竞争带动管理，让班级成为学生健康成长的乐园。

我推崇李镇西老师倡导的“爱的教育”。的确，爱就是教育，教师只有用自己的爱，才能与学生产生心灵的碰撞，才能实现超越人的自然属性而达到完美的境界。任小艾老师也曾提出，教育不能没有感情，没有爱的教育，就如同池塘里没有水一样，不能称其为池塘；没有情感，没有爱，也就没有教育。教师对学生的爱和理解，可以使学生感到温暖、关怀，可以沟通师生之间的感情。

总结多年做班主任工作的体会，我认为：教师的爱应撒在学生集体中，教师的爱应播在学生心坎上，包括对优等生的培育，对一般生的促进，对特殊生的特别关怀，对后进生的偏爱照顾。后进生意志薄弱，自控力差，行为极易反复无常，所以做后进生的思想工作不要简单地认为通过一次谈心他们就能彻底改好。遇到后进生不良行为出现反复，班主任一定要有耐心，客观分析其不良行为反复出现的原因，要及时发现，抓住教育契机加以诱导，做到防微杜渐。

教师在把爱奉献给学生的同时，自己也在收获着学生们的爱。一句句亲切的问候、一张张可爱的笑脸，都让我感到欣慰。现在，我们这个原来谁见谁头疼的集体就像一个大家庭，兄弟姐妹间其乐融融。我坚信：只要我们用一颗真诚关爱的心去开启不同学生心房的门锁，定能给学生捎去和煦的春风，给班级带来亮丽的风景。

管理好一个班集体，仅凭班主任一个人是不行的。如果做到“事必躬亲”，最后只能疲于奔命，可能收效甚微。如果班主任有一批得力的左膀右臂——班干部，就不会被繁琐的班级事务性工作搞得焦头烂额，班级工作也因为有了一批得力干将的群策群力而做得更圆满。这就需要班主任知晓班级管理的艺术，培养出能干的班级“小管家”，让他们参与到班级管理中去。

班干部是班级的中流砥柱，是班主任的得力助手。我会在学期初，采用“竞争上岗”的方式选举班干部。自愿参加竞选的同学纷纷上台演讲，宣读自己竞选的职位、原因及“施政纲领”，然后再由其他同学无记名投票，决定新一任班委会成员。这样既可以增强学生的竞争意识，又可以让乐于为班级服务的学生参与到班级管理中来，接受锻炼，展示个人风采。有广大同学的信任做后盾，无形中激发了班干部的主人翁意识。班级的核心运转起来后，班级就更加富有朝气蓬勃、积极向上的活力。

让干部管理并不意味着放任自流，班主任要充分发挥主导作用。首先，班主任要把握住引导的时机。开学之初，是关键时期，是新任班干部履行职责的开始。这时，我引导班干部分析班级现状，研究管理策略，制订管理计划，这为以后的班级管理打下良好的基础，一劳永逸。

在管理实践中，我深刻地认识到：班主任只有选拔好班干部，给他们一个施展才华的舞台，在老师、同学信任的目光中，他们才能真正地以主人自居，为老师排忧，为同学解难，以达到"教是为了不用教"的教育目的。

我始终认为最有效的教育方法不是说教，而是形成使人向上、向善的积极的氛围。风气是无形的力量，它能引导人、陶冶人、教化人，塑造美好的人格。班主任要充分调动学生的积极性，组织开展丰富多彩的班级活动，充实学生的学习生活，丰富学生的精神世界。

每学期，我会按照学校的工作安排，组织学生开展一系列教育活动。活动中，我充分尊重学生的主体地位，放手让学生大胆构思、设计，自己则以合作者的身份与他们共同商讨，提出参考意见，不过分干预，不把自己的想法强加给学生，由学生自己总结活动的得失。

通过各项活动，学生的才能得到了展示，交往的品质、活动的能力得到了提高，积极进取，团结协作、顽强拼搏的精神得到了培养。这样一来，学生会更加热爱自己做主人的班级，班级即成为他们健康成长的家园。

做了 20 多年的班主任，我始终乐在其中。我喜欢当班主任，虽然事很多，活很累，但我总有一种累并快乐着的感觉，这种快乐是学生给予我的，当然，前提是我先给予学生。干了这么多年班主任，接了一拨又一拨令人望而生畏的淘气学生，我始终用一颗最真诚的心善待每一个学生，本着"一切为了学生，为了一切学生，为了学生的一切”的宗旨服务于我的学生们。教他们做人，引他们求知，培养他们的创新精神，为让每一个孩子身心健康、快乐地成长，做着自己认为应该做好的每一件小事。就是在这日复一日的琐碎小事中，我和学生们建立起了深厚的情感。这份浓浓的师生情，又为我进一步开展班主任工作打下了更为坚实的基础。

3. 用学习扎实底气

与书为伴增智慧

要给学生一杯水，教师先要有一桶水。这一桶水怎么来的？当然是用力汲取的。作为教育者，要想教好学生，首先要充实自我。只有不断完善自身，才能培养出更多优秀的人才。充盈自己的最好方法，自然是与书为伴。高尔基不是说"读一本好书，就像与许多高尚的人谈话"吗？读书使人增智，读书使人得法，读书使人受益。下面是我从书籍中汲取的知识、感悟的道理。这一路走来，书籍已成为我前行路上的明灯，教育生涯的益友。

【读李镇西】

李镇西老师，带着他对教育的爱，对学生的情走进了我的心灵，指导着我的言行。他是我教育生涯的启蒙老师。

从教近20年，还没有一个教育者能像李镇西老师这样对我产生过如此深刻的影响，苏霍姆林斯基、陶行知这些大教育家太过著名，他们的名字已经成为了一种思想，成为我一生追求的梦想，高举的旗帜，尽管向往，却总有一种高不可攀的距离感。而李镇西却是和我同时代的一路伴我同行的教育者，他将自己在教育教学中的成败得失，以故事的形式娓娓道来，反思着自己——是凡人就有问题；启迪着他人——搞教育要走进心灵。

《走进心灵》是李镇西老师的一部心灵之作，没有高深的理念，没有晦涩的语句，有的是朴实的情感，是真诚的心灵，是鲜活的事例(由现在看来，这是一部素质教育早期的叙事性研究案例)。

捧读此书，我爱不释手。书中记载的一个个真实生动的故事深深打动着我：“未来班”的创建令我心潮澎湃；“班级法律的诞生”令我拍手叫绝；“我有什么值得李老师学习”令我自愧不如。读着那一篇篇抓住学生特点，体现学生个性，拨动学生心弦，激励学生上进的评语，我不禁被李老师对学生那份充满人情味的幽默、亲切的话语所打动。这一桩桩、一件件小事透过李老师细腻的文笔，在我的眼前形象起来。

我印象最深的是当读到“我的教育失误”中的一篇名为《无法回避的一双眼睛》时，我哭了。这是怎样一个心地善良纯真的孩子啊！身患重病却坚持上学，因上学迟到屡屡被老师批评却毫无怨言，直到生命的最后仍全心全意“想念李老师”……这又是怎样一个敢于面对社会揭开自身教育失误疮疤的老师啊！为自己曾让学生罚站而愧疚；为过往对学生的冷淡而沮丧；为最终甩开了一个包袱（任安妮因病降级）暗自高兴而心痛……不光是这个心灵美好无瑕的孩子令我感动，李镇西，这个犯了这么多错误的真实的老师同样令我感动！感动我的是他对自身的无情剖析，是他对错误的勇敢面对，是他对同行的真诚告诫。教师是人不是神，扪心自问，有哪一个教育者没有做过伤害学生心灵的事，没有说过刺痛学生情感的话？可谁又敢于面对自身教育的失败？李老师做到了，这使我对他更平添了一份敬意！他是这样做的，因为他曾这样说过：“教师因向学生学习而拥有了高尚的人格。”从一次次的教育失误中他反思自己，矫正自己，转变自己，提升自己，用平等和真诚去爱每一个学生，绝不再做伤害学生心灵的刽子手。只有心灵能赢得心灵，李老师用自己的童心、爱心、责任心赢得了所有学生、家长的尊敬；李老师用这部心灵的杰作赢得了我以及像我一样追求“真教育”者的敬仰；李老师用自身的教育教学实践，书写着一个教育者作为人，而不是神的喜怒哀乐！

《走进心灵》的确走进了我的心灵，涤荡着我的心扉。这才是生活中的教育，有成功，有失落，有欢喜，有苦涩……教育者就是在品滋嚼味中提炼教育中的甘甜。李老师的教育让我深切地感受到他对学生最真诚的爱，这爱是理性与感性共存的，这爱是教师与学生平等的，这爱是真诚与信任交融的。

《走进心灵》告诉我，“班集体形成发展的过程，就是实现一个又一个集体目标的历程。”于是，为了建设一个和谐进步的集体，每次接班后，我便依据班级特点和学生共同制定班级奋斗目标，如“学做人、会求知、健身心、育特长”等，使学生明确前进的方向。在此基础上，动员学生制定个人学期发展目标：“不能在困难面前低头，不能在艰苦时候倒下。”“保持恒心，不保持现状。”……目标就是方向，有了方向，学生便会朝着个人小目标努力，朝着集体大目标奋进。那一年，我们班被评为“海淀区优秀班集体”。

《走进心灵》告诉我，“班主任要善于组织各种生动有趣、寓教于乐的活动，因为这些活动最能潜移默化地使学生受到集体主义精神的感染。”的确，学生从一项手工劳作中、一次中队活动中获得的情感体验，是教师用任何空洞的说教都无法替代的。在学校组织了一次“予人玫瑰，手留余香”的义卖活动后，我抓住契机，召开了“小零钱大用处”的主题队会。学生们通过一分钱积少成多建高楼、助灾区的小品、快板、歌舞剧、诗朗诵等形式的表演，体会到“一分钱虽少，作用可不小，平日积攒一分钱，关键时刻不畏难。节俭是最美!”的道理。从此改掉了乱花零钱的坏习惯。

为了将教育落到实处，我们又开展了“有爱教育”活动，引导学生给学校以爱，给班级以爱，给他人以爱，给社会以爱……学生们把零花钱献给失学儿童，帮助他们重返校园；献给集体，把“大家”建设得温馨美妙。走进我们的“家”，绽放的鲜花犹如孩子们的笑脸——欢迎着你；葱郁的巴西木恰似孩子们的朝气——蓬勃向上；自在游弋的大金鱼仿佛孩子们的生活——欢快无忧……学生们将爱心落实在自己的一言一行中，时时处处实践着“集体就是我的家，我不爱它谁爱它”的班级理念。在享受“让同学因我的存在而幸福，让班级因我的存在而美好”的同时，学生们也深深地感受到了集体的温暖与和谐。那一年，我们的集体被评为“北京市先进班集体”。

《走进心灵》让我的心灵受到了洗礼，它将“尊重、信任、民主、和谐”的教育理念根植在我头脑中，让我懂得了“教育首先是人学”，讲究的是“人道、人性和人情”，“我们首先要尊重学生、信任学生，才能谈得上教育学生”，“对任何一个教育者来说，最不能原谅的教育失误是对学生心灵的伤害。”这些思想就如同一盏明灯，照亮了我的教育路程。从根本上，我转变了自己的教育行为，从“急于求成”到“耐心引导”，那种为一点儿小事动辄训斥学生的语言消失了，因为我知道“培养学生的自尊心只能用温柔细致的教育手段”。

再教育学生时，我学会了尊重。为了不让自己的言语伤害到任何一个孩子脆弱的“玻璃心”，不，应该是“水晶心”，我学会了换位思考。只要自己不愿听的话，我决不把它“无私”地送给学生；倘若偶尔言重的时候，我便会寻找恰当的时机向学生赔礼道歉，求得学生的谅解，也便赢得了学生的尊重。难怪李镇西老师会说：“以真诚赢得真诚，以心灵赢得心灵。”瞧，这就是教育的艺术啊！教师用自己的童心、爱心、真心、耐心、责任心为一切学生服务，不做“独裁者”，甘为“服务者”，这非但不会降低教师的地位，反而会促进自身人格的提升。

我抛弃了师道尊严和学生打成一片。赛场上，我和学生一起呐喊；课堂上，我和大家一起激动；休息时，我和孩子聊天逗乐……隔阂就这样一点点消除。谁早餐没吃，我就把自己的早点送上；谁测试成绩不理想，我就负责打气加油，保管让自信插上翅膀飞回他身边；谁成绩出色，翘起小尾巴，我就发挥“无敌嘴功”，挑战他过度的“嚣张气焰”……情感就这样一点点建立。

就是在这份和谐的氛围里，学生和我的感情日益增进。“李妈，我爱您！”“您可不能不教我，要不我跟您急！”……听，真情告白不客气！“我们家孩子可喜欢您了！”“您就是他的偶像，孩子别提多佩服您了！”……看，师生情感不掺虚！

教师节，我的办公室成了花的海洋；就连三八节，小毛同学也要用自己当滑雪助教的钱买来99朵康乃馨组成的大花束，祝我节日快乐；我生病休假两个星期，回校后，学生抱住我就哭，学生们为我开欢迎会，读思念信，说祝福话，就连让历任老师头疼至极的闹将小颖都激动得站起来喊：“老师，我们爱您！”小学生活即将结束，在红五月歌咏比赛的排练场，唱着一首感恩的歌，学生哭得已是泪人模样……一幕幕、一串串，感人的事说也说不完。情之所至，金石为开。这份情的付出与收获都得益于《走进心灵》带给我心灵的触动与感动！那年，我成为了“北京市少先队金质奖章获得者”。

《走进心灵》这本源自心灵的民主教育手记，这本震撼心灵的素质教育杰作，不仅让我在那一个个真实生动的故事中，在那一份份醉心事业的回忆中，结识了一位在平凡中追求卓越，在实践中撒播爱心，在耕耘中勇于创造，在激情中乐于奉献的真正的教育家，更让我在那一篇篇蕴含教育真谛的反思中，在那一次次投入真情的体验中，了解了教育不仅是技术，更是艺术，是一门研究人心灵的艺术，是一门赢得人心灵的学问。

《走进心灵》是我教育路上的良师诤友，这位“老师”时时告诉我——素质教育是“目中有人”的教育，是“至为精细的精神活动”，容不得半点含糊；这位“朋友”时时提醒我，“做教师就要把热情献给事业，把爱心献给学生。”《走进心灵》一路与我同行，伴我成长！

《爱心与教育》——一本震撼我心灵的教育力作；李镇西——一位深深镌刻在我脑海中的“中国的苏霍姆林斯基式的教师”，这本书弘扬的是“民主、科学、个性”的素质教育理念，“教育是心灵的艺术，爱心是教育的灵魂”的教育思想；这个人“将名字编入学生心灵的词典，将事业载入祖国教育史册”的追求精神，都深深教育和感染着我，激励我在素质教育的道路上不懈努力、执着追求。

每次翻开《爱心与教育》，总好像有人在提醒我：重新思考吧！挑战自我！

这本书用鲜活的事例告诉我教师的责任不只在教书，更重要的是育人，是培养对社会、国家有用的人才；我们所面对的不是“知识的容器”，而是活生生有血有肉的，能够独立生存于社会的开拓的人。书中倡导“把学生当成人来教育，以学生为中心，以他们的健康成长、全面发展为目标”的教育原则。过去的我从思想上没真正树立新的教育观念，忽略了素质教育的本质，读过此书，我从心底发出感叹：挑战自我吧！从转变观念开始！

“一个受孩子衷心爱戴的老师，一定是最富有人情味儿的人。只有童心能唤醒爱心，只有爱心能滋润童心。离开了情感，一切教育无从谈起。”文中这段话让我明白了感情不能取代教育，但教育必须充满感情。从李老师的身上，我体会到情感教育还必须建立在平等相待的基础上，只有心与心的交流，才能碰撞出爱的火花。我反思自己的教育行为，感到自惭形秽。自己在学生面前表现出过“凛然不可侵犯”的派头，显示作为教师的尊严，现在感悟到，那是一种对学生居高临下的平易近人，并不是尊严，而是威严。教师只有肯于“弯下腰说话”，与学生建立平等的关系，学生才能听其言，信其道。从那时起，我提醒自己：挑战自我，学会与学生平等相待。

书中提到，李镇西老师多年来无论在学生创造性思维和能力的培养方面，还是在教育个性化方面，都进行了不断探索和创新。这样一位优秀的教育工作者，在做出了许多成绩后，仍书写道：“路漫漫其修远兮，吾将上下而求索。”

从那时起，我全身心地投入到做学习型、知识型、科研型、创新型教师的探索中去，始终坚持听特级教师的推门课，订阅专业书籍认真学习，每星期去上研究生课程培训，将理论与实践结合，用理论指导教学实践，在实践中印证理论，尝试民主化的导读教学模式，课上启发学生大胆思维，创新发言，倡导学生自主学、主动学、创新学。

学生们读有个性，思维有创意，语言表达力、思维反应力、创造性的学习能力不断提高，受到全国特级教师窦桂梅的赞赏。她说："这一圈下来，这个班的学生是最棒的！"一直以来，我用李老师的求索精神激励自己一定要做勤于求索的人。

读了《爱心与教育》这本书，我最强烈的愿望是：做一名像李镇西老师一样的爱学生的老师。

对待后进生，我不再一味横加指责，而是更多地用爱心去包容他们。小鹏不爱写作业，我就每天留下来陪伴他直到完成作业。饿了，给他买面包等食品，渴了，递给他矿泉水。一个学期下来，小鹏的成绩不断提高，作业也能独立完成了，并与老师建立了深厚的感情。为了让我早些回家，他养成了独立完成作业的好习惯，再不用我为他的作业操心了。因为爱，所以爱，我用真诚的师爱，温暖、感动了孩子幼小的心灵。

对待失去母爱的学生，我更是倍加呵护。孩子在书信中道尽了老师的关爱与对我的依恋："从我记事以来，拥有的母爱就很少，是您，让我从师爱中尝到了母爱的甜蜜。有时我望着您的身影，常会幻想您真的是我的妈妈……"

多少年来，我一直在教育工作中实践着这样一句话："以心灵赢得心灵，用人格塑造人格。"孩子们对我的感情更加深厚。瞧，这是刚毕业的学生给我的来信："离开母校这么久，心中总是浮现您的影子。您独特的教学方法，您上课的一举一动、一言一行，今朝，我都历历在目，真是太想太想您了……"

每每读着这些充满依恋的话语，我的内心总会升腾起一种感激，感谢李镇西老师用《爱心与教育》开启了我的心扉，让我成为一名拥有爱心的教育者，才会赢得学生们真诚的热爱！

《爱心与教育》是我教育教学生涯的一本好书、一位良师益友；李镇西老师用自己的一言一行告诉了我——做新时代的教师，就要用心弹拨学生心灵的琴弦，奏响充满爱的生命的乐章；做人性化的教师，就要把整个心灵献给学生，才能赢得学生全心灵的热爱与敬重。《爱心与教育》——一本震撼我心灵，指导我言行，发展我才能的教育力作，它改变了我的教育观念，扭转了我的教育行为，挖掘了我的教育潜能，引领我做真实、真诚的爱生之师！

假期，在拜读了李镇西老师的又一部作品《民主与教育》后，我的内心颇为感慨。其实，20世纪初，美国著名实用主义哲学家、教育家杜威就曾经写过《民主主义与教育》，我国教育家陶行知、陈鹤琴、晏阳初也一再提出，生活即教育，倡导“活教育”和“平民教育”……这一系列观点的提出，归根到底强调的是教育的民主性。可见，教育需要民主。

教育的民主如何体现？简单说，就是让教育充满对人的理解和尊重，就是让教育充满爱心、尊重个性、体现平等、倡导宽容、重视法治、讲究妥协、激发创造。凡此种种，也正是素质教育中新课程所倡导的师生平等、自主合作、尊重个性等现代理念。

素质教育也好，新课程也罢，关注的就是教育的发展，学生的成长。在我们大谈教育改革的今天，有“中国的苏霍姆林斯基”之称的李镇西老师，非常敏锐地指出，长期以来桎梏着中国教育进步的最大问题就是目中无“人”。中国的教育要培养真正的大写的“人”，就必须要实行民主教育，这是仅有的，也是唯一的途径。

李镇西老师不是在教育的象牙塔里造学问的人，他从一线来，又回一线去，他把满腔热情投入到教育这项充满人情味的事业中去。他反复强调，民主不仅仅是一种政治制度，更是一种以尊重为核心的生活态度、生活方式。在李老师看来，民主应该渗透于教育的每一个角落，要让学生在民主中学习民主，在民主中实践民主。民主的教育必须有民主的教师，只有充满民主意识的教师，才能培养出具有民主意识的公民。而一个有民主意识的教师要懂得尊重学生的人格，宽容学生的错误，激发学生的自我效能，让他们敢想、敢说、敢尝试，在民主、平等、和谐的师生关系中学会学习，学会生活，学会创造。

那么，今日的教师应该怎样实践民主教育？李镇西老师说，民主教育首先是倡导宽容的教育。民主本身就意味着宽容：宽容他人的个性，宽容他人的歧见，宽容他人的错误，宽容他人的与众不同……要想做到宽以待生，其先决条件就是要学会尊重。作为教师，我们要平等地看待每一个孩子，尊重每一个学生。如果教师能够把学生当作朋友一样对待，尊重学生的个性与人格尊严，多给学生一份关爱、一丝温暖，那么师生关系肯定会多一份融洽与和谐。不是有一句流行的名言这样说吗？“把学生看作天使，教师便生活在天堂；把学生看作魔鬼，教师便生活在地狱。”我觉得，教师对学生的尊重就是尊重自己，教师对学生的宽容就是善待自己。

细细想来，教师民主精神的根本体现就是应该学会宽容学生。学生的成长过程就是一个犯错——改错——再犯错——再改错的循环往复的过程。学生在错误中成长，就需要教师多一份包容的心，多一份谅解的情，给他们一个自我矫正、自我完善的成长空间。学生螺旋式的进步成长过程离不开教师的体谅与宽容。

假日小聚时，听到友人讲述了这样一个发生在她身边的真实的故事：一个原本非常优秀的孩子遭遇到一位非常专制霸道的老师，从此后“恨乌及屋”，玩世不恭，一味放纵自己的学习。一日，在计算机课上，这个孩子不好好学习，戴上耳机听歌。计算机老师走到他身边，说：“把耳机摘下来。”可他却侧着脖子，斜着眼吼道：“你管得着吗？”教室内的学生见此情景，吓得鸦雀无声，等待老师的爆发。可老师默默地转过身去，继续操作电脑讲课。下课了，老师单独留下了这个孩子，递给他一张纸，纸上写着戴耳机的十大危害。这个孩子望着这张刚刚打印出来的还散发着墨香的纸，望着老师真诚的脸，泪水大颗大颗地涌了出来。从此后，孩子变了，由一个不学无术的混日子的顽劣学生，一跃成为全年级学习成绩首屈一指的尖子生。

听着朋友的述说，我也被这位老师对孩子朴素、包容的爱感动得泪水浸湿了眼眶。是啊，老师多重要！这不禁使我回想起陶行知先生说过的话：“你的教鞭下有瓦特，你的冷眼里有牛顿，你的讥笑里有爱迪生。”难道当我们白发苍苍的时候，回首自己一生的教育生涯，留给学生的仅仅是教鞭、冷眼和讥笑吗？一个只是嘴上说爱学生而实际却对学生采取冷暴力的老师，也许无论如何也想不到，她的一个冷漠的眼神，会怎样刺伤孩子幼小的心灵？她的一句冰冷的话语，会怎样寒彻孩子柔弱的身躯？而那些发自内心热爱学生的老师，他们就是辛勤的园丁，用自己的辛劳为每一株幼苗修枝剪叶；他们就是灵魂的工程师，用自己的爱心净化、涤荡每一个孩子的心灵。每个孩子的本质都是纯真善良的，作为教师，在竞争压力日趋严重的今天，应该怎样去呵护他们身心健康的成长呢？李镇西老师的行为告诉我们，给学生创建一个充满爱心、洋溢温馨、尊重个性、体现平等的和谐宽松的学习环境是最重要的。

特别是我们寄宿制学校，就是孩子们的第二个家。在这里，他们生活的时间最长，付出的情感最多，他们把班级、同学、老师的一点一滴听入耳中，看入眼中，纳入心中。教师更要把学生当作有思想、有感情、懂得善恶的人来看待，切实做到“目中有人”，关注每一个孩子，善待每一颗心灵，通过自己对学生的尊重、理解、包容、引导、矫正、培养，还家庭一个懂事明理、学有所得的优秀的孩子，还社会一个坚强自信、拥有智慧的人才。

《民主与教育》一书揭示的是真民主，倡导的是大教育。归根到底就是用民主的方式促进教育的和谐发展。李镇西老师说：“一个受孩子衷心爱戴的老师，一定是一位最富有人情味的老师。”我觉得，一个真正的教育者一定是一位最真诚的人道主义者。

教育是育人育心的工作，是利国利民的事业，是千秋万代的使命，来不得半点含糊。学生对教师而言，可能仅是生命中的一个过客，随着下一拨学生的到来成为过去，然而，教师对于学生来说，却是他求知途中的圣贤，成长路上的偶像，懈怠不得。作为教师，我们该拿什么给这些莘莘学子？就让我们用“吾日三省吾身”时刻提醒自己：让教育充满民主的味道，让民主从宽容做起，用我们教师的尊重、理解、热爱成就每一个孩子享受教育的幸福童年。

【读周国平】

周国平，一位教育的智者，用独到的眼光论出了教育的简单方法——读书是根本；论出了教育的朴素本质——生长即教育，使我坚守着朴素的教育。

周国平，一位毕业于北京大学哲学系的中国社会科学院哲学研究所研究员，一位悟人性的哲学家，说真话的教育家，善独省的思想家。这样一位活在当下，通古博今的伟大哲人，他是如何看待教育的呢？《周国平论教育》一书为我们做了深刻的注解。

他在书中明确指出：教育的目的是让学生摆脱现实的奴役，而非适应现实，教育应为产生优秀的灵魂和头脑创造条件。一切教育都是自我教育，一切学习都是独立学习，学习的最终目的就是学会学习。当学生忘记了课堂上所学的一切后，剩下的才是教育……

多么与众不同的论调，不过细细想来，道理却是真实的。我们课堂上灌输给孩子的知识，不过是在为应试教育服务，对孩子一生的智力、情感和意志三大能力的发展有多少益处呢？我们无法对现行教育体制加以改变，但我们可以改变的是对学生的教育态度——让教育回归常识，回归人性。

回归常识，就是努力给孩子们提供一个温馨友爱、和谐宽松的环境，让他们身心健康且愉悦的自在成长。作为教师的我们，只需听从常识、实践常识，将学生培养成身心健全、幸福优秀的人；回归人性，即教育的真正灵魂是“守护人性”。儿童是独立的人，有纯真的童心，通灵的智慧需要保护，我们不能把他们看作尚未长成的大人，把他们看作“一个未来的存在”是荒唐的，仿佛在长大前儿童不能称其为“人”一样。道理如此浅显，为什么身为教育者的我们往往视而不见呢？究其原因，是目中无人的缘故。尊重孩子不应该只是一句口号，更要落实到我们日常教学生活的点点滴滴。

通常我们会认为，童年似乎是人的一生中最不起眼的，大人都在做正经事，孩子却只是在玩耍、梦想，仿佛每天都在无所事事地挥霍着宝贵的光阴。可有谁真正想过，这看似虚度的童年，恰恰是一个人一生中最重要的季节。周国平说："什么叫'虚度'？快乐不算什么吗？整日跑跳不算什么吗？如果满足天性的要求就算虚度，就让他们虚度好了。"

我们都知道，童年的快乐是一生幸福的基础，快乐的孩子往往更有自信心和独立性。让孩子快乐，这是学校育人的第一原则。作为教师，我们的任务就是要尊重儿童的天性。根据儿童的特点，一方面给他们提供外在的自由，为孩子们的生长提供最佳环境；另一方面培育他们内在的自由，通过好奇心、创造力、自信心的生长，促使学生形成独立思考和行动的能力。

我记得杜威曾说："教育的价值就在于创造继续生长。"何为"创造继续生长"？我是这样理解的：学校教育就是要为学生能够一生快乐的可持续发展服务。由今天看来，教育还需要我们每一个教育者朝理想的教育目标不懈去努力。

周国平论教育，论出了全新的视角，使我对教育的目的有了更宏观的认识；论出了朴实的学法，让我从微观上对语文教学有了更深刻的了解。我知道了阅读不仅是一种精神生活、情感生活，还是一种智力生活和道德生活。从语文的角度谈，它有利于发展人的独立思考能力。阅读不同于电视和网络，后者用直观的图像说话，制约人的思考，因为思考影响观看；而前者用抽象的文字表达，要求人必须思考，不思考就读不懂。我们常常为众多孩子阅读能力的不足而忧虑，由此看来，电视与网络的迅猛发展剥夺了学生的阅读时间，成为阻碍学生独立思考，桎梏学生创新想象的绊脚石。那么，怎样才能提高学生的阅读水平呢？培养学生的阅读习惯很重要，给阅读以时间，在阅读中思考，于思考中提升。

周国平站在哲学的高度论教育，论出了教育的简单方法——读书是根本。让读书成为一种自然习惯，做真正的读者，方可成为深邃的智者；论出了教育的朴素本质——生长即教育。生长教育涵盖了生命教育、智力教育、道德教育和审美教育四个方面，简单说就是要培养健康、善良的生命，活泼、智慧的头脑和丰富、高贵的灵魂，唯其如此，才能实现"全人教育"，才能培养造就出优秀、幸福的人。阅读此书，透过智者眼中的教育，让我对教育的认识更深刻、更智慧。

【读《教师如何做研究》】

《教师如何做研究》启迪我做研究型教师贵在参与，贵在实践，贵在坚持，贵在反思，贵在创新；使我明白做研究型教师需要拥有一双善于发现的眼、一颗敏于感悟的心、一个勤于思考的脑。

"得天下英才而教育之，是福也。"这是几千年前孟子的幸福所在，这也是21世纪的今天，中关村一小享受教育幸福的根本所在。"得英才"固然是快乐的，怎样"育英才"则是摆在我们教师面前的一大课题。《教师如何做研究》这本书告诉我，育英才还需要教师素养的提高。一个可以担当起培育英才重任的教师应该不仅是一个操作者、教学者，更应是一个研究者、创造者，唯其如此，才能"育英才"而不是"误英才"。

所谓"研究"，即钻研探究。钻研探究的过程正是教师进行实践反思，提高发展的过程，是行动研究的具体操作过程。做研究型教师与教书匠最本质的区别就在于"思"，一个善于思考，勤于反思，乐于深思的教师，才能称之为"研究型教师"。

一直以来，一提到"研究"，总让人望而生畏，总感觉只有专家、学者才可以研究，研究者要有高深的学问、渊博的知识。可读了华东师范大学教育学系博士郑金洲编著的《教师如何做研究》后，从那浅显易懂的文字中，从那鲜活真实的案例中，我知道了人人都是研究者。研究可大可小，作为一名工作在教育一线的普通教师，我们的研究就是那一个个天真活泼的孩子，一篇篇精美质朴的文章，一次次别开生面的活动……学生的一颦一笑、教师的一言一行、文本的一字一句、班级的一人一事……都是我们研究的对象。研究不能贪大求全，只要可以解决实际问题，越是小事，越是真情，越可引发思考，引人入境。

做研究者很简单，人人都可以，事事皆可为；做研究者很辛苦，要学习，要实践，要反思，要创造，要提升。对我而言，《教师如何做研究》启迪我做研究型教师贵在参与，贵在实践，贵在坚持，贵在反思，贵在创新。

记得放假前，学校组织老师们参与了北师大吴国珍教授的“引发教师心灵智慧叙事性研究”的开题报告，我也成为了叙事研究的参与者。叙事研究是近几年颇为提倡的研究方法之一，关注的是日常生活故事及故事细节。其中，教师以研究者身份从事叙事研究是重要的组成部分。叙事研究其实就是教师自我叙述在日常生活、课堂教学或教改实践中发生的事件，以叙事讲故事的方式表达出来，在鲜活生动的情节描述中，思考自己的教育教学活动，发现并改进自己的教育教学行动，不断提高教育教学质量。

看，教师不是以旁观者的身份置身事外，而是要做研究第一人，要参与到叙事行动中来，勇敢地敞开自己的心灵，我手写我心，我心诉我情，要做实践者、描述者、思考者。只有教师亲自参与到研究中来，在工作中不断发现新问题，研究新情况，创设新情境，反思新举措，才能扬长补短，在问题中寻找解决问题的方法，在反思中总结教育教学的经验。

学贵有恒，做研究需要有一种持之以恒的决心和毅力。做研究需要一个过程，这个过程需要付出智慧，付出劳动。过程中不可能总是一帆风顺的，可能会遇到困难，可能会遭遇瓶颈，可能会事倍功半……每每这时，是最需要研究者在山穷水尽的绝境里，再搏一下，就可以看到柳岸花明。

做研究就要坚持与书为伴，知识就是力量，在对知识的汲取中提高研究能力；做研究就要坚持与人合作，同行就是财富，在经验的交流中发展研究水平。这样坚持不懈，一定能找到解决问题的方法与途径。成功垂青的永远是那些不半途而废，肯知难而进的人。

“学然后知不足，教然后知困。”越是从教多年的老师，越是有一种不知该如何教的困惑，这是正常的思惑过程。这一过程正体现了新旧教法的交替，新旧理念的冲突。那么，如何以学生为主体，怎样变“教”为“导”呢？教育教学改革不是一蹴而就的过程，接受新知识的过程是要经历蜕壳的痛苦才能化茧成蝶。这个过程就是思考的过程，是学习的过程，是认知发展的过程。

要与时俱进，就要多读书，用先进的理念武装自己，用科学的方法指导自己，在书籍中启智，在书籍中悟法。除了向书本学习，还要向身边的老师学习，取他人教育教学之所长补己之所短，在交流、学习、研讨中进步、发展。

教师，要培养学生会学、勤学，自己首先要乐学、肯学。学习是一辈子的事，只有学习型教师才能培养学生的学习精神，只有研究型教师才能开启学生的创新智慧。教师要做学生学习的表率，才能承担起教育者的职责。

韩愈曾说：“业精于勤荒于嬉，行成于思毁于随。”反思，是做研究型教师必有的行为品质。许多时候，我们在钦佩专家讲座鲜活的事例顺手拈来的同时，往往感慨自己无事可说、无话可讲。平日净忙于琐碎的班级事务、教学任务，可到头来却不知干了些什么。忙不是借口，会工作的人，忙而不乱，忙出了方法，忙出了门道；不会工作的人，手忙脚乱，忙无目的，忙无头绪。其实，“一天的思考胜过一周的徒劳。”纵使再忙，再累，也要给自己一点儿思考的时间。只有思考才能帮助我们从无效走向有效；只有思考才能帮助我们从有效走向高效。

教师的思考，是一种带有思想的技术，是一种高效的教育教学劳动。雨果曾说：“沉思就是劳动，思考就是行动。”我们用思考的头脑把教育的每一天做得更有实效，更富创造，天天如此，年年如此，教师的教育智慧将是无穷的，教学财富将是无价的。学会了思考就学会了研究，研究就是在每天的教育教学实践中思考，在思考中再实践，再思考，再实践……这样循环往复，用行动研究，用头脑思考，用心灵体验，不断丰富自己的教育教学智慧，改善教育教学方法，提升教育教学水平。

创新是一个民族发达的不竭动力。创新精神、创造才能应从娃娃抓起。俗话说："逆水行舟，不进则退。"教育教学也是如此。固步自封、因循守旧只会拖教育的后腿，只有敢为人先、勇于创造、开拓进取，才能推陈出新、与时俱进。

作为教育者，我们首先要有创新意识，教育教学中要敢于标新立异，要敢于大胆尝试，学习他人的经验是可取的，但研究型教师不能只是一味地学习，还要在学习中创造，要有自己的见解、思考，要敢于不断实践新教法，大胆尝试新模式，在教育教学实践中，逐渐提高执教技能。德国诗人歌德说过："不断变革创新，就会充满青春活力；否则，就可能会变得僵化。"为了不做思想僵化的教育者，我们就要在日常教育教学工作中做有心人，学会用独特的视角换个方法解决教育教学中出现的问题，让自己做创新思维的实践者，创造技能的培养者。

"致天下之治者在人才，成天下之才者在教化。"教育何其重要！社会发展的今天，创造性的教育更为重要！瑞士著名教育家皮亚杰指出："教育的首要目标在于培养有能力创新的人，而不是重复前人所做的事情。"时代需要孩子具有创新精神，创新是孩子人生驰骋的动力源，只有创新才能激活孩子全身的能量。培养孩子的创新能力，教师首先要具有创新精神，这是时代的呼唤，这是教育的需要。

做研究型教师，做创新型学者，这已经成为时代发展的必然。如何做研究，怎样做学者？《教师如何做研究》用最朴实的语言给我以深刻的启迪：研究并不深奥，研究也不遥远，只要老师们在日常教育教学中拥有一双善于发现的眼，拥有一颗敏于感悟的心，拥有一个勤于思考的脑，人人都会成为社会所需的研究型教师。

美国学者伯金翰姆曾说："教师抓住研究机会，不仅将推进教学技术，并将使教师工作具有生命力和尊严。"瞧，只有做研究型教师才能让自己的工作绽放生命的活力，展现生命的价值。

【读《56号教室》】

雷夫·艾斯奎斯，这位备受推崇的美国贫民教育家，他的"我有我自己的行为准则并奉行不悖”的教育思想，促使我坚定不移地走特色教学之路，开始了静悄悄的革命。

56号教室——这间简陋的课堂，为孩子们营造了一个自由舒展、健康成长的乐园，成为一个一次次见证奇迹诞生的地方！

走进56号教室，我认识了一位有智慧、有才华、有力量、有魅力的心灵导师——雷夫·艾斯奎斯，他用全部身心培养、矫正、塑造每一个孩子，以身作则、不遗余力；我结识了一群阳光般灿烂、天使般纯洁，热爱生活、热爱学习、热爱艺术的快乐少年，他们孜孜不倦地读万卷书，脚踏实地地行万里路，学习摇滚，排练戏剧，欣赏电影，充实忙碌、乐此不疲。

置身于56号教室，恍若在一处温馨的港湾、一间科学的实验室、一个艺术的殿堂……无论是谁，只要走进56号教室，立刻会被它特有的魅力吸引，不禁惊叹：原来教育还可以这样！

这本书与我们惯长使用的铁碗管理相反，提倡的是“没有害怕的教育”和彼此信任，与“代币制”和“小红花”不同，强调知识本身就是最好的奖品。正是这些与众不同的想法与做法，成就了雷夫老师的教育神话——在最小的空间里创造出最大的奇迹。

阅读此书，我记住了这位和善文雅，被《每日新闻》誉为“当代的梭罗”的霍伯特小学的五年级教师；记住了他与我国儒家所提倡的“慎独”不谋而合的“我有我自己的行为准则并奉行不悖”的教育思想；记住了他独树一帜的“道德发展六阶段”的教育理论；记住了他新颖独特、以生为本、简单高效的教学方法……

这本书没有高深的理论，没有拗口的语句，对话简单直白，事例鲜活真切，不造作，不浮华，务本求实，以小见大。每种行为都渗透着老师信任学生的理念，每个举动都体现着老师培养学生的爱心，字里行间告诉人们教育不是代替或管束，而是放手和实践。信任、肯定、引导、训练学生，让学生的心灵有触动，思维有训练，肢体有体验，这就是56号教室带给我的启示。

书中给我印象最深的一句话是：“第56号教室之所以特别，不是因为它拥有什么，而是因为它缺乏了这样东西——害怕。”雷夫老师的成功基于他为学生营造了一间无恐惧的教室，他用信任取代恐惧，做孩子可以信赖的依靠，讲求纪律，处罚合理，凡事以身作则，使每一个孩子都能自信、健康、幸福、快乐地学习成长。

我记得雷夫老师说过这样一句话："孩子们以你为榜样。你要他们做到的事情，自己要先做到。我要我的学生和气待人、认真勤勉，那么我最好就是他们所认识的人之中最和气待人、最认真勤勉的一个。"用中国人的话说，这就是率先垂范，身教胜于言传。他还说："不管是教导学生还是子女，一定要时时从孩子的角度看事情，不要把害怕当作教育的捷径。"

雷夫老师的话让我反躬自省，我们教师每日的言行可能是不起眼的，是无意识的，可它的影响力却是极大的。每天、每时都有学生在关注教师的一言一行，模仿教师的一举一动。时时都是教育之机，处处都是教育之地，关键是看教师怎样发挥自身的示范性，让信任长驻集体，让害怕销声匿迹。在教室，作为主导者的教师，务必以学生的最大利益为考虑，学会使用更优雅、更成熟、更能达成目的的方式解决问题，以超然的角度和孩子站在同一阵线，用心体会他们的问题，真正以孩子的视角看待问题，汲取教训，学会跟孩子沟通。只有用信任构筑和谐的师生关系，才能最大程度用教师的人格力量去感召我们的学生，让他们真正去模仿实践，最终发展成优秀的人。

我记得雷夫老师告诉学生："只要尽力，考试不是那么重要，就算考坏，明天太阳照样升起，地球也不会毁灭。考不好只代表一件事——你还没有弄懂这个题目，老师再为你讲解一次。"这质朴的话语诠释出的却是教育的真谛。我不禁深思：教育究竟为了什么？是为了考试，还是为了让学生学会知识？考试当然不是目的，它只是一项测量工具，教育的最终目的就是让学生掌握学习技能，如此而已。感受着 56 号教室孩子们多姿多彩的学习生活，回想着我们的学生水深火热的监测历程，我感慨不已。

当我们乐此不疲地关注学生的测试分数的时候，雷夫老师却在忧虑过大的测验压力会让孩子们过上悲惨的生活，从而影响学生做出最佳表现的机会，这就是认知的差距，从而导致行为的反差；当我们一天到晚圈住学生为了应试而刻苦奋斗的时候，雷夫老师却把大量的时间还给学生，每周一部的电影大片赏析，每年一部的莎翁戏剧排练，每学期一次的社会旅行实践……他把全部的心血倾注在对学生进行的“全人”教育中，长大后的孩子们学有所成、谦恭有礼、诚实善良；当我们一天天把学生培养成考试机器的时候，雷夫老师却把学生培养成爱学习的天使。他用自己特立独行的教育行为使我懂得：教育就是信任，教育就是引导，教育就是技巧，教育就是行动。教育是塑造心灵的艺术，教育蕴含着无限可能。

我还记得，雷夫老师教给孩子们“道德发展六阶段”，让他们一直以“寻找第六阶段”为目标来要求自己；他让孩子们大量阅读，以此来奠定生活的基石；他创造各种有趣的游戏，使学生因此爱上数字和数学；他带领学生出外参观，组建乐团，排演莎士比亚戏剧，使他们享受艺术的魅力；他告诉孩子们：“测验就像温度计”，使学生明白“有效学习”才是最重要的……总之，雷夫老师精心设计各种方法，使学生快乐学习，全面发展。

放下此书，雷夫老师的话语却始终萦绕在我的脑海中：“教师的期望决定孩子的表现。做一名智慧而成功的教师，教孩子终身受用的技能。永远不要失去对孩子的关注。”“着力孩子的品格培养，激发孩子自身的高要求才是成就孩子一生的根本。”“绝对不可拿某个学生的测验分数跟另一个学生相比，一定要用学生自己过去的表现来衡量他现在的进步。”“你不用每一分钟都在学习，但你学习的每一分钟一定要有所收获。”……字字发自肺腑，句句源于真心。就是这样，他用爱心与智慧为56号教室的学生撑起了一片天，让他们有最大程度的发展，改变了这些似乎注定平凡的学生的一生。

雷夫老师创造出的56号教室的奇迹启迪我懂得：学生可以不是全面发展的，但一定要是学有所长的；促使我明白：成功的教育从来没有捷径。一个成功的教师，应该是富有教育激情，拥有教学热忱，具有聪明智慧，充满教育期待的人。

【读《静悄悄的革命》】

《静悄悄的革命》使我们认识到润泽的教室的美好，于向往中开始了追求与实践。

《静悄悄的革命》，一听这书名就是那么的不同凡响。众所周知，“革命”是轰轰烈烈的行为，是翻天覆地的运动，其声势应是“雷霆万钧”。“静悄悄”是指悄无声息的、默默且不引人注意的。这样两个相互矛盾的词联系在一起，真的是让人心生诧异。

那么，什么是“静悄悄的革命”呢？日本东京大学研究生院教授、教育学博士佐藤学说：“静悄悄的革命是从一个个教室里萌生出来的，是植根于下层的民主主义的，以学校和社区为基地而进行的革命，是支持每个学生的多元化个性的革命，是促进教师的自主性和创造性的革命。”静悄悄的革命不同于声势浩大的运动，而是细腻润泽的行为。它并不急于求成，更重慢工巧匠，就仿佛美食的烹制，爆炒虽快却味道不足。而这道教育变革的菜是煨出来的，着色、入味、浓香、诱人。

读罢此书，我心生敬意，不仅为佐藤学先生对教育的执着及其见解的深刻，更为其对教育现状一针见血的犀利的剖析。一直以来，我们的教育教学改革似乎都是在做表面功夫，重形式轻实质，重结果轻过程，重内容轻方法，总给人以隔靴搔痒的感觉。看似进行了大刀阔斧的变革，可实际上学生还未真正意义上的“动”起来，只是人动而心未动，只是形动而情未动，难怪佐藤学先生称之为“产生主体性假象的温床——教学中的形式主义”。为了让课堂呈现出一派欣欣向荣的新气象，“虚假的主体性”进入了我们的课堂。这种看似学生在“动”，实则学生在“等”的教育现象，不过是“填鸭式”教学的又一种呈现形式罢了。最终导致学生不会思考、疏于合作、被动自主。“玩偶式”的学习方式，“忽悠式”的教学策略，让教学行为始终无法接地气，不能紧贴地面而行。我们的教育现状总是满怀深情地仰望星空，却不能务本求实地脚踏实地，似乎我们一直在追求，在学习，可越学越觉得迷茫，越学越失去方向。现在看来，我们的课堂“拿来主义”太多，失去了教学最本真的质朴模样。在素质教育发展的今天，我们的课堂教学到底该往哪里去？

《静悄悄的革命》一书给出了我们一个静悄悄的答案。课堂教学的变革不单纯是课堂教学方法的转变、手段的更新、形式的多样，这些只是显性的可观赏的改变，是外在的诸多表现形式中的几种。课堂教学的变革不是一个“点”，而是一个“场”，要营造一个学习的“场”，让身处其中的每个人、每种物都在变，朝着自主学习的方向发展、转变。

譬如：营造“润泽的教室”——

什么是“润泽的教室”？佐藤学先生在书中是这样阐述的：“‘润泽的教室’能使每个人的呼吸和节律是那么地柔和，大家安心地、轻松自如地在教室里构筑着人与人之间的关系，构筑着一种真诚的信赖关系。在这种关系中，人们的心态是开放无拘的，教室是轻松愉悦的；在这样的环境下，教育也许会变得简单起来。”

佐藤学先生强调的是“润泽的教室”，而不是沉静的、热烈的。“润泽”的意思是雨露滋润，不干枯。润泽是一种感受，而沉静、热烈则是一种状态。感受是需要用心诠释的，而状态是只需用眼就可以看到的。“润泽的教室”是更重心灵感受的地方。“润泽的教室”带给人安心、清爽，如清风细雨般滋养身心，令人陶醉；“润泽的教室”带给人温暖、舒适，有暖阳清风，有山泉明月，引人遐想。“润泽的教室”，老师春风化雨，学生如沐春风。这样的教室，无论是教师还是学生，都享受着关怀与尊重；无论是肌肤还是心灵，都得到了呵护与滋养。润泽的教室是塑造学生健全人格、挖掘学生个性潜能的令人向往的杏坛苗圃，是作为教师的我们需要给学生营造的一个放飞心灵的场所。

再如：创建倾听的课堂——

书中有这样一段话强调了课堂上教师作为倾听者的重要意义。“倾听学生的发言，如果打一形象比喻的话，好比是在和学生玩棒球、投球练习。把学生投过来的球准确地接住，投球的学生即便不对你说什么，他的心情也是很愉快的。学生投得很差的球或投偏了的球，如果也能准确接住的话，学生后来就会奋起投出更好的球来。这样的投球般的快感，我认为应当是教师与学生互动的基本。”

教师的倾听决定着课堂教学如何顺学而导，而不是忽视学情走教案，只关注教师教完与否，而忽略了学生是否学会、会学。课上教师要给学生耳朵、眼睛和心，给耳朵去听，给眼睛去看，给心去感受。关注每个学生的成长，不在于说，更在于行。教师的倾听就是一种用心关注，就是一份真诚尊重。

当然，教师的倾听固然重要，学生的倾听也尤为可贵。佐藤学先生提到：“善于学习的学生通常都是善于倾听的儿童，只爱自己说话而不倾听别人说话的儿童是不可能学的好的。”这段话不恰恰印证了语文听说读写中，“听”是能力培养的根本吗？

那么，如何培养学生学会倾听呢？当然是以教师为榜样，通过教师的评价、引导而使学生能够倾听，进而专注倾听，在倾听他人的讲话中做出相应的评价，形成师生间、生生间的相互交流。佐藤学先生认为，只有在“用心地互相倾听的教室”里，才能通过发言让各种思考和情感互相交流。也就是说，真正意义上的深入思考与合作交流是建立在用心倾听的基础上的。没有了倾听，一切教学活动都是形同虚设，一切教育行为都是形式主义。

倾听的课堂体现的是师生的素养；倾听的课堂关注的是人的成长；倾听的课堂呈现的是心灵与心灵的互动，智慧与智慧的碰撞；倾听的课堂是师生生命共同成长的地方。

《静悄悄的革命》就如燎原火种，正悄悄地点燃了我们对教育的憧憬。这本书指出的是某些形式主义的教学行为的真实存在，道出的是改变这一“假象温床”的根本方法。作为教师，我们是时候静下心来，在小小的教室里精心营造、潜心钻研、用心发现、专心倾听、细心思考……做教育的有心人，在自己的课堂开始一场静悄悄的革命了。

3 教育的策略从哪儿来？

教育的策略从哪儿来呢？

从实践中得来，从思考中悟到，从智慧中生成。

1. 抓学风

【遭遇厌学的孩子怎么办?】

由于学校教育要求过高过严、压力过大等影响，由于家庭教育的情感缺失等因素，由于学习失败形成的习得性无力感等缘故，造成学生在主观上对学校学习活动失去兴趣，产生厌倦情绪和冷漠态度。对厌学孩子的教育，需要从“心”开始，由“情”入手。

事例 1　母爱暖心　师爱导行

小国，身高体胖，略有口吃，热爱劳动，不爱学习。课上不听讲，从来不发言，作业一个字也不写，还总是为此说谎骗人，严重时找借口不上学。为了逃避上学，为了逃避作业，早晨在校门口抱着奶奶哭，装病、耍赖，成为典型的落后生。

为什么会这样呢？究其原因，其一，小国从小父母离异，母亲改嫁，从来也不来看他，父亲一个人独自在大兴生活，长年累月不回家，只留他和年迈的奶奶一起生活，住在姑妈家。父亲对孩子不闻不问，形同没有一般；奶奶溺爱孩子，只管生活，无法管学习，孩子的教育成为真空。

其二，缺少家庭的温暖、父母的关爱，小国十分自卑，不善与人交往。无人管的孩子自然没有约束，没有目标，没有方向，上学就是在应付差事，不是“我要学”，而是“让你学”。

其三，由于父母的不理不睬，令其产生无人要的感觉，于是破罐破摔，原本挺好的孩子日复一日地成为最落后的学生。

其四，长期不完成作业以及其养成的撒谎的毛病，令其在同学心目中没有地位。每天生活在批评、责怪中的他，自然越来越厌倦这样的生活，又如何能有上进心？

在几次千方百计请其父亲，进行劝解，希望其承担起做父亲的职责——教育孩子，关爱孩子都一无成效后，我便承担起了做父母的职责。

我一有空就与他聊天，令其拥有被爱的感觉，产生亲其师的行为。我将自己孩子爱吃的零食拿到学校，悄悄塞到他手里；晚上他回去晚了，递上一个面包、一袋方便面、一瓶酸奶，抑或是巧克力饼干等；他生病没钱去治，我就用自己的钱垫上；他有想不开的事，我就跟他聊聊，解解心宽；他没完成作业，我也不批评他，而是让他悄悄补上……有了一个让他觉得亲近的人，自然而然地，他越来越愿意上学。

在关爱他的同时，学习上我巧妙地调动他，不断地激励他，让他拥有被信任的期望。每天我单独给他布置作业，减到最少。他只要写完了自己的作业，我就在班上表扬他，扭转他在同学心目中的不爱完成作业的坏印象。这样，一段时间下来，他每天都能完成只给他单独留的一点儿作业，他不用再为没有完成作业而编瞎话了，每天高高兴兴的，时不时还要到我面前撒撒娇，也挺可爱的。

当他养成了知道完成作业的习惯后，我又悄悄加码了，不再单独给他留作业，而是让他跟全班同学一块儿完成布置的作业，只是每天放学时，悄悄问他；“今天作业多吗？你能写完吗？”如果不行，我就从中选出很重要的能力题让他完成，其余的就免除，或是第二天中午，他愿意写时再补上。这招儿又挺管事，起码回到家他能动动脑再写作业了，而且只要中午有时间，他就把剩余的作业补上。这么大的进步，我能不表扬他吗？

孩子越来越爱和我亲近，晚上我回去晚，他见了，非要和我一起写完作业再走，说要陪陪我。于是从那时起，每天放学，教室里都有我们两人的身影，他写作业，我做自己的工作。饿了，就给他送上吃的东西；渴了，就给他倒上水；累了，就聊聊天儿，开开玩笑……这样将近一个学期下来，他愿意在学校写作业，有时我有事需要早点儿离校，他宁可在传达室写作业也不回家，说是怕回家弟弟一闹，自己又不写作业了。这又是多大的进步啊！因为他知道要完成作业了！一个学期下来，他能和其他同学一样，按时完成作业了。

后来，我与他商量："你是大孩子了，能自己管理自己了，我家里有个小弟弟，需要我照顾，不能天天陪你了，你能自己回家写完作业吗？"他听了，懂事似的点了点头。经历了最初几天的反复后，他终于把握住了自己。如今，无论作业有多少，他都能回到家自觉地全部完成。当我让学生自己给两课书画词时，他居然每课画了20多个词，并全部写完，比其他同学写的还多，这不就是自觉的学习态度吗？

此后，小国真的变了，这种变化赢得了同学和老师的赞赏，他从中品尝到了学习的乐趣。他更爱上学了，也爱参与班里各项工作了。他主动要求将开教室门的工作交给他，每天总是第一个来到学校开门。班里的杂事他抢着干，什么打扫卫生啦，钉个奖状啦，修修桌椅啦……你总能看到他的身影。除此外，也爱和同学说话了，连朗读都敢自己站起来了，读的水平有了很大提高，口吃现象少了，朗读一段差一点儿就一气呵成，又流畅又动情，这不都是自己在家苦练的结果吗？这不正反映了他主动学习的精神吗？

周五放学，他总是不走，非说要陪我待一会儿，即使走了，过一会儿又回来了，说："我得叮嘱您，千万别忘了关上窗、锁好门……"孩子如今是多么地爱集体啊！好容易要走了，他还站在门口，不断地向我挥手，恋恋不舍地说："我真不想离开您，我舍不得您！"说得我差点儿掉下眼泪来。这个孩子太缺少爱了，作为老师，仅只给了他那么一点点爱，就让孩子如此眷恋，有了那么大的转变，爱的力量真是太伟大了！

孩子稳定了，心态稳了，学习状态稳了，热爱学习、热爱集体、热爱老师，这是多么了不起的进步啊！为了进一步提高其学习能力，今后要在激发其创造才能和深入钻研上下功夫，期待他有更大的飞跃！

【如何营造书香班级？】

知识改变命运，读书陶冶性情。有书就有希望，读书拥有幸福。

文明的班风，除了需要外在规则的制定，更需要内在心灵的涤荡。营造书香班级，可以让好书陪伴学生，可以让经典滋润心灵。瞧，小书屋，大奉献，课余读，课上展，学做人，会求知，书籍撑起半边天。

事例 2　让书香满屋　让学生成长

这是刚刚接班后的 11 月初，我们班创建了“爱心书屋”。顾名思义，这“书屋”是我们师生用爱心建立起来的。一经建立，便深受同学们喜爱，许多同学成为小书屋的常客。

说起“爱心书屋”创建的初衷，还要追溯到开学初。

两个月的接触使我发现，学生们课上纵使想发言，也是心有余而力不足，明白意思，就是无词表达，无句映衬，积累少之又少，真是欲说无词啊！个别学生之所以存在不文明行为，也是“四肢发达、头脑简单”所致。胸无点墨，头脑空空，遇到问题，全凭冲动，真是“热血儿童”！

怎样让学生课上有话可说，说得有价值？怎样让学生写作生动，写有内容？怎样让学生一颗颗浮躁的心能够沉静？与好书交朋友，自然是最快捷的途径。你没听说吗？“读书在某种意义上来说是养心。”“生活里没有书籍，就好像没有阳光；智慧里没有书籍，就好像鸟儿没有翅膀。”“各种蠢事，在每天读书的影响下，仿佛在火上一样，渐渐融化。”“蜂采百花酿甜蜜，人读群书明真理。”……瞧，书籍是开阔学生视野的“妙方”，足不出户，可以知天文，晓地理；书籍是启迪学生心智的“良药”，看一本好书，就像是在与伟人交谈，可以明事理，导言行。让书籍丰富学生知识，让书籍成为学生自我教育的老师，让书籍伴随学生天天成长，不是一件一举多得的好事吗？

除此外，住宿学生获取知识的环境比较闭塞，特别是高年级学生，每天上课外班要占用大量时间，不能借助电视、收音机来了解时事，不能通过报纸、电脑来获取信息，仅有的课外阅读时间也暂停了。学生们就像井底之蛙，接触的除了课本再无其他。对学生而言，急需大量课外知识的充实。

再者，轰轰烈烈的“读书工程”在教师中已经启动，其实，读书不只是教师的事，它是每个人的事，特别应该是孩子们的事。读书应从娃娃抓起！为了响应学校“营造书香校园”的活动，为了让书香进入五(2)班集体，为了让学生人人好读书，个个读好书，感受读书好，让书籍真正成为学生们的良师益友，实现开阔眼界、增长知识、陶冶性情、提高素养的目的，我们班决定创建“爱心书屋”。

那么，“爱心书籍”从哪儿来呢？

“爱心书屋”是用爱心创建，源自于我们44名师生，44颗爱的心灵。我搬来书柜，学生人人奉献一本书，既节约了钱财，又使学生家中闲置的书派上了用场；既能够实现生生间书籍的资源共享，又培养了学生们爱的情感——爱集体、爱同学、爱书籍。看，变“废”为“宝”，一方面，让书籍的阅读如流动的溪水般“活”起来，资源共享，使学生受益匪浅；另一方面，在活动中进行“有爱教育”，岂不又是一举多得之事吗？

“爱心书屋”一经创建也得到了家长的大力支持。李博滔家长无私地为我们的小书屋提供了32本崭新的图书供同学们阅览，其真诚的爱心感动着我们集体中的每个人。迄今为止，书屋已有101本书籍，什么《居里夫人自传》《冰心儿童文学》《奇妙的人体》《你在为谁读书》《爱的教育》《红与黑》《世界科学伟大发明》《哈里波特与魔法石》……书籍内容健康向上，全部为适合高年级学生读的课外书。管理员根据书籍类型将其划分为四大类：故事类、童话类、科幻类、科学类，分门别类摆放在书柜中，方便大家在书海中自在畅游。

“爱心书屋”建立起来了，配套的管理也落实下去了。书屋负责人：中队长王时雨，图书管理员：学生王柳青。管理员为每本书贴上了登记标签，还设立了一本借阅手册，包括：书目、价格、捐献人、借阅人、借阅时间、归还时间等六大项。为了让借阅工作井然有序，我们规定每周二中午1：00～1：30为借阅时间，每人每次限借一本，借期为一周。为了给大家提供方便，可续借两次，具体要求书屋负责人已打印好了借阅细则，张贴于图书角。

“爱心书屋”的管理责任到人，借阅工作按部就班，到目前为止，已有近60人次分享着“爱心书屋”提供的书籍，从中汲取精神食粮。如果说物质食粮滋补身体，那么精神食粮则丰富智慧。

书籍的借阅工作开展得十分顺利，同学们读书的热情也格外高涨。《幸福的鸭子》《靠自己去成功》《101 个成长胜经》《感动小学生的 100 个父亲》《感恩老师》等书深受同学们喜欢。学生们利用空闲时间读书、积累，一段时间下来，课间消停了不少，淘气儿童自觉了许多，文明行为渐增。学生心中的好词明显多了，课上发言也有话可说了。现在的课堂上，学生会引用名言使自己的发言更有说服力；会利用头脑发表自己独到的见解，不再人云亦云，随波逐流；作业中思维的含金量增加了，无论是造句，抑或是成文，呈现出来的再不是千人一面的语言了，妙趣横生取代了平淡无奇，深思熟虑取代了苍白无力，真诚质朴取代了虚假空泛，空话、套话少了，生动形象的语言、内心深刻的感悟多了。

以《我们的错误》课上发言为例：小辰说："雨果说过：'错误是人生之路上的一大财富。'所以，我们别怕犯错误，只要正确地认识错误，勇敢地面对错误，积极地改正错误，你就是人生路上的强者。"小陶在《"诺曼底"号遇难记》中的答题中这样写道："这 7 年来，他们(船长和船)一同经历风吹雨打，雪落雹砸，一同乘风破浪，在大海的波涛中搏击。这是怎样的一种人与船之间的感情啊！"小清在完成短文《舍身救列车》中"读了短文，你想对欧阳海叔叔说些什么?"一题时这样写道："我会满怀感激地对他说：'欧阳海叔叔，一件事做错可以重来，一个人的生命却只有一次啊！您竟能毫不犹豫地牺牲自己，换取另外 500 个素不相识的人的生命，您是多么伟大啊！'"小吴参加劳技活动后，在周记中这样描写灌注石膏的情节"一分钟，我的手忽然奇痒无比；两分钟，我的全身开始发酸；当第三分钟来临时，我仿佛见到了救星，啊！夏沛庭冒出来了！……揭开模子一看，一……一只……断耳的猫！"

读一句话有一个词的收获，读一段话有一句话的收获，读一篇文章有一段话的收获。看，读书使人收获，积累使人受益。与好书为伴，无异于身边多了一些良师诤友。

小书屋，大奉献，课余读，课上展，学做人，会求知，书籍撑起半边天。"得法于课内，得益于课外。"小小书屋，为学生们营造了课外学习的空间，既满足了同学们对课外知识的渴求，又方便了同学们对书籍的借阅。在“爱心书屋”中，同学们获取知识，健康成长！一颗爱心、一本图书、一份真诚、一丝情谊，书籍在同学们手中传递，情感在同学们心间建立！

2. 立规矩

【规则是进步的锁链，还是成长的翅膀?】

“规则”究竟是什么呢？它与“自由”的关系又是怎样的？这是个形而上的理论问题。我想，可以用一则这样的小寓言故事来阐述：

一只风筝迎风自由飞翔，可它还不满足。它想，要是没有线的束缚，我可以飞得更高、更远。于是它总是试图摆脱线的束缚，摇头摆尾地说：“谁能帮助我获得自由啊!”大风自告奋勇地说：“我来!”于是大风施展看家本领，刮得天昏地暗。“咔嚓”一声，线断了。风筝得意忘形，可是没想到在空中翻了几个跟头便摔落在地上，落得个粉身碎骨的结局。

那么，这则寓言到底要告诉我们什么道理呢？其实道理很简单：风筝离不开线，受到线的约束，但线是保证风筝自由顺利飞翔必不可少的条件，它们既互相制约又互相联系；脱离线约束的风筝，最终会自取灭亡；一味地追求自由，换来的将是永远的不自由。

从《脱线的风筝》这则故事中，我们不难看出，“规则”即规矩，就是约束，就是纪律，就是行为处事的规范。它限制人，约束人，将人引领到正确的生活路线。

那么，什么又是“自由”呢？从心理学上讲，自由是按照自己的意愿做事情。由这个概念我们可以得出，人应该都是自由的，因为每个人都是自己，每个人都有自己的意愿，从这个意义上，人是永远自由的。但是从人的行动上来讲，有些行为必须符合公共环境下的要求。比如：乘坐公交车时，你必须排队等待；在十字路口的红灯前，你必须静候。在这些公共的环境中，人们必须遵守一些公共的规则，而这些公共的规则是为了保证每一个人都有自由。由此可见，规则的制定，就是要从根本上保障最大多数人的利益。

上述内容体现出自由和规则是相互联系，相互制约，相互促进的。就像风筝与线的关系一样，风筝没有线的束缚是不能自由飞翔的，所以没有约束的自由是不存在的。自由必须在规则所允许的范围内"活动"，违反了规则，也就脱离了人的生活路线。不受规则约束的自由，你将不知道对与错，也就无所谓什么生活价值了。

其实，我觉得，规则就是一把尺，一把衡量人们自身言行的尺。这把尺最公平，这把尺讲人性，这把尺测出了素质，这把尺量出了觉悟。这是一把益他利己尺，这把尺掌握在真正的自由人手中，这把尺就在每个人心中。社会生活离不开规则，校园生活同样也需要规则，规则渗透在人类生活的方方面面。守规则，失去小自由；重纪律，成就大民主。规则最重要！

规则如此重要，那么，我们要如何在集体中建构规则呢？

建构规则要遵循这样一个原则：教育者首先代表的是国家和社会提出的要求，为保障大多数人利益而定，规则既要源于学生，又要高于学生，既要发扬民主，又要尊重个性，既要注入情感，又要富有弹性，为发展而定，为育人而行。

那么，如何建构规则呢？这是个形而下的问题。首先要做到"三个要"：

一要"有纲可以领"——纲领导行。这引领学生行为的规则要有弹性，要感性与理性相结合，要充满人性。规则是纲，但要用情去润，让规则充满情感，刚柔并济，严爱结合，实现规则与自由的和谐统一。

二要"有行可以践"——践行规则。著名教育家叶圣陶指出："心里知道该怎样，未必就能养成好习惯，必须怎样做去，才可以养成好习惯"。要让学生怎样怎样做去，便有赖于班主任的督促、鞭策。因此，很有必要制定一系列使学生"做去"的措施。如何让这些规则具体、形象起来，还需要师生一同对规则进行解读。解读规则可以通过讨论、表演等手段，或是儿歌、童谣、三字歌、绘画、快板等丰富多彩的形式，实现规则的细化，让学生知规则、懂规则、学规则、用规则。

三要“有责可以担”——承担责任。规则既然是公共的约定，就要大家共同来遵守。任何人一旦违规，就需要承担相应的责任。这样就可以让学生从规则的制定与遵守中，学做一个有责任感的人。

以雷锋纪念日为例，我们谈谈怎样发挥英雄的引领作用？

3月15日，一个值得纪念的日子；雷锋——一个值得歌颂的人物。雷锋是英雄，英雄在引领，他用毫不利己、专门利人的精神引领着全社会的价值走向；教师也是英雄，英雄在引导，他用默默无闻、无私奉献的美德指导着孩子们的一言一行。

教师的引导很重要，但还要注意方法技巧。英雄有勇更要有谋，做一名优秀的班主任，必须要实干与巧干相结合，既重方法的引导，又重规矩的确立，更重行动的落实。“光说不做假把式”——架空规则；“只做不说真盲目”——事倍功半。所以，规则的制定、落实与检查应该是同步而行的。

【如何矫正注意力不良的儿童?】

克服不良注意力的最好方法，是教会孩子体验进步与成功的快乐。赏识教育——赞赏与激励恰是教育的一剂良方！没有种不好的庄稼，只有不会种庄稼的农民。农民希望庄稼快快成长和家长、老师希望孩子早日成材的心情是一样的。孩子不成材时，会招致老师、家长的抱怨，而庄稼长不好时，农民从不埋怨庄稼。由此看来，教师要用欣赏的眼光去捕捉、发现每一个学生身上的闪光点，由一点入手实现正增强：一次小小的表扬、一句小小的鼓励，都能让脆弱的心灵充溢向上的力量。

事例3　赞赏与激励——矫正注意力不良儿童之妙药良方

小洋，一位优点多多但却并未展示出来，反被他的缺点掩盖住了的男孩子。他自我约束能力极差，缺少纪律观念，随意性强，上课不是说话就是做小动作，从没见他踏踏实实地听过一节课，许多时候还影响周围同学，害得旁边同学申请要将他调开，甚至连组内同学也怕他因上课不听讲，不遵守纪律而为组内扣分，纷纷提出让他转组。

就是这样一位不受欢迎的孩子，却也有着令人欢喜的一面，他悟性很高，口才很棒，语文功底很好，酷爱读书，因广读群书而拥有丰富的课外知识，常常出口成章，古诗背诵之多、词汇之丰富令人咋舌。不光如此，我发现他做什么事都爱追根究底，凡事都要问个为什么，非要讲出个道理来不可，有一种打破砂锅问到底的劲头儿，这可是现代孩子中少有的一种执着精神。除此外，他也是很有追求的——特想当干部，曾经利用先抑后扬的手段博得过大家的同情，也曾当过几天小队长，可最终由于纪律散漫而失去了大家的信任和支持，从干部的岗位走了下来。

针对小洋存在的优点与不足，我利用在北师大学习的矫正注意力不良儿童的方法及理论知识对他进行了分析，觉得他还是一个值得培养的人才，毕竟他有那么多令人夸赞的优点。之所以不被大家认可，关键还在于散漫的纪律，不良的听讲状况。因此，着力在组织纪律性和注意力上对他进行扭转，是调动他、培养他的切入点。

为了切实调动他的学习积极性，培养他专心听讲，注意力集中的好习惯，我从多方面入手，加以改变，力求从实质上转变其现状。具体做法如下：

改变教师上课语言的机械化，力求通过教学语言的生动、风趣吸引学生注意力。

更新教学观念，调整教学方法，运用教学策略，制定奖励制度，激励学生自主学、主动学、创新学。

从教育入手，提出“一言一行学做人”的口号，使学生端正学习态度，明确学习目的，在一言一行中争做勤奋学习的学生。

对他进行“润物细无声”的教育，注重情感上与之进行交流，将问题与希望渗透在言谈话语之中。

课上用激励的语言赞赏他，赞赏他出色的口才、丰富的词汇、过人的勇气，帮其树立良好的形象，激发他的上进心。

用奖励单元学分制的方法激发其竞争意识，看到个人的发展前景，促使其不断进取。

充分发挥他的特长，以此促彼，调动他的积极性，对活动的热情，认识自身潜在的才能，正视自己、挖掘自己、相信自己、提高自己。

学校开展体育节活动，他踊跃参加，我就大力支持，帮他修订演讲稿，听他试讲，进行指导，让他在班内再讲，赢得同学们的赞赏，从而树立自信，非但如此，我还激励他说："小洋，你只要正常发挥，一等奖没问题!"这下儿，他的劲头更足了。终于在演讲比赛中，他凭借自己的努力和才华进入决赛，并被安排在校内演讲，看到他在一群优秀生中毫不逊色的表现，我为他感到由衷的骄傲。果真，他力挫他人，在校演讲比赛中获得了一等奖。

通过一段时间的激励、赞赏，小洋有了很大转变，课上小动作减少了，注意力集中了，俨然一位小干部样儿。上课他发言最积极，创新意识十分强；读书他最动情、用心，多少次博得同学们的掌声；课下作业也能自觉去做，写片段他从两个角度展开描写，正面突出、侧面反衬写两篇，赢得了老师和同学们的夸奖。尤其值得一提的是课上他的价值得到了充分的体现，既发挥了他的聪明善讲的专长，又体现了他博学多才的特色。这一节课下来，小洋的热情不减，积极性高涨，不听讲现象明显减少了。

激励、赞赏的手段令一名落后生听讲专心了，一节课都能看到他高高举起的小手，听到他滔滔不绝的话语，"四动"在他身上落到了实处——动脑、动口、动心、动手。

小洋在听讲、发言、朗读、作业、特长等方面有了长足的进步，这与用激励、赞赏的语言调动他的学习积极性，促使他课上注意力集中不被分散有很大的关系。政治家魏征说过："木长需固本，流远需浚源。"为了使小洋能够将良好的注意行为变为根本的学习态度加以延续、发扬，今后还应在以下三方面对其进行矫正：

一是帮其树立明确的学习目标，由激励的暂时性行为发展成自觉的长期性行为。

二是培养其多方面兴趣，挖掘其潜能，促其全面发展、全面提高。

三是指出下一步改正行为，如：文明坐姿、礼仪常规等，令其朝更高的目标奋进。

事例4　夯实人生基础　培养良好习惯

“一个有事业心和使命感的教师，理应作为教育的探索者，其探索的最佳途径就是从自我反思开始。反思促进了观念的转变，反思促进了工作的提高。”这是北大附中广州实验学校校长雷丽霞说过的一段话。它让我领悟到“工作要做，反思要写，只有会反思，才能更好地工作。”这样一个道理，还使我明白了“教书匠”和“教育者”最本质的区别不光是要有体力的奉献，更要有脑力的付出。基于此，我静下心来开始回顾并反思自己接班后的工作。

“老师，他撞我。”“不是，是他太烦人!”听，又一轮告状开始了。这已经是开学几天来的第N次口角之争了。看吧，每到课间，男孩子就在楼内追跑，或是在班内玩拍掌游戏，声音之大，简直是震耳欲聋；环境之乱，简直是无法消停。违反纪律的还不止这些，这不，个别学生上操装病，不是躲进医务室就是故意不下楼；进餐时更是说说笑笑、玩玩闹闹，组织纪律性极其淡薄。问题不仅这些，课上有的学生居然抄起水瓶就喝水，甚至要求上厕所，根本没有上课的概念；特别是晚自习时，学生们在教室内随意走动，又说又聊，上厕所的、吃东西的、说笑的、玩闹的……行为十分散漫，令生活老师头疼。

行为习惯如此，学习习惯也是如此。课上学生精神涣散，什么东西都可以成为玩具，尤其是各种各样的小动作，几乎是从不间断，没完没了，注意力全被小动作分散了，自然学习的劲头儿就淡漠了。精神不集中，所问非所答，不会倾听，不爱发言，于是作业便抄教参，问同学，稍有动脑思考的题就不做，知难而退……学习状态松懈，令任课教师为难。

看到学生几天来的行为表现，我耳畔不由得又回响起刚接班时领导、老师们嘱咐的话语：“这是非典时期招来的学生，不太好管，你肩上的担子不轻。”“这个班学生全校闻名，够你受的。”领导、老师们善意的提醒我谨记心间，班级的现状我也一目了然。我暗暗告诫自己：看来，这是一个特殊的集体。

于是，我不动声色地、静静地观察了学生几天后，发现这些孩子其实心地都挺善良、也很热情淳朴，很少有纨绔子弟的派头，真的是挺惹人喜欢。他们欠缺的归根到底是习惯的养成问题——行为习惯和学习习惯。了解到问题的症结所在，我开始思考解决问题的方法。

古语讲："少年智则国智。"由此可见，少年是祖国未来建设的栋梁。俗话说："嫩枝易弯也易直。"可想而知，对少年儿童加强行为规范的养成教育有多么重要！

那么教育究竟是什么呢？著名教育家叶圣陶先生则一言以蔽之："往单方面说，只须一句话，就是要培养良好的学习习惯。"看，叶老的话一方面说明培养学生良好习惯的重要性；另一方面也指出了培养学生良好习惯是我们每个老师义不容辞的职责。良好习惯的培养是一项长期、复杂、艰辛的育人过程。它不是一朝一夕的事情，需要坚持不懈、有条不紊地进行练习和强化。为了扭转班级无章的现状，为了培养学生良好的习惯，我的做法是——

首先，明理导行，确立规矩。

对于五年级学生而言，要让他们自觉遵守校纪班规，就必须对学生晓之以理，动之以情，导之以行。"导行"能提高学生的道德认识，深化道德情感，这是教育活动成败的关键。在对学生进行反复、多次的教育后，学生能明白纪律的重要性，可就是一落实到行动上，就成了语言上的巨人，行动上的矮子。为此，我也曾苦恼过，但教育家叶圣陶老先生说的"心里知道该怎样，未必就能养成好习惯，必须怎样做去，才可以养成好习惯"。"要让学生怎样怎样做去。"一语惊醒梦中人。是啊，心里想得再好，行动上无法落实也是空想。为了让说的与做的协调一致，我决定制定一系列使学生"做去"的措施。

俗话说："不以规矩，不成方圆。"尤其是小学生，如果过于随意，随性而为，把握不好尺度便会出现纪律的真空。为了扭转班级现状，我决定第一个月先抓纪律，立规矩。从一日生活常规开始规范大家的言行，并为此制定了班级行为规范，号召大家课上坐有坐相，站有站姿，如钟般正，如松般直，弘扬军人风范。课间做文明学生，不追不跑不打闹；说话不吵不嚷不喧嚣；见老师要问好；对同学有礼貌……诸如此类一一落实并检查，打印成文贴于班内，作为班级中人人遵守的行为准则。比如我们的班级文明公约——《让班级文明之花绽放》是这样制定的：

中华民族是礼仪之邦，文明礼貌最为重要。让文明之花绽放，让文明风气传扬，这是我们五(2)班集体共同努力的方向。

尊敬国旗：

升旗站队快静齐，站如松，声如钟；立正站好，目视国旗，右臂高举，规规矩矩；不嬉笑，不打闹，从我做起样样好。——国旗重要

遵守校规：

学校规定记心间，一切行动不越线，规则就是一把尺，刻度之外人不齿，自身言行勤衡量，点滴小事论短长。——掌握尺度

关爱集体：

集体就是我的家，我不爱它谁爱它？讲奉献，不索取，一颗爱心为集体。——我爱我家

珍视友谊：

讲团结，知友爱，懂谦让，话情长，污言语，远离口，打打闹闹不出手。——忍字当先

自我保护：

我是祖国一枝花，蓬勃向上人人夸，学会走路不追跑，危险活动怎能要？——安全第一

爱惜粮食：

“谁知盘中餐，粒粒皆辛苦。”农民伯伯很辛苦，中午就餐分好组，盛好饭，洗好手，喧哗声音不能有，自觉吃光不浪费，爱惜粮食最可贵。——节约最美

爱护公物：

公共财物为大家，千万不要损坏它，公物服务你我他，中华美德不容假。——自觉爱护

文明如厕：

来也匆匆，去也冲冲，表面干净，及时“美容”，你方便，我期盼，你我笑开颜。——入厕文明

文明需要你我他，整洁环境靠大家；由内而外展示美，礼貌用语

不离嘴；发自内心为大家，举止言谈讲优雅；文明班风我展现，严肃校纪不畏难。

这八条纪律的制定，使学生们“行”有方向，“做”有示范。

其次，环境熏陶，积善成习。

教育研究显示，创设有一定教育因素的情境和氛围，有助于学生良好行为习惯的养成。而教育家苏霍姆林斯基也说过：“要让学校的每一面墙壁都会说话。”是的，学校教育依靠的不光是教师，学校的一草一木、一花一石都是教育的因素。人为教育是显性的，是受时间和空间限制的，而环境的熏陶与感染则是隐性的，是无形的，是随时随地进行的。让环境布置充分发挥其教育功用，更可以实现润物无声的教育效果。

为此，我充分利用黑板的两侧做宣传阵地，依据学生情况写上一些自创的语言，如：“好习惯使人受益终生。”“保持恒心，不保持现状。”“规规矩矩写字，堂堂正正做人。”“胸怀大志，贵在‘毅’字”等，这些精练的话语时刻提醒学生们规范自身言行。

除此外，我还将壁报开辟成班级活动的风向标。结合学校“三个学会”，我们制定并张贴了班级“五把举措”——把课上好、把书读好、把字写好、把话说好、把路走好。教育大家从点滴做起，规规矩矩写字，堂堂正正做人。

我深知，良好班风的形成离不开文化氛围的营造。于是，我动员大家多读好书，与好书交朋友，开展“好读书、读好书、读书好”的活动，让浓郁的书香满屋，让浮躁的心绪恬静，让书籍陶冶性情，让文化涤荡心境。于是，展板上的“读书三字经”配套出笼了。“书香满屋”四个大字，让学生们仿佛闻到了浓浓的墨香，感染了满身的书卷气。

当文明之风初展现时，我趁热打铁，整顿学风。为了激发学生的学习热情，我制定了相应的激励措施(班级奖励制度)，时刻给学生以斗志。一项项措施的落实，一句句激励的话语，既是压力，又是动力，促使学生不断进取。

一个月下来，班级风貌呈现出了可喜的变化。看，课上绝大多数学生坐姿端正，小动作明显减少，将注意力投入到听讲上来；课间纪律也明显好转，读书代替了追跑，下棋取代了喧嚣。无论是课上还是课下，学生都能自觉自律，努力矫正不良行为习惯，树立崭新形象。瞧，一段时间以来，班内涌现出了一批勇登“毅力岛”，争上“创新桥”，长驻“情感屋”，畅饮“智慧泉”的学生（这是我们壁报的四栏评比榜）。

如今，我们的集体文明的班风、严谨的学风已然初步形成。

人常说“性格决定命运”，我觉得“习惯造就人生”。古人云：“好习惯，早养成，有教养，益终生。”这句话理寓其中。然而习惯的养成不是一蹴而就的，是要在点滴小事中体现，在生活学习中渗透，在言行举止中落实的。我深知育人工作非比寻常，特别是小学教育，立根固基的工作容不得半点含糊。今后，我还会坚持对学生进行养成教育的培养与训练，力争使每个学生都能做到学风正，做人直。

3. 育心灵

【如何让"雷锋"常驻班集体?】

雷锋，是一个标志；雷锋，是一种行动。不要让雷锋挂在嘴头，而要让雷锋见诸行动。从爱集体做起，从做贡献开始，于一言一行中落实真善美。奉献是一种美德，实践是美德形成的关键。

事例 5　一心向善　一心向学

在我们班，每学期开学的前两周是雷打不动的学雷锋周。为什么呢？因为社会需要雷锋，校园塑造雷锋。雷锋精神要从娃娃开始培养！

不记得是广州的哪一位校长曾经说过："若要孩子爱上班级，就要让他先为班级奉献。"是啊，一个自己亲手建立起来的家园，从无到有，从空荡到温馨，一个满溢着自己的心血与付出的集体，谁又能不爱呢？付出越多，爱得越深。正是因为如此，所以我们的班级，雷锋天天有，集体人人爱，周周讲奉献，日日有爱添。教室温暖如家，同学相亲相爱，春风絮语话情长，日新月异新模样。

雷锋精神常驻，创新意识也不能丢。为了在点滴小事上培养每个孩子的创新品格，为了让每个孩子都积极参与到创新活动中来，锻炼动手、动脑的能力，开学初，我们进行了团队的自由组合，5～8 人一个团队，推选出队长，结合团队特色，设计团队口号、队徽及每位队员的奋斗目标，集中到一个造型中，张贴于展板上。看，"萤火虫队"——一只萤火虫发出的光，远远比不上整群萤火虫一齐发出的光更耀眼，更明亮；"心花怒放队"——一个团队一颗心，一个目标共奋进；"火箭队"——我学习，我快乐，我付出，我收获；"展翅飞翔队"——展翅飞翔，共创辉煌；"气球队"——我们是 7 个球，心朝一方，力向一处。

发扬团队精神，以强带弱，人人展示自身之所长，智慧共享。于是，一块块颇具创意的展板、壁报以更新颖的面貌呈现在我们每一个人的眼前。“我是小能手——感动六4”中小修理工“大圣”、涂改带小医生“三八”、爱心使者“飞飞”笑意浓浓。“假日读书行路乐”中假日创作的诗歌、童谣成为大家课下赏心悦目的一道景观。“我们上路了”中五个团队依次呈现团队中每个成员的明星照别具特色，那可都是队员心血与智慧所得啊！还有外墙壁报，一根指示牌、一个卡通手势、一串小脚印……将假日队员们的足迹串联在一起，使假日小报“形散神聚”。“明星栏”换新人了，小胖代替了力夫，将个人魅力彩妆照贡献出来，真是谦谦君子风范，款款海归风度，让人眼前一亮啊！两块小黑板也旧貌换新颜了。一块是“春风絮语”，将每日同学间的暖心话写于其上，让良言温暖人心；一块是时事板，让离家的孩子能知晓天下重要事。还有“感动中国十大人物介绍”、“文学常识赏析”等，让每一面墙壁焕发勃勃生机，让每一个角落充满浓浓情意，让每一块地方洋溢无穷创意，让每一名学生挖掘各自潜力。我们的集体就是这样充满魅力！

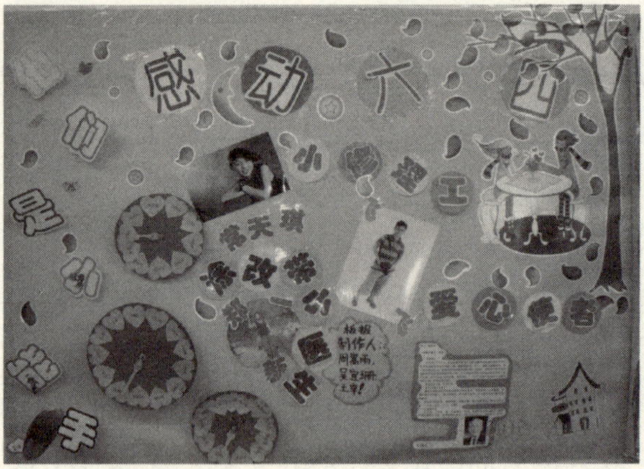

“一心向善，一心向学”，这就是我们的追求，这就是我们的努力。做善良有爱心的人，做学习肯创新的人，做通过努力可以更出色的人!

【面对闯祸的学生，教师应该怎么办?】

学生闯祸，不情不愿。尤其是看似乖巧的孩子，在不经意间闯了祸，更是心惊胆战。怎样安抚学生脆弱的玻璃心？怎样平复学生焦虑的心情？怎样利用“祸事”实现触动心灵的教育？换位思考很重要。尊重每一个个体，接纳每一颗心灵。

事例 6　深深的感动

从教近 20 年，令我感动的事数不胜数。应该说，正是这份源自于学生的感动，使我二十几年如一日地对教书育人工作充满了热情。

人们都说：“教师是天底下最光辉的职业。”我也想说：“教师是蓝天下最温暖的职业。”过去，我一直认为，只有到白发苍苍的时候，才会拥有桃李满天下的幸福感。其实不然，我教过的每一届学生都没有忘记教过他们的我。比如说：七年相会时的大横幅；十年聚首时张贴在每个小区的寻找同学的启示；三八节送来的 99 朵康乃馨；“老师，我们爱您!”的感人话语……这一幕幕景象、一声声倾诉至今仍然浮现在我眼前，回荡在我耳畔。

远的不说，以上学期的一件事为例吧！开学初，班里几个淘气的孩子有些浮躁，出现了这样那样的问题，就像是平静的湖面上涟漪不断。这天一早，我一走进教室，就感觉到了气氛的凝重。往日总要热情地跟我打招呼，贫上几句的学生不再逗嘴了，都用一种谨慎的眼神看着我，我猜想一定出事了。果不其然，生活老师赶紧把我叫到门外，紧张不安地告诉我，小珍昨晚打碎了宿舍的灯管，一地的灯管碎片可危险了。怎么会呢？这可是个一贯老实稳当的女孩子啊！一定有原因。我虽然生气，但却告诫自己，不要愤怒，问明情况再处理。悄悄地了解过情况后，我知道了小珍晚上休息时，将手中的枕头包抛着玩，不小心碰到了灯管。当时她吓坏了，生活老师严厉地批评了她，并让她写检查，值班领导当晚也教育了她。

看着她小小的身子蜷缩在座位上，一脸的惶恐又强做镇定的样子，我决定不再批评她。她还是个孩子，又惊又怕地哭了一晚，过了一夜，身边又没有父母可倾诉，孩子脆弱的心灵怎么受得了啊？不过，我仍抓住这一教育契机对学生进行了一番语重心长的“珍惜生命、让父母放心”的教育。最后，我说了大概这样一番话：“这事不怪你们，你们是我的学生，出了问题，责任在我，是老师教育不够，关注不到，管理不当……孩子们，老师、爸妈不能每时每刻跟在你身旁，你们大了，更多的是靠自觉。尽管我们天天说安全，时时讲纪律，但还是有问题发生，也许是我的教育方法有问题。一直以来都是我要求你们，可能没有照顾到大家的需要。今天咱们换个角度，你们给我提要求，写出心里话，我会调整自己的教育方法……”

学生们听了我的话，都眼泪汪汪的。有的已经泣不成声了。我摘抄了几段孩子们当时含泪写下的话——

“我亲爱的、尊敬的李老师：……我边哭边扪心自问，这真的是李老师的过失？这真的怪不了顽皮、淘气的我们吗？不！这是我们的错，为什么要让李老师自责呢？有人曾说‘师爱是责任。’没错，师爱是责任，是一份甩不掉、扔不开、放不下的责任。我们需要的只是一位像您这样教导我们，呵护我们，热爱我们的老师呀！爱您的学生。”

“您是最累的：老师啊老师，别累坏了身子啊！您是最顽强的：老师啊老师，也不能顽强过了头啊！您是下班最晚的：老师啊老师，您的身子也不是铁打的呀！”

“此时此刻，我只对您提一条意见：请不要将不是您的错误推到自己身上！都怨我们，都怨我们！没有您的错！您已经对我们尽心尽力了，是我们太放肆，是我们不自觉！老师，实在对不起！”

这是班里一个最调皮的孩子写的：“我敬爱的李妈：今天，我的心情格外沉重。不！何止是沉重啊！简直是天塌下来似的。本以为小珍砸了灯，您会大发雷霆。我非常害怕，可您却用那诗一般的语言把我感染了。您就像天使飞到我心里阴暗的角落，点亮了一盏灯，使我原本阴暗的心灵变得阳光灿烂……李妈，我很爱您！您肯定说我骗人。李妈，您是我认为最好的老师。您肯定说我玩虚的。不管怎样，我还是爱您！您的爱徒：小汪。”

“我觉得无论老师的教学方法怎么样，教课经验有多少，得到的称号有多少，这些其实都不重要！重要的是一颗心，一颗能够包容学生的心，一颗视学生如亲骨肉的心，一颗充满自信、朝气蓬勃的心，一颗正直善良、质朴无华的心就足够了。您就拥有这样一颗心，谢谢您！”

这些纯真质朴、坦诚真挚的话语深深感动着我。最让我感动的是打碎灯管的小珍给我写的话：“老师，其实我前两天一直做梦，梦见您不教我们了。我们哭着，不要命地哭着，只求您留下来。我知道我犯了错，我知道您很担心，我以后绝对可以做到‘珍惜生命’。李老师，您很好，您没有错，是我的错，我不该……我自己犯的错，让我自己来承担吧！”多坚强懂事的孩子啊！我怎么狠得下心来说她呢？我庆幸自己头脑发热时换位思考了，我庆幸自己没有做伤害孩子幼小心灵的事。

这是一位刚刚转到我们集体中的孩子写的：“虽然我刚到这个班没多久，但是我能感受到咱们班是个好班，您也是一个好老师。因为我感受到了同学们的热情和您的关爱。其实，昨天晚上，我们宿舍很晚才睡。因为小珍很伤心。我们都以为她是怕老师说才哭的，但她说是因为怕老师生气嗓子再哑了，不教我们了才哭的。（上学期有一阵因为工作特忙，天天大量说话，造成了近两个月的失声。学生们很心疼我，这也成了他们的一块心病。）我认为我们每个同学都时时刻刻想着这个班，我们是团结的。昨晚我就在想，我要是早转来就好了，这个班有这么好的同学，这么好的老师，我很珍惜现在的一分一秒。”

说实在的，当天晚上，我是哭着读完了学生们给我写的信。我被孩子们的善良淳朴深深感动着。应该说，我从一个教书匠成长为一名学习型、研究型、反思型的教师，这一路走来，除了有专家引领、领导搭台、同伴互助外，还有一个不可不提的重要因素，那就是来自于学生的感动。正是这份深深的感动，使我不断提醒自己，要善待每一个学生。李镇西老师有一句话已经夯进了我的心灵——“只有童心能够唤醒爱心，只有爱心能够滋润童心。”爱心需要童心唤醒，童心需要爱心滋润。学生感动老师，老师关爱学生，这就是令我感到温暖的教师职业，这就是令我深受感动的可爱学生。

【学生违纪后，怎样变“坏事”为“好事”？】

学生是活动的个体，出现犯错误的行为在所难免。作为教师，不要一遇到学生犯错误就如临大敌。其实，教师正好可以抓住这个教育契机，变被动为主动，或晓之以理，或动之以情，或“将错就错”……变坏事为好事，让错误行为为教育所用，激发学生的正能量。

事例 7　教育是情感　教育是艺术

“老师，昨天晚自习小钰不写作业，玩磁悬浮陀螺。”“对，他还说话影响我。”“还有小豪呢，他也和小钰一起玩，失败了 100 多次……”听着同学们你一言我一语的抱怨，我看向小钰，他不好意思地低下了头。嗯，还不错，认识到自己的问题了。要知道，小钰可是曾经的“四大金刚”之一啊！不说别的，就只是那眼神，都能杀死人啊！可想而知，其杀伤力有多大！不过，经过近两年的教育，小钰已经从善如流了：不打人骂人欺负人，眼光不再冰冷了，有如春风化雨一般，真的是面容和善多了，对他的进步我挺满意。不过，再优秀的学生也有松懈的时候，怎么办呢？是严厉批评？没必要，尤其对这种个性很强的孩子，以柔克刚效果棒。是不予理睬？那可不行，全班同学都虎视眈眈地看着呢，怎么能不公平处理呢？不处理不行，影响了全班纪律；处理吧，深浅如何适度？怎么处理更能变坏事为好事，达到教育的目的呢?

眼珠一转，我计上心来，心平气和地对小钰说:“小钰，你看，你晚自习不写作业玩陀螺，还影响其他同学，多不好啊！犯了错误不承担责任可不好，你说怎么办呢?”小钰低下头不作声，面露惭愧、紧张的神色。我猜他此时一定忐忑不安的，便接着说:“这样吧，你既然耽误了那么多写作业的时间，总得补回来吧。我知道你喜欢玩陀螺，但学习的时间用来玩毕竟不合适。既然玩，就玩出技术来，玩出水平来。小豪是建模高手，写出的小论文还发表过呢！我只听说过磁悬浮列车，还从没听说有磁悬浮陀螺呢，说不准你们就能研制出来。你看这样好不好，你和小豪一起写一篇有关磁悬浮陀螺的科学小论文吧!”话音刚落，小钰便咧嘴说:“可是我还没成功啊!”“谁说科学实验都是成功的，失败了也值得写一写啊。科学就是一种勇于探究的精神的体现！不怕失败，能从失败中总结经验教训，给他人以启示，就有意义!”小豪一听，两眼放光，一个劲儿地点头。小钰一听，眉飞色舞，不住地说:“行，我写。”我不忘叮嘱一句:“好好写，写好了我给你们推荐到王主任那儿，让她帮助你们指导指导，说不定还能发表呢!”这两人听了，乐开花儿了。告状风波就在这样的和风细雨中平息了。

第二天，我惊异地发现，有 3 个人共同完成了这份科学实验报告——小夫、小钰和小豪。原来，一向对科学很感兴趣的大队长小夫也自愿参与了进来。嘿，科学的魅力可真大啊！他们各有分工，小夫写实践原理，小豪写操作过程，小钰写实验结果。嗬，一份满载着心血的科学实验小报告新鲜出炉了。看过之后，我大加赞赏:“真不错！有原理，有图例，有说明，有实践，有思考……真是一份用心之作!”

“老师，他们晚上又做了上百次实验，最后居然成功了!”“对，原来升上去 2 秒钟就掉下来了，现在能悬浮在空中很长时间了。您看——”说罢，他们三人便给大家展示起来。果然，那小小的陀螺在转起来后，徐徐升了上去。轻轻地撤掉隔板后，这小陀螺依然在上空旋转、旋转……

热烈的掌声响起来了，同学们真激动啊！为他们的成功，为他们的执着，为他们的智慧，为他们这份勇于实践的精神！我激动地说："祝贺你们的成功！赶快把这份小实验报告进行修改完善，今天你们实验的一小步，没准就跨出了明天科研的一大步。期待你们这份科学报告尽快发表……"羡慕、喜悦、兴奋、激动、期待在众人脸上呈现。

瞧，一件令人头疼的晚自习违纪事件，在老师的恰当引导下，成就了一份科学小报告，激发了学生学科学、用科学、爱科学的情感，变批评指责为点拨引导，变惩罚压制为赞赏鼓励，这就是教育的艺术！

我不赞成总是一味地批评打击淘气的孩子。我更希望从每个孩子的身上发现闪光点，以此作为转变他们的契机，作为成就他们的起点。自信的品格不是教师给的，而是通过事件培养的。"好孩子是夸出来的"这话太过绝对。培育学生的过程，就像老舍先生养花一样，有喜有忧，有笑有泪，有花有果，有香有味，既须劳动，又长智慧，这就是教书育人的乐趣！

总之，真正的教育离不开情感，成功的教育需要有艺术。教育是一种情感——亲其师信其道；教育是一门艺术——艺术需要创造！

【如何引导学生勇敢面对挫折?】

人生在世，谁都会遇到挫折，适度的挫折具有一定的积极意义，它可以帮助人们驱走惰性，催人奋进。挫折又是一种挑战和考验。英国哲学家培根说过："超越自然的奇迹多是在对逆境的征服中出现的。"

挫折有时就像是一副良药，虽然苦口，却有益康复，提高免疫力。自信的品格有时恰是在挫折中形成的。

事例 8　在挫折中扬帆

秋季运动会分组赛中，男同学憋足了劲儿准备拿男子接力冠军。

比赛开始，体育精英小令振臂高喊："同学们，一定要争气，拿个第一回来！"大家围在一起，击掌鼓劲儿，口喊"必胜"，似国家运动员决赛前一刻，情景感人。

起初，前几个同学将其他班同学抛在后面，态势喜人，无论是场上、场下的同学都群情激昂。可正在大家欢欣之时，小叶却将递过来的接力棒掉在了地上，比赛结果可想而知。于是，学生们的不满情绪一发而不可收拾，纷纷声讨小叶："拿不到第一都怪你！""你为什么不接住棒？"……还有的同学呜呜痛哭，情绪十分消沉。小叶呢？满脸泪水，却还在辩解："谁让你不把棒递好？"指责声不绝于耳。

这次学生灰色情绪产生的原因究竟是什么呢？

我认为，首先是推理错误：赛前学生对自身实力过于自信，期望值过高，当失败时，受到挫折情境的困扰，挫折的耐受力较弱，因而产生了消极的情绪反应。其次是情绪失调：学生心理不成熟，情绪无法自控，需要发泄，于是将矛头指向引发失败的表面个体；还有学生不去顾及他人感受，没有做到换位思考，相互埋怨，不寻找失败的根本原因，彼此推卸、逃避责任，不敢面对失败，无法承受挫折。

综上所述，学生过于注重荣誉而忽略了参赛的根本——发展体育运动，增强人民体质。学生参赛目的不明确，不具备抗挫折的健康心态，认为失败是耻辱，没有想过从失败中吸取教训，因而造成学生的过激言行、不满情绪。

那么，面对失败，应如何增强学生战胜挫折、完善自我的能力呢？

针对此情况，我采取了以下教育措施：

首先是形成理性认识。加强对参加各项比赛意义的宣传和教育，使学生头脑中有正确的认识——比赛重在参与，在过程中求索，获得生活的乐趣，促进伙伴间的交往，增进同学间的友情。

其次是进行理性思考。讨论接力赛失败原因，总结教训——平时只注重跑步速度，忽略了接棒技巧，而这恰恰是取胜的关键。于是利用早锻炼时间专门训练接棒。学生从实践中总结出：跑步同学握棒下端，临到终点处速度放慢；接棒同学准备姿势要摆好，眼睛注意棒的位置，执棒后握牢；周围同学做到有秩序，不围，不吵，给同学创设一个心态平稳的比赛环境……

最后要明确理性认知。一方面通过事迹激励，号召学生阅读《钢铁是怎样炼成的》等书籍；搜集战胜挫折的名言警句；介绍现实中勇敢面对挫折，挑战困难的人物事迹，从而使学生认识到：人的一生不是一帆风顺的，要经历各种各样的挫折，行为上的失败是一时的，精神上的失败是一世的。成功永远属于那些面对挫折乐观向上、意志坚强的拼搏者；属于那些具有“永不言败”精神的执着进取的人。

另一方面是要内化为自身行为。在广泛阅读的基础上，将典型故事及读后各种形式的收获、体会(画、诗、对话、剧本等)贴于展板上，教育影响每一个学生，塑造每一颗心灵，使学生能正确对待挫折，明白挫折、失败也是一种财富，可以磨炼自己的意志，增强抗挫折的心理承受能力，使学生懂得个人成长道路上，失败是不可避免的，面对失败不要气馁，不要逃避，做一个知难而进，拥有“永不言败”精神的人是最可贵的。

第三方面是要进行情感教育，使学生懂得和合的氛围是战胜一切困难的先决条件。在品德课上，我利用各种鲜活的事例，让学生深刻认识到遇事要换位思考，推己及人，要尊重、体谅、理解他人，设身处地地为他人着想，有助于学生在经受失败时妥善调控情绪。

一系列措施的实施，使学生的自信心恢复了，战胜挫折的勇气加强了，相互间越发团结了，走出了失败的阴影。

全校运动会上，男女生团体接力比赛中，大家同心协力，互相勉励。一个同学摔倒了，继续爬起来向前跑，尽管又落后了，埋怨没有了，随之而来的是同学们的问候。关切的话语温暖了受伤同学的心灵，激励着后面跑步同学的斗志。在落后的情况下，同学们不气馁，立刻调换跑步顺序，利用跑得快的同学一点一点地逼近，最终反败为胜。凭借实力、互助、协作与不气馁的精神夺得了团体赛的第一名。大家笑啊、乐啊，还有的同学为这来之不易的胜利流下了激动的泪水。

经过有效的学习、教育实践与内在的心理调适，学生进入了教育的良性发展阶段。于是，集体中有了更多的爱的气息，学生心态的健康调整，使大家都能正确对待挫折与失败，心态平和了，情绪稳定了，挑剔、指摘他人过错的少了。学生们从不能正确面对失败的阴影中走了出来，用灿烂的笑容、无限的热情、积极的态度、宽容的言行迎接每一天，善待每个人，处理每件事。

中国有古话说："有志者，事竟成，破釜沉舟，百二秦关终属楚。""苦心人，天不负，卧薪尝胆，三千越甲可吞吴。"这话中之意便是：人的意志是要经受失败的考验的，面对挫折不气馁，勇敢进取，终将获得成功。

最初，学生经历了赛场上失败的挫折。所谓挫折，从心理学上讲，指人们在某种动机的推动下所要达到的目标受到阻碍，因无法克服而产生的紧张状态与情绪反应。由于这是人的主观体验，因而又叫挫折感。

挫折感的引发一方面是客观外界因素，这是人们无法控制的，也是无法预知的，既有可能是人为因素的干扰，又有可能是环境因素的影响；另一方面是主观内在因素，由于个人能力限制或心理缺陷产生的影响。

法国大文学家巴尔扎克有句名言："不幸是天才的踏脚石，是弱者的深渊。"可见，挫折对人的作用具有双重性，既有消极的一面，也有积极的一面，关键看你如何对待它。有的人面对挫折可能愤怒攻击，或意志消沉、颓废沮丧，从此一蹶不振；也有的人却能坚韧不拔、百折不挠，控制情绪，改变行为策略，在挫折中扬帆。之所以有这样大的不同，主要决定于人的挫折耐受力，即个体遭遇挫折情境时，能摆脱困扰而避免行为失常的能力。挫折耐受力是可以经过学习和锻炼获得的。

经历了第一次的失败后，我采取相应的教育措施对学生进行正确引导，从中总结经验、吸取教训，锻炼了学生的抗挫能力，才拥有了第二次的成功。从成功中，学生更意识到失败的"可贵"——失败就好像磨炼人的意志的试金石，衡量人友爱真情的 pH 纸，失败还是迈向成功的基石，是获得成功的财富。

实践中学生认识到，挫折和失败犹如清醒剂，令人认清环境和困难，进而调整自我行为；挫折和失败又好似加压泵，令人调集全身的力量面对现实，努力奋斗，使心理受到锤炼，拥有更强的耐挫力。

面对未来激烈的社会竞争，面对与日俱增的社会压力，面对漫长的人生历程，学生们只有具备了抗挫折的能力，增强抗挫免疫力，才能够快乐地生活，愉悦地工作，勇敢地面对失败，乐观地与人为善，这将对学生树立正确的人生观、价值观起着不可估量的增强作用。

拿破仑曾说："人生的光荣不在永不失败，而在能屡仆屡起。"所以，人的一生中，只有勇敢地面对失败，在挫折中扬帆奋起，才能迈向成功的彼岸。

【如何对待偷拿东西的孩子？】

著名教育家陶行知先生说过："千教万教教人求真，千学万学学做真人。"教育宣扬的是真善美，摒弃的是假恶丑。可"恶小"却时常出现在我们身边。"偷东西"是任何一个班主任都会遇到的问题。儿童偷东西，决不能从道德层面去批判。因为他们更多时候只是因为占有欲强和自制力弱造成的盲目行为。但一定要加以矫正并进行正确引导，晓之以理，动之以情，使学生明是非，辨美丑，与"恶小"说拜拜，这对学生形成正确的道德认知至关重要。

事例9　特殊的元旦礼物

这是一份特殊的礼物，时间长短不一，"礼物"类别不同，人物心情各异……那一时刻，洋溢在脸上的是真诚，传递在心间的是感动……

这是十年前的故事。刚刚教完毕业班的我又接了一个五年级，这是一个并不让人省心的集体，表面看似风平浪静，实则也是暗流涌动。尽管棘手，但经过一个月的建设，班级风貌早已焕然一新。班风向上，学生活跃，打闹不听讲，各人自扫门前雪的现象都一去不复返了。我们的集体成为了学校的主力班级。大型活动的主持离不开我的学生，学校宣传橱窗的创设来自于我的学生……

当一切都已步入正轨，我也正为此而欣慰之时，一个又一个小事件的发生引起了我的警觉。

"老师，我新买的笔找不到了。"

"老师，我的荧光笔不见了。"

"哎，橡皮哪儿去了？"

“嘿，刚才我还用的胶棒怎么找不着了？”

“哎呀，我丢了50块钱，就放在铅笔盒里了。”

……

多年的教育经验告诉我，班里有“内鬼”。我不动声色地观察着每一个孩子，一举手一投足，一句话语一个眼神，全在我关注的目光下。两周后，我将目光锁定在一个平日最不善言语，生活最简朴，最老实巴交的女孩小B身上。这个在历任教师眼中的好孩子、小干部，这个在同学眼中善良朴实、胆小怯懦的小伙伴，她那飘闪不定的眼神，那略显成熟的表情(也许是家境所迫，父亲年岁大，是个清洁工；母亲是个精神有疾病的人。)都让我暗自思忖。

“老师，上操前我的彩笔还在桌上，一下操就不见了。”在又一次听到学生的彩笔找不到后，我对学生们说：“同学们，为了你们大家的清白，请把自己书包、座位里的东西拿出来，看一看有没有不是自己的，把你的物品介绍给身边的同学……”这一招果然灵，很快，不同的声音就出现了：

“咦，我的笔怎么在你这儿？”

“我也不知道。”

“老师，我的彩笔怎么跑到她书包里去了？”

“老师，不是我拿的。我也不知道是谁把它放在了我这里……”

“谁会干这种缺德事啊？”

“老师，您得好好查一查，这种人真坏！”

“谁这么恶作剧啊？”

看着小B一脸无奈的表情，听着她“委屈”的话语，旁边同学七嘴八舌地替她解围，纷纷指责那个不道德的恶作剧者。我看在眼里，心里已更加确信了自己的猜测。“没错，就是她。这个一脸朴实无辜的孩子。”而我嘴上却说：“好了，同学们，彩笔找到了就好，无论是谁，以后千万不要再做这样的恶作剧了……”

几天后，我利用下班时间找到了小B，从聊家常开始，一点点让她放松警惕的心理。随后我问：“你知道我为什么找你吗？”

“不知道。”听她的口气，我知道她决不会轻易坦白，便单刀直入

“彩笔是你拿的吗?”

她面不改色道:“不是,不知道是谁放我书包里的。”

“我了解过了,那天最后一个离开教室的只有你,彩笔又恰好在你包里,这怎么解释?”

“不是我。”

见她刚才的底气不再,我便晓之以理,动之以情:“你最心爱的东西被别人拿走了,你会是什么心情?”我特意用“拿走了”来避免她受到伤害,“你是干部,更应该懂得‘勿以恶小而为之’的道理,对吗?俗话说‘人穷志不穷’,你虽然家境不如其他同学好,但那只是一时的,只要你好好学习,掌握知识就是财富。物质上的贫穷不可怕,可怕的是精神上的一贫如洗。老师知道你家里不富裕,这学期特地向学校申请减去你的辅导班费,现在正在给你申请特困生补助;同学们知道你困难,可没有一个人因为你穷而说任何风凉话。你学习用功,大家还选你当干部,在老师和同学眼中,你一直是朴实的好孩子,千万别因为一时的糊涂伤了大家的心……”

这番循循善诱的话语叩开了小B坚硬的心扉,我看到她眼中闪现的犹豫,便乘胜追击,“还记得吗?老师常说,‘知错就改就是好孩子。’人没有不犯错误的,就是伟大领袖毛主席还七分功三分过呢,更何况我们普通人呢!一个人犯了错不可怕,可怕的是知道是错还要继续错下去,那就是明知故犯了。人无完人,我们每个人都不是十全十美的,你看,老师也有说错话,批评错同学的时候,不是也要向大家赔礼道歉吗?所以,如果知道自己错了,就不要一错再错了,错上加错就会铸成大错,后悔都来不及了!”

我注意到她嘴角略微动了几下,可能她的内心正充满矛盾吧!便接着语重心长地说下去,“孩子,记住:人穷不怕,志不能短啊!学习成绩上不及格可以再来,道德品质上决不能得零分啊!你爸爸把你养大多不容易呀,难道他希望看到你这样吗?别伤了爸爸的心……”这一次我分明看到了小B眼中充盈的泪水。

她咬着嘴唇,艰难地吐出了这样的话:“老师,是我拿的。”我知道这番话已经触动了她的心,我知道她的这种行为决不可能是一次、两次，便启发她："好孩子，勇敢地承认错误就是好样的，能告诉我你以前还有过这样的行为吗?"我坚决不说出一个"偷"字，因为我不想让这个字挫伤孩子幼小的心灵，尽管她的行为已经戳伤了老师和同学的心。

"同学的笔也是我拿的。"见她口风松了，我鼓励她："说吧，别担心，这是咱们俩之间的秘密。"

"我还拿了小溪的50元钱……"

听着她的话，我暗暗心惊：这个孩子胆子太大了，她拿同学东西决不会是从这个学期开始的，应该是有历史了。于是我小心谨慎地说："谢谢你对老师的信任，能告诉我这种行为是从什么时候开始的吗?"她不再逃避，小声说："从一年级开始。"

"这几年一直都有这种行为吗?"

"有。"

"能告诉老师你都拿过什么吗?"

"尺子、橡皮、彩笔、胶棒、本……"听着这个孩子不知下了多大决心才吐出的肺腑之言，我愕然了。

"难道老师都没有发现吗?"

"没有。"

那一时刻，我真切地感受到教育的悲哀。教育者平日里关注了学生的考核成绩，却忽略了对学生品行的引导。陶行知老人曾说："要想做学问，先来学做人。"可恰恰我们把"学做人"与"做学问"弄颠倒了。"十年树木，百年树人。"立人乃教育之本。学生来到学校这个大集体，作为教育者教学生掌握知识，学会技能固然重要，但培养学生健全的人格和良好的个性品质才是教育最终的目的，不是吗？一个众人眼中的好孩子，五年来居然不间断地私拿别人物品，为什么竟然没有人发现呢？或许这就是"光环效应"带来的负作用吧！学习认真蒙蔽了所有人的眼睛，大家把小B的这一态度迁移到所有事上，不加分辨，主观臆断，似乎犯错误只是后进生的专利，好像学习成绩好的孩子永远没有品德问题一般。就是在这样一种对好学生的盲目培养中，"好学生"的人格培养问题一再被忽略。我为这个孩子几年来没有受到更多的教育关注感到惋惜。

“能告诉我你为什么这样做吗？”

“没什么原因，就是觉得好，就拿走了。”

“这些东西还在吗？”

“都在家里，好多我都没用过，钱也没花……”

看，不是孩子品质有多坏，而是老师疏于引导造成了孩子人格上的缺陷，长大了，成习惯了。如果我也没有发现，那这个孩子……我不敢想象。

在进一步的了解中，我们达成一致：将这个问题告诉小 B 的家长，以便赢得家长的配合，家校协同，更全面地对孩子的言行加以引导和监督；将所拿物品归还同学，物归原主，改正错误。

怎么归还这些物品呢？一旦大家知道小 B 的这种行为，会对她有怎样的看法？会给小 B 带来怎样的伤害？她毕竟还是个孩子呀！怎么能小小年级就背负“小偷”这一沉重的罪名呢？今后谁还会愿意和她接近呢？她还怎样赢得大家的信任？……一连串的问题在我脑海中闪现。“人之初，性本善。”没有一个孩子生性向恶，之所以出现“恶行”，那是由于师者传道不够所致，怎么能让一个孩子独自承担这样的道德重负呢？自己的做法怎样才能既教育广大学生，又不伤害已经知道错了的小 B 的情感呢？我知道，教育是一门艺术，是一门语言的艺术。于是，我决定利用元旦赠送这份“特殊的礼物”。

元旦终于到了，活动中，同学们尽情地唱啊、跳啊……当我被大家拥到台上表演节目时，我深情地对大家说：“同学们，今天，我受一位同学的委托，送给大家一份特殊的礼物。这位同学让我向大家表达她的歉意，她说：‘她错了，她以后决不会再这样做了，请大家原谅她。她让我转告大家，是你们用真善美的行为教育了她，使她有勇气承认并改正错误，她感谢大家！”我边说边环顾四周，许多同学面面相觑，似乎还没明白是怎么回事。

我把物品一一拿出来放在桌上，“那不是我的钱包吗？”

“那是我的彩笔。”

"这个好像是我的。"

……

同学们兴高采烈地拿回自己丢失的物品。

"老师，您太棒了！"还没等我反应过来，小溪已经冲上前来，给我来了个超级大拥抱，"谢谢您！我太高兴了！"是啊，谁能不高兴呢？我动情地说："同学们，让我们用最热烈的掌声祝贺这位同学，祝贺她找回了失落的童心，祝贺她回归了我们的集体……"掌声响起来了，笑脸扬起来了，在那一张张可爱纯真的笑脸中，我找到了她——小B，她也正在眼含泪水，深情地笑望着我。这目光中流露出的是感激，是愧疚，是喜悦；这笑容中多了一份率真、释然与坦诚。我也笑了，欣慰地笑了……

【如何转化"问题儿童"?】

问题儿童通常指品德上存在较严重缺点且经常表现出来的儿童。问题儿童的问题行为有的是由不良需要或开始主要是由好奇、试探等幼稚的心理引起，有的是由于遭受挫折产生的不良情绪引起的。家庭教育的不当是形成问题儿童的主要根源。对问题儿童要因人而异，因势利导，施以爱心，帮扶指导，发现并强化其闪光点，淡化问题，扬长补短。

事例10　开启心灵的钥匙

小凡，是班里的问题儿童。没有兴趣学习，课上不听讲，课下不写作业。万般无奈非写作业之时，便应付差事，敷衍了事。所写作业先不说正确与否，单就书写而言，就像是在画符号，天书一般。自己美其名曰："独创凡体。"虽经多次教育，无奈全不见效。更有甚者，他居然养成了随便拿别人东西的毛病。经过观察，我发现他拿别人东西不为己用，纯粹是寻开心，解烦闷，把拿他人东西、恶作剧当作了生活中的一种乐趣。瞧，他把小东的尺子放进了小西的铅笔盒。看到同学因找不到东西团团转，他在一旁窃笑。他在一份"自白书"中罗列了满满一篇拿别人东西的事件，本班的、外班的无不涉及；玩具、学具一应俱全；物品、钱财无一漏网。教育的话说了一箩筐，知错就改的话讲了无数回，然而收效甚微。他依旧我行我素，成了全校闻名的问题少年。

究竟是什么原因，造成了小凡怪异的行为表现呢？经过一段时间的观察了解，我发现造成小凡行为问题的原因是多方面的——

其一，小凡的父亲经常加班到很晚，母亲工作单位又远，两人每天在家时间少，根本无暇顾及孩子，所以，对孩子总有一种愧疚心理。这样一来，就或多或少纵容了小凡的一些错误行为。

其二，也许是工作便利，小凡的学习用具都是他父亲从单位拿来的，这种行为潜移默化地影响了孩子的道德认知。

其三，以往多次发生类似的事情后，老师产生了急躁情绪，批评的话语刺伤了小凡的自尊心。正因为自尊心淡漠了，所以，面对老师和同学的批评，小凡表现出一副无所谓的态度，甚至产生了逆反心理。

这样一个行为出现偏差的特殊儿童，他需要怎样科学的教育方法，才能矫正其自身存在的问题，帮助其身心健康的幸福成长呢？我尝试从“点”入手，用无私的爱滋润孩子干涸的心灵，用真诚的鼓励使孩子树立自信，肯定自己，进而发展自我，在集体中重塑形象。

一方面，我奉献爱心，找准工作“切入点”。

古人云：“亲其师才能信其道。”中国的苏霍姆林斯基式的教师李镇西曾说过：“一个受孩子衷心爱戴的老师，一定是最富有人情味儿的人。离开了情感，一切教育无从谈起。”李老师的话让我明白了：感情不能取代教育，但教育必须充满感情。教育者与被教育者在人格上是平等的。因此，教育工作中，要充分尊重学生，平等对待学生，尤其是那些缺少爱，渴望爱的问题儿童，更要用爱心开启需要特殊关爱的问题学生的心扉。没有爱就没有教育，教师只有用真诚的爱的情感，才能融化学生冰雪覆盖的心灵，才能触动学生绷紧的心弦，引发其强烈的情感震动。“知”然后“行”，学生只有知道并接受了教师的尊重与爱，才能从真正意义上接受老师的教育，进而转变错误的行为。

小凡就是一个缺少爱的孩子，对待他，我给予了特殊的关爱，更多地用爱心去包容他的不当行为。允许他犯错误，允许他有反复，但前提是一定要每天进步一点点。为了帮助他进步，我付出了更多的精力与时间。他不爱写作业，我就每天留下来陪伴他直到完成作业。他的书写潦草，我就每次不厌其烦地帮助他抄上字头，提出对他来讲并不难达到的要求——规范。饿了，给他买面包等食品；渴了，递给他矿泉水；心情郁闷时，听他诉苦；情绪焦躁时，给他减压……一个学期下来，小凡阳光了许多，成绩也不断提高，作业能独立完成了，并与老师建立了深厚的感情。为了让我早些回家，他养成了独立完成作业的好习惯，再不用我为他的作业操心了。因为爱，所以爱，我用真诚的师爱，温暖、感动了孩子幼小的心灵。

另一方面，我创造机会，挖掘学生"闪光点"。

由于过去老师的教育方式挫伤了小凡脆弱的自尊心，因而令其极度自卑、自弃。这种情况下，再多批评也是于事无补，批评非但达不到教育的实效，相反，倒会引起其更多的反感，造成更多的错误行为的发生。小凡最缺少的是鼓励、信任，老师亲切的话语、信任的眼神，要比一味指责来得更见效。

教育活动中，我抓住机会，利用激励行为扭转了小凡的落后面貌。尽管小凡学习落后，问题较多，但他爱读书，朗读声音很洪亮。在班里我们开展了"朗读攻擂"的活动，学生积极性可高了。尽管朗读量挺大，但学生乐意读，课外知识读得有声有色。小凡也受到了感染，每次都抢着跑上前来读书，读得还挺有进步，正确、感情充沛，虽然打了几个磕巴，但同学们还是给了他鼓励的掌声。我说："小凡，真棒！有长进，加倍努力。只要用心，你的朗读一定比小爱还好！"这下他的劲头儿可足了，无论是课上读课文，还是课下攻擂，读得可好了，还获得了"最佳表现奖"呢！他学习的积极性越发高涨了。"三八"节，我动员学生给妈妈过节。第二天，他告诉我，他为妈妈买了一束花，写了一封信，关上灯，点上蜡烛，读给妈妈听，妈妈可感动了！语文课时，我刚在前面一站，他就一下蹿到了讲台前，逗得大家哈哈大笑，一问才知道，原来是抢着要读写给妈妈的信。小凡真的变了，变得要强了、争气了，由一名后进生逐步转变成为积极要求上进的学生。老师对小凡的点滴肯定与赞赏，如春风拂过孩子心田，让他感受到老师的一视同仁的信任与期盼，让他在同学中终于抬起头来。

第三方面，我“强化”优点，“消退”问题，引导其前行。

教育一个好学生容易，转化一名后进生很难。小凡的问题不是说改就能彻底根除的，毕竟坏习惯是日积月累的。习惯一旦成自然，就不是轻易改变得了的。它需要有源于自身的内在的坚强毅力，更要有来自于外部的督促鼓励，内外力共同作用，会使其不断前进。小凡就是这样，在转化的过程中，肯定会有反复，为了减少其错误现象的反复发生，我便格外注意给予其积极的鼓励。每当发现他有一点儿进步，我就大力表扬，为其树立自信；倘若发现他有故意而为的错误，我则不事声张，将其叫到身边，默默地注视他一会儿，直到看到他眼中的悔意，便不再说什么，而是在他离开前，意味深长地提出对他而言，努一把劲儿就完全能够实现的希望。“眼睛是心灵的窗户”，从他的眼中，我看出了他的愧疚。我坚信，从我的眼中，他也一定读出了我满怀的期望。

对其优点，我采取“正增强”的教育措施，不断激励其前行；对其问题，我采用“消退法”，淡化其错误行为。“正强化”与“消退法”相结合，小凡自身的优点一点点被发掘，缺点一步步被改正，朝着更高一些的目标，小凡一点点进步着。

【面对暴怒的孩子怎么办?】

班级管理中，遇到突发问题往往令教师措手不及。尤其是暴怒的孩子，性格偏执，处理不当的话，将导致后患无穷。遭遇学生情绪激动时，教师切忌以暴制暴、火上浇油。风趣幽默不失为一种教育的智慧，让暴怒情绪化解于春风细雨中，需要教师随机应变，智慧地处理，方可化干戈为玉帛。

事例 11　以柔克刚办法好

“铃——”上课铃声响起来了，我快步走进教室。刚推开门，就听教室里传来一通怒吼声：“小周，你等着，你别出校门，出了校门，我揍死你!”只见，小韩气急败坏地指着坐在前面的小周喊。“我揍死你，让你胡说八道！你欠，你贱，你活该！你等着瞧!”小韩二次站了起来，咬牙切齿、恼羞成怒地吼。此刻的他已是脸红脖子粗，眼泪围着眼眶转。听那声音，恨不得把小周撕碎了，剁烂了。那份气恼、那种悲愤、那些委屈……真是让我又生气又心疼。我知道他这次一定是被惹恼了，想打又不敢打，只好奋力咆哮，声嘶力竭地喊叫。

此刻，教室里鸦雀无声，连呼吸的声音都能听见。看得出，大家都吓呆了，因为小韩的这一惊人表现。要知道，他这一雷人之举已经近两年不见了。从我接班到现在，曾经被称为“四大金刚之一”的他越来越乖顺了。他把曾经的动手打架迁移到了动脑思考上。他不再粗暴，一天到晚呵呵笑；他不再捣乱，创新作业展才干。如：《赞琥珀》——

赞琥珀

琥珀恒久远，
一颗永流传。
变化过程路漫漫，
日日经考验。

任风吹雨打，
心如铁石坚。
海沙下面数万年，
突现人眼前。

经得住考验，
受得了磨难。
万般寂寞若等闲，
终完美蜕变。

他呀，真的是旧貌换新颜啦！今天这事儿一定事出有因。

当他第三次站起来咆哮的时候，我静静地、面带微笑地看着他。吼声一落，我向他竖起了大拇指，同学们更惊讶了。我温和地说：“小韩，勇气可嘉！敢于在老师和同学面前怒吼，真性情！来，给你几张作文纸，把你刚才说的话和你还没来得及说的话一并写下来，好吗？”他诧异地瞪着我，并未反对，那就是同意喽。嘿，真给我面子！

我不想在此刻给小韩火上浇油，便看向吓得一声不吭的小周，笑着说：“周儿，你真棒，能让小韩舍得将这么丑陋的形象暴露人前，能耐啊!”小周怯怯地笑了笑。“人常说，一个巴掌拍不响，祸从口出，嘴下留德，看来，说什么话都要三思啊!”我继续补充说。小周眨了眨眼，点了点头。课堂上的一场战争就此平息了。这时，只听一句轻微的话语传来：“哎呦，吓死我了。”我循声望去，小画家卓儿正抚着胸口舒气。我灵机一动，说：“卓儿，你绘画水平高，又受了惊吓，怎么释放好呢？这样吧，把你看到的、感受到的画下来吧。”卓儿笑着点头答应了。

班级静下来了，吓得发呆的同学们回过神来了，怒火中烧的小韩平静下来了，胆战心惊的小周面色好转了，这节课又开始正常上课了，好像这风波从来就没发生过一样。小韩、小周，又踊跃发言了，一场激烈的冲突，在我的几句温和调侃的话语中化解了。

下课后，我找到了小韩，悄悄问：“你为刚才的行为后悔吗?”他深深地点了点头。我不无遗憾地说：“一直以来，我都认为你是个优秀的孩子。没想到，一通咆哮让你在老师、同学心目中的美好形象破灭了，那份狰狞真可怕呀！你维护了近两年的光辉形象呀……”我故意顿了顿，继续说，“如果我现在问问同学们‘小韩是个什么样的孩子?’你猜大家会怎么说?”他低下了头，说：“老师，您别说了，我知道自己错了……”刚才的老虎现在俨然成为一只猫了。我笑了，说：“这样吧，咱们坏事变好事，你愿意写一写这个故事吗？看看你能从这件事中得到什么启示？也给像你一样暴躁的同学敲响警钟，好吗?”他痛快地点了点头。

第二天，小韩不仅把作文交给了我，还附带着一份认识。其中这样说：“以前的我可以用‘厌恶一切’来形容，而现在呢，我已经变得心存感激了！可我今天怎么了，怎么被个别人的几句脏话激怒了呢？老师，救救我吧！我可不想再变回以前那样，因为我知道，那样会让所有人讨厌我，不理我。我真不想回到8年前那个专门挑别人刺，挖苦别人的我！您给我出出主意吧。”

读着孩子的心声，我的心酸酸的。孩子是向善的，是渴望真善美的，只是放松了对自己的要求，由于从小就是暴脾气，又缺乏自律性，造成了不当行为的发生。如果教师以暴制暴，或是请家长，送教导处，只会伤害学生的心灵，使学生产生对教育的抵触情绪，对教师的愤恨心情。错误未必认识清，自尊心倒会丧失净。教育的最终目的不是制裁人，而是转变人，使人向善、向学。瞧，以柔克刚灭了火，认识反思静了神，由内而外塑身心，老虎变猫格外亲。面对学生发出的 SOS，我真诚地写道："老师始终相信你是个好孩子！只是你自己当局者迷，没认识到这一点而已！人谁无过，过而能改，善莫大焉！老师坚信自己的眼光不会错！"

我把它读给孩子听。我发现他赶紧让坐姿更端正了，我知道他内心被感动了。教育的生命在于情，情动则心动，心动是行动的原动力。作为教师，遇到学生大发脾气时，切忌以暴制暴，火上浇油，而应巧妙疏导，善用技巧，四两拨千斤的方法的确值得一试。

后续：

卓儿第二天果然交了一幅画，上面栩栩如生地绘画出了小韩、小周的表现，生动形象、幽默风趣，让人看了忍俊不禁。瞧，小周的形象代言是"灰太狼"；小韩的形象是"大倭瓜"，气鼓鼓的；旁边的小钰吓得眼珠突出，拔腿开溜……哈哈，我把这幅画展示给同学们看，大家笑得合不拢嘴，直说："太形象了！"就连小韩、小周也不好意思地笑了起来。

一件坏事成为了一个教育契机，化干戈为玉帛后的小韩、小周主动找到我，说："老师，我们俩已经和解了，并达成了协议，以后我两要主动帮助我们团队中的每一个同学解决学习上的疑难杂症，多做好事，少做坏事……"

看，如演讲家一般，楼道里，俩人又开始了学术探讨；听，"小周，我来帮你补充……"课堂上，俩人又开始了互补……

作为教师，我很想说：孩子的心灵是纯净的，孩子的世界是纯洁的。教师应该"育人"而非"治人"，应该"灭火"而不"激火"，这样，才能使冲突巧妙化解。

【当优秀生拒绝当干部时怎么办?】

俗话说：人往高处走，水往低处流。可你遇到过全面发展的优秀生无论如何就是不愿当干部的情况吗？追根溯源，教师要明察秋毫，为优秀生把脉，以退为进，变被动为主动，替优秀生搭台，做学生背后真诚的推手。

事例 12　做真诚的推手

第一次干部竞选正在有条不紊地进行着。学生陆续上前表达了自己参与竞选的意愿。“还有人要竞选吗?”“没有我们就开始投票了。”我看了看大家，提醒道。“小彧，上啊!”“快上啊，小彧!”同学们着急地催促着坐在位子上一声不吭的小彧。

“我不想当干部!”小彧旗帜鲜明，态度坚决。这不卑不亢的话语让我们所有人惊诧不已。要知道，虽然我刚接班，对学生还不了解，可小彧留给我的印象却挺深。像女孩儿一样文静，像男孩儿一样坚强，朴实厚道、默默无闻。没想到这么中规中矩的孩子也逆反呀，真是“蔫人豹子胆”啊！干部是先锋，是楷模，是我欲引领学生心之向往的目标，哪能想当就当，不想当就不当呢？这样的态度怎么行？一旦“当不当干部无所谓的态度”在班里有了市场，那还了得？于是，我毫不犹豫地说：“当干部全凭自愿，要肯于吃苦，要严于律己，要乐于奉献，要舍得付出，不愿意的我们绝不勉强……”就这样，小彧罢选了。同学们无不为之惋惜。

为什么不当干部呢？我开始暗暗关注起小彧来。看吧，学习作风多严谨——书写美观，学有创意；责任意识多强——劳动积极，工作负责。他默默无闻、无私奉献，同学们都说他是“落花生”一样的人。尽管不是干部，可他各方面的表现比干部还出色。面对接班后学生行为、学习习惯比较涣散的局面，我真希望有像他一样的干部率先垂范啊!

第二次干部微调，他仍然不参与，可是他的表现依然优秀。我在和他的聊天中也问过：“为什么不愿当干部呀?”他总是平淡地说：“不想当。”“什么原因呢?”“没原因。”遇到这样淡薄名利但又进取心强的孩子，该怎么办呢？这么优秀的孩子，怎么才能让他加入到干部队伍中，更大范围地发挥其辐射和示范的作用呢？毕竟干部是班级的领头雁、排头兵啊！

和孩子接触了两个月后，我对小彧有了更深的了解。他是个很善良，懂事理，很用功，肯吃苦的孩子。但性格有些懦弱、胆小，自我要求很高，约束很严，其他事情不是很主动参与的孩子。说他不求上进吧，他方方面面都可以成为同学的楷模；说他积极进取吧，他却对做干部从不感冒。面对这样的孩子，怎么样才能让他为我所用，成为干部集体中的一员，当先锋，做表率呢？

这天，我利用课间操时间开始了和小彧闲聊："小彧，想当干部吗？""不想。"回答很干脆。"你看，咱们班现在越来越好了，你这么出色，比有的干部表现还好，为什么不当呢？""没有原因，就是不想。"态度依然坚定。一见他不为所动，我决定打感情牌。于是摆出一副为难的样子："小彧，咱们班现在虽然各方面都稳定了，但优秀生奇缺，各方面能起带头作用的学生太少，这让老师挺发愁。你这么优秀，我真希望你能加入到干部队伍中来。怎么样，考虑考虑老师的提议，就算帮帮我的忙，你说呢？"他没想到我会这样说，一下子怔住了。为了表示对他的尊重，使他心甘情愿为我所用，我故意说："这样吧，你别急着回答我，今天回去后想一想，明天告诉我好吗？"他默默地点了点头。哈哈，没拒绝，有戏！

第二天，我又在课间操时走到小彧跟前，轻松却又诚恳地笑着问："彧，考虑好了吗？能帮老师这个忙吗？"我充满期待地望着他。慢慢地，慢慢地，他点了点头，坚定地吐出两个字："我当。"啊，那一时刻，我简直是心花怒放！恨不得把他抱在怀里，可碍于操场上人多，我只好控制住自己激动的心情，向小彧伸出了手。小彧呢，也伸出他的小手，就这样，大手和小手紧紧地握在了一起。"谢谢你！谢谢你对老师的信任！谢谢你肯帮我这个忙！"他也微微地咧嘴笑了。

那一刻，我兴奋极了！终于让这个孩子同意加入到干部队伍中来了。不管什么方式，我成功了！那一刻，我感动极了！为这个孩子的善良、体谅、仁义、情谊而感动。尽管并不乐意，但他却义无反顾。

第三次选举前，我对同学们说：“小彧有话对大家说。”小彧从容地站起身，镇定自若地对大家说：“我愿意当干部。”霎时间，全班响起了热烈的掌声。小彧全票通过，当选为中队干部。

小彧，用他的勤奋感召人，用他的自律影响人，用他的德行启迪人。于是，集体中，干部的实力更强了，班级的风气更正了，向上的劲头更浓了。

“火车跑得快，全靠车头带。”班干部就是火车头。作为班级的先锋，他们在方方面面发挥着榜样的示范和引领作用。优秀的干部群体带来的正能量在班级中的影响、作用不容小觑，而强大的干部集体的形成离不开一个又一个优秀的学生。如何让这些表现出色的学生成为班级中的中流砥柱，除了其自身的向上力，还需要教师的助力。教育工作中，教师还要以退为进巧施招，恰当示弱感情好。教育方式不拘泥，学生进取肯努力。善用先锋扬其长，知人善用好榜样。

作为教师，要关注每个孩子的成长，要善于让不同类型的学生为我所用，为集体的发展服务。帮后进生扬长，发现闪光点，实现正迁移；为优秀生搭台，树立自信心，强化正能量。当优秀生缺乏自信、犹豫不决、踯躅不前时，教师要做一位舵手，当一名推手，帮学生把握方向，助学生不断成长。只要教师诚心诚意为学生的发展服务，就会想方设法促使学生向前，就会知难而进引导学生向上。

4. 治乱班

【接到乱班怎么办?】

乱班的形成原因是诸多的。接到乱班，难免抱怨，可抱怨毕竟于事无补。如何“变废为宝”？只要全身心投入，运用智慧，方法得当，就能“拨乱反正”。风物长宜放眼量，坚信有付出总会有回报。走“情感教育”之路，不动辄“谈爱”，而要努力在行动中“示爱”。

策略1　谱写爱的旋律　奏响爱的乐章

苏霍姆林斯基说：“教育者最可贵的品质是人性——对孩子深沉的爱，兼有父母的亲昵与温存，严厉与严格相结合的那种爱。”

教育工作中，我始终坚持“寓严于爱、严爱结合、严中有爱、爱中有严”的教育宗旨。孩子即使到了六年级，即使已英姿挺拔，也仍然具有儿童的心性——好奇、顽皮、好动，无论是思想上，抑或是学习上，都需要指引，需要他律。

2004年9月，刚教完毕业班的我又接下了这批六年级学生。未见其人，先闻其“声”——淘气、不愿受约束，人人有思想，处处显个性，一句话：不好管。我并没有因此而畏惧，因为我坚信：拥有爱的教育无往而不胜，无坚而不摧。我把全部身心都投入到这太阳底下最光辉的职业中去。

针对学生们不习惯受约束的特点，我组织召开了一次主题班会——“谈纪律”。会上，同学们古今中外，畅谈纪律的重要性，或引用名言起到警示作用；或讲述身边发生的故事，阐明“不以规矩，不成方圆”的道理；或用邱少云等感人的事例教育大家，纪律是成功的保障……

同学们的慷慨激昂让我看到了希望，这是一些很感性的孩子，晓之以理，动之以情，再辅以严明的纪律适当加以约束，他们的成长将会更加茁壮。趁热打铁，班级中的各项工作我们都按部就班地规范细则，并打印成文贴于教室内，时刻提醒同学们——纪律是一切行为的保证。

一个月下来，班级作风过硬，课上学生们坐姿端正，随便小动作的明显减少，同学们把更多的注意力投入到听讲、发言中来。老师们欣慰地笑了，那个一节课“白板”(即什么也讲不了)的历史再也不会重演；同学们开心地笑了，机敏热烈的学习氛围中，大家敢言争辩，思维能力，语言表达力不断提高，课堂沉闷压抑的现象不复存在，学生们真正成为了学习的主人，课堂成了绽放智慧的学堂；家长们笑了，浓郁的学习氛围造就了孩子们严谨的学习作风，孩子进步了，文明讲理了，能说会道了，成绩提高了，一颗颗悬着的心放下了，再也不用让孩子带着录音机上课，为纪律发愁，为学不到知识忧心了……

每天我早来晚走，事无巨细，亲力亲为。规矩的制定，行为的落实，日常的监督、提醒，我总是不厌其烦。陶行知老先生曾说，教育者要“捧着一颗心来，不带半根草去”。对这些孩子，我捧出的是一颗真诚的爱心。这种爱叫严格，这种爱叫期待……

这份爱家长看到了，杨京翰妈妈一字一泪地给我写了一封长信，为孩子的提高欣慰，为班级的向上安心，为老师的负责倍加感动，一句“李老师，把孩子交给您，我们放心！”道出了家长的信任与感激。

许多家长纷纷给我写信或打电话，“老师，我们感谢您为孩子所做的一切！”“您大胆管理吧，我们家长绝对支持！”“只要您需要，随叫随到。”“碰上您是孩子的福气，您对孩子一视同仁，严格要求，我们信得过您。”……家长们的支持令我倍感亲切与欣慰。

当然，教育是艺术，仅有严格的爱是远远不够的，还要有和风细雨般的温情滋润学生的心田。小颖，因车祸失去了父亲，全家陷于悲痛之中。事情虽已过去半年，可孩子仍是伤感满怀。中秋节，我布置的个性作业中，小颖写了一首令人心酸、惹人怜爱的思念父亲的诗。在和同学们交流作业时，我征求小颖的意见，可不可以读这首诗。她边摇头边放声大哭。我深深地触动了——这孩子，父亲的去世对她的打击太大了。我抑制住涌上眼眶的泪水，把手轻轻地放在她的肩上……

在以后的日子里，我常常利用放学时间和小颖聊天，开导她“月有阴晴圆缺，人有悲欢离合”；鼓励她坚强面对一切；提醒她关爱身边的亲人；告诉她，身边还有集体的爱、老师的爱、同学的爱，爱无处不在……无论是一句话、一个眼神、一次轻抚，传达的是关爱、鼓励、信任与期盼。渐渐地，我发现小颖变了，开朗了、爱笑了，那笑容里有花香，有甜蜜……

毕业前夕，在写给同学的留言中，我看到她在“最崇拜的人”一栏中赫然写着“李老师”……这是情感的沟通，这是心灵的慰藉。如果说：没有爱的心灵如同荒漠，寸草不生；那么，拥有爱的心灵就如同绿洲，生机葱茏。看到小颖健康快乐地成长，我由衷地笑了。

小墨，家中父母离异，孩子与父亲一起生活。由于父亲忙于工作，无暇顾及小墨，于是，他便在放学后尽情玩耍，不写作业，直到第二天早晨起床后才补作业，因而屡次发生迟到现象。看着他的成绩一天天退步，我心中满是忧虑。也曾联系过家长，可未见成效。他妈妈为自己不在孩子身边，无法起到监护作用而泪流满面。听着他爸爸无奈的话语，望着他妈妈落泪的面容，看着孩子说改却又因无法落实而愧疚的表情，我决定担负起照管他的义务。

从那时起，每天放学，我便留下来陪伴他写作业。教室里常常可以看到我们俩人的身影。许多时候，我不得不让爱人先把自己的孩子接回家，我则留下来继续陪伴小墨。饿了，就把给自己孩子预备的食物拿出来让他吃；渴了，就给他倒上杯水；累了，就陪他聊聊天儿，开开玩笑……这样，一段时间下来，他特别愿意在学校写作业。有时，我有事需要早点儿离校，他宁可自己留在班里写完作业再回家。这不正是因其情感上的眷恋而产生的行为上的巨大转变吗？

如今，高高大大的小墨竟像女孩子一样依恋我，有事没事追着我，学习热情可高了，发言、作业精彩不断，毕业考试还取得了年级第一的好成绩。小墨乐得合不拢嘴。他在写给我的一封信中说：“李老师，谢谢您对我的培养。您呀，怎么说我，我都喜欢您……”老师真诚的关爱，赢得了孩子的敬爱。爱，是促进孩子向上的动力。

教育家布贝尔说过：“凡是教师缺少爱的地方，无论品格还是智慧，都得不到充分自由的发展。”为了让我的学生们身心健康地成长，我将全部的爱倾注在他们身上：早晨，学生来不及吃饭，我就将自己的早餐送上；中午，学生因未带钥匙不能回家，我就为孩子买来午饭；学生头发乱了，我亲自为她梳理；学生有想不开的事了，我就替他解解心宽；同学间产生了误会，我便充当起调解人；学生过生日，我会送上可爱的生日礼物；期末，我还会买来各种奖品，慰劳辛苦了一个学期的学生们，鼓励他们再接再厉……

于点滴小事中，我把最真诚的爱献给了我的学生，学生们更是把最纯真的情送给了我。

在毕业前夕的生日会上，同学们用稚嫩的笔迹在黑板上书写下这样一段话：“李老师，我们要用最朴实的话语表达我们心中最纯真的情感——我们爱您!”活动中，同学们把我围在中间，簇拥在我身边，大声喊着：“我们最爱的人——李老师；我们最崇敬的人——李老师；我们最感谢的人——李老师……”听着这一声声深情的呼唤，望着那一张张真挚的小脸，我一年来付出的所有苦、所有累，真的飞到了九霄云外，此刻，洋溢在我心间的就是这甜甜的情，涌上我眼眶的就是那欣慰的泪……看着我用心血浇灌，用爱心哺育的“小星星”一天天长高了，长大了，我忘情地笑了！

和孩子一样给我力量的是那些可敬的家长。杨京翰家长特意打来电话，表达对我的感激：“李老师，您虽然不教我儿子了，以后我也要把您当作朋友。”于思梦家长寄来一封挂号信，信中这样写道：“如今，孩子学习自觉性加强了，爱看书了，对家长也有礼貌了，这些进步离不开您的辛勤培育，真的非常感谢您!”随信还寄来了800元钱，表达对我的感谢。我一直珍藏着家长的信，留下的是那份淳朴的情……

“爱，有点像太阳没出来之前天空中的云彩。云彩你是看不见的，但你却可以感觉到雨，并且知道干枯的土地和花草在热天里得到雨水是多么高兴。爱，也是摸不着的，但你却可以感受到爱所带来的甜蜜。”这是盲聋女作家海伦·凯勒在她的自传——《我生活中的故事》里的一段记述。

在我身边，每个孩子都需要雨，需要爱。这雨，也许是及时暴雨，也许是绵绵细雨，但都是知时节的好雨；这爱，也许是严格理性，也许是婉约感性，但都是深远、深沉、深邃的……我把这爱叫作“师爱”！

师爱，可以化解思想的冰川；师爱，可以使生活缤纷绚烂；师爱，过去是，现在是，永远是教育的主旋律！

策略 2　乱班可以这样带

乱班能否带好，关键还要看带乱班的人——班主任。班主任是什么？这是一个角色定位问题，你把自己定位成什么角色，你就会自觉不自觉地扮演这个角色，于是你就会真的成为这种人。书上说：“班主任是学校中全面负责一个班学生的思想、学习、健康和生活等工作的教师，是一个班的组织者、领导者和教育者，也是一个班中全体任课教师教学、教育工作的协调者。”

我是怎么看待班主任和班主任工作的呢？我觉得班主任就好比一位高超的指挥家，若想成功演奏出动听的乐曲，就需要有掌控全局、协调一致的能力。班主任就如同海中航行的舵手，把稳船舵，辨明方向，班级这艘渡轮才会一路顺风，扬帆远航。

20 多年的班主任工作使我深切地体验到，班主任工作是充满人性的，是具有知性的，是要有弹性的，是感性与理性相结合的。班主任工作是一份责任，责任不容懈怠；班主任工作是一种创造，创造需要智慧；班主任工作是一种幸福，幸福成就人生。

从教 20 余年来，我担任的都是高年级班主任，接手的基本上都是“乱班”。不是因为自己能力有多强，强是别人说出来的，“能者多劳”嘛！而是因为不得不干，不干不行。教育是“人学”，是百年大计。身为教师，干的是良心活儿，我怎么能对校领导说：“这个班太闹，我教不了。”我怎么能对家长说：“对不起，我没把您的孩子教好。”把问题上交，我做不到；有责任不负，也不可能。那就只有想方设法带好班，教好课，让领导放心，让家长舒心，让学生开心，让自己安心。其实，经验都是从实践中得来的，实践都是在磨砺中进行的。只有吃苦在前不言苦，辛勤奉献把拙补，开动脑筋想妙招，新颜才能换旧貌。就是在一次又一次的挑战中，就是在一班又一班的磨炼中，积累了经验，汲取了教训，揣摩出方法，让工作得心应手，让班级成为优秀，让学生彰显智慧，让自身拥有才华。

“实践出真知”，就是这个理儿。

谈“乱班”之乱

列夫·托尔斯泰说过：“幸福的家庭总是相似的，而不幸的家庭却各有各的不幸。”一个班级也就像家庭一样，优秀的班级都是相似的：井然有序，踏实努力，风气向上，自我管理。而乱班之乱却各有不同。

何为“乱班”？“乱”在字典中的意思就是混乱，没有秩序。之所以被称其为“乱班”，归根到底不外乎“两个差”：行为习惯差、学习习惯差。这二者又是相互联系，彼此互为因果的。一个没有良好行为习惯的集体，又怎么会具有严谨的学习作风？自然课堂无秩序，听讲无状态。学生将更多精力投入、释放到违纪行为上，哪有精力学习？学习成绩越差，越无学习兴趣，无自信心，无成就感。一个集体的不作为、胡作为，就在这一恶性循环中日渐形成。最终导致班风不正，歪风邪气占上风；人心不齐，散沙一盘难凝聚；习惯不良，成绩落后家长失望；老师焦虑，苦无对策头疼不已。乱班，其实就是生了病的班级，即“病班”。

乱班形成原因

“乱班”的乱，其形成原因是多方面的——

一是班主任管理不善，要么不管，一味放养，任其成长，似无头苍蝇，没有目标可言；要么管理不得法，一味打压，把学生锻造得非吼不可，学生无自尊可言，于是破罐破摔，专和老师对着干，老师即敌人，学生即坏蛋。

二是家长不配合，班级的涣散引起家长的不满，于是家长牢骚满腹，意见成堆。这种怨愤情绪直接影响着孩子，“亲其师而信其道”在这里就是天方夜谭。

三是学校频繁更换班主任，走马灯似的教育方式治标不治本，眼花缭乱之余，班级问题积重难消。

总之，乱班的乱是日积月累的结果，“拨乱反正”绝不是一蹴而就的简单事情，个中的辛苦未亲身经历的人是体会不到的。绿叶的付出花知道，老师的付出学生最明了。常听人说：“能者多劳嘛!”其实，这所谓“能”相对于“不能”而言，不过是多了“六颗心”——责任心、包容心、爱心、耐心、信心和童心；“两种精神”——无私奉献、持之以恒。

脚踏实地“拨乱反正”

第一步：观察诊断——确诊

这世间两种职业最是懈怠不得，一是医生；二是教师。医生不作为，害了人性命；教师不作为，害了人一生。许多时候，这两者是相通的。医生治病讲究“望、闻、问、切”，教师带班又何尝不是这样呢？教师用心去做固然好，但盲目蛮干只会事倍功半。只有在认真观察，用心思考的基础上，有的放矢地去做，才会达到事半功倍的效果。

全面审视——看“面相”，观“气色”。

刚刚接手一个新班，教师的任务不是急于整顿，而是要静心观察，要知道欲速则不达。不要急于去前任教师处了解情况，以免先入为主，要知道兼听则明，偏信则暗。做一做旁观者，当一当有心人，全面、客观地看待整个集体，用欣赏的眼光赏识每一个全新的个体，用发展的眼光看待每一个可塑的学生，发现其中的优点与不足，为有针对性地开展工作做到心中有数、有备无患。

个别接触——寻病根，找病源。

教育是科学，是技术，更是艺术。没有一种教育方法是万能的，适用于教育工作中出现的所有问题。由此看来，教育者就像一个技艺高超的厨师，要因人而异，才能烹调出不同的口味，适应每一个食客的需求。教育工作绝不是一成不变的，它需要教育智慧，需要育人手段，需要教育者对方法的巧妙运用。用方法但不死用，教育人但不生硬，班主任要做到感性与理性相结合。

有意无意间，要多与班级各层面学生接触，多方面了解学生心中所想，特别是那些给人感觉淘气顽劣的孩子，他们内心是渴望被关爱的，他们自身是无法被复制的。套用一句话说，优秀的学生都是一样的，问题的学生各有各的问题。作为班主任，要亲近这些孩子，和他们真诚交流，尊重并赏识他们，准确地把握他们的长处与不足，只有把握症结、对症下药、因材施教，才能促进每个孩子的成长，才能带动整个集体的进步。

第二步：规矩重建——塑形

古人云："不以规矩不成方圆。"规矩是什么？"规矩"就是规范。木受绳则直，人也一样，生活中的各种规范不断地提醒、指导、矫正着人们的言行。以美国人的行车规矩为例："行人优先、汽车让人"作为交通规则的基本原则，行人只要一走上人行横道，一切大小车辆必须停下来让路。这一规矩的建立，确保了良好的交通秩序。

应该说，在孩子的成长过程中，规矩和爱一样不可或缺。早立规矩，给孩子以生活的疆界，可以使孩子在尺度之内，有礼有节地茁壮成长。

从某种意义上说，规矩其实就是一种习惯的养成教育。

习惯是一种持之以恒的力量，就像种子的力量一样，需要坚持，有韧性，有弹性，能屈能伸、刚柔并济。习惯的最大特点就是，一旦形成便恒久不变。好习惯如此，坏习惯亦然。培养一种习惯就好像是白纸上涂鸦，画什么有什么，相对而言是简单的；而矫正一种习惯就仿佛是画坏了的画，涂错了的色，先擦去，再重绘，抹掉旧色，再添新彩。这个过程复杂、艰巨，橡皮擦不好就会出洞；色彩抹不匀就会变花，难度之大，决不是嘴上说说就可以解决的。可见，习惯的养成很重要，规矩的制定不可少。

国有国法，班有班规，规矩面前人人平等。不论是老师还是学生，都要严格按班规执行，特别是班主任，更是要在学生面前发挥自身的示范性，尤其是日常小事。天冷了，上操时学生不戴帽子，老师更不能戴；升国旗，学生面向国旗行队礼，老师更应该一动不动行注目礼……唯其教师自身正，才能潜移默化地影响、教育、感染学生，身教胜于言教就是这个理。在师生平等的基础上建立起来的规矩，更民主、更服众。

“好习惯，早养成，有教养，益终生。”这句话理寓其中。然而习惯的养成不是一蹴而就的，是要在点滴小事中体现，在生活学习中渗透，在言行举止中落实的。为此，第一步是立规矩，见行动。

规矩就是尺度，要给学生一把尺，让他们用尺度去衡量自身的言行。这样学生做人做事就不会盲目，目标和方向就会非常清楚。

比如，我们班提倡课上“四动”——动脑、动口、动心、动情，从而激发、调动学生课堂参与学习的积极状态；课下“四静”——静心、静神、静声、静人，培养、塑造学生课间活动的沉稳气质。

班会上，我组织学生讨论并通过了“卫生岗位制”、“干部责任制”、“作业争星制”、“风纪评定制”等一系列制度，打印成条文作为班级规定及纪律。这样，学生做事就明确职责、按部就班、井然有序了。

由于规矩的养成对形成良好的班风有非常重要的作用，所以日常生活中，我们班制定了不少规矩。如：“把字写好、把书读好、把课上好、把操做好、把地扫好、把话说好、把路走好”，这是我们班的“七把方针”。从点滴做起，每一位同学都在努力“规规矩矩写字，堂堂正正做人”。人写字，字写人，同学们在用自己规矩的言行，书写一个满意的“人”字！

因为规矩与习惯是融为一体的，所以，大的规矩制定下来后，如果弃之不用，无异于形同虚设。而要让规矩落实到行动中，就需要从习惯入手，注重养成教育。

习惯培养对一个人一生起着极大的作用，它将伴随人的终身，需从小养成。小学阶段主要任务是养成教育。因此，日常行为习惯的培养成为我工作的重中之重，反复教育，不断培养，坚持训练。

规矩不能被给予，而要让学生主动接受，这就需要使学生明理导行。为了让学生遵守校纪班规不盲目，明白纪律的重要性，班会上，我组织学生讨论常规制度的制定因由。在讨论交流中，学生深深明白了“纪律是一切行为的保障”！于是，遵守学校、班级的各项规定就成了同学们的自觉行动。

因为学生是活泼好动的，是新奇感性的，有时难免会出现这样那样的问题，于是进行批评与自我批评就很有必要了。班会上，学生热烈地讨论突显出一个主题——自我批评与阳光、空气、水一样重要！随笔中，学生写道：“自我批评是维持一个人积极进取状态的根本精神。”“自我批评就像一面明亮的镜子，它照出了我们现有的不足，努力改正，才能让我们在未来的人生之路上走得更欢快，更自在。”正是因为我们集体中的每一名同学，都时时对自己的言行进行批评与自我批评，所以我们的班级愈来愈文明向上，我们的同学愈来愈真诚明理。

时刻进行批评与自我批评，是促使学生矫正自己、悦纳他人、严于律己、宽以待人的有效途径。

中国有句俗话叫“上梁不正下梁歪”，其实话糙理不糙。用一句古话就叫“其身不正，虽令不从”。干部是一个班的领头雁、排头兵。干部作风的好坏直接反映并影响着一个集体。乱班之所以乱，就是由于干部不能一身正气，要么自由散漫，要么自私自利，要么事不关己，要么唯唯诺诺……总之，干部不能成为班级的向上旗帜。整顿班风的同时，一定要重组干部队伍，让无私忘我、乐于助人、正气十足，有能力，有潜力，有魄力的学生加入到干部队伍中来，为班级注入活力。

干部是班级的顶梁柱，培养一批德才兼备的优秀干部，组建一支干练高效的班干部队伍，是使乱班获得可持续发展的重要手段。如果说班级的有序管理是一座摩天大楼，那么一支强有力的班干部队伍就是这座大楼的基石。一个班级班风的好坏，学风的浓淡，班干部起着至关重要的作用。班主任要登台唱戏，但不可能是独角戏。怎样在最短的时间内，找到好帮手，组建一支有正气、有干劲的班干部队伍呢？

我们班定期评选学生信得过的好干部，不能胜任干部工作的就会随时改选。干部选举后，我总会对选出的班干部进行为期两周的干部试用。半月之后，全班同学再次对干部们进行信任投票，一经投票，很快就选出最优秀、最负责的学生担任班委。无论多忙，我都会及时召开班委会，明确干部分工及各自承担的工作任务，引导他们明确自身的职责，具备榜样的“四性”——自觉性、自律性、模范性、示范性。干部的思想觉悟提高了，就会由内而外地规范自身言行。干部的自我约束无形中又教育、影响、感染着身边的同学，以点带面，班级散漫状况逐步扭转。

竞选制度激活了干部的责任心，他们吃苦在前不言苦，认真负责地做好班级各项工作，各司其职，相互配合。要求同学不能做的，干部首先以身作则。每名干部都有自己的工作计划，都要在工作中接受同学的监督，既要学习好，又要品德佳，还要能力强。干部们放弃休息时间，任劳任怨为班级服务，在工作中不断提高能力，增长魄力，形成实力。每一名干部都在工作中锻炼并塑造自己，同时也用自身言行深深影响着每一位同学，赢得大家的信任与支持。

比如生活委员，就要安排好清洁卫生工作：如班级的饮水机擦洗，室内值日范畴由生活委员安排到人，打印成文，并负责监督检查。

体育委员要负责每天的早锻炼和间操工作，带队上下楼、领跑、喊口令等。

学习委员要将合作学习加以落实，关注学习困难生的辅导工作，将每位干部与学困生组成一对一合作学习小组，利用课间及晚自习时间给同学以指导，帮助其共同进步……

班干部开展工作的同时，我会全程参与监督，配合落实，不时指点，及时小结，表扬好的方面，提出需要调整和完善的地方，经常和班干部进行交流，提高他们的工作能力，增强责任意识、集体观念、班级荣誉感和自豪感。慢慢地，我不必时时处处事必躬亲了，我是导演，班干部是主演，他们和同学一起扮演着班级主人翁的角色。

每个学生都有上进心，只是不知道如何上进。当班级出现一股向上的人群时，只要老师适时地给以表扬、鼓励和引导，大多数学生就会朝老师所期待的方向发展；当班级绝大多数学生知道上进之时，就是班级正气形成之际。良好的班风形成就是在这一以少带多、以兵带兵的过程中树立起来的；当广大学生拥有正气后，极个别行为过于涣散的学生也就失去了“市场”，影响面便会越来越小。

俗话说：“兵怂怂一个，将怂怂一窝。”瞧，借助优秀学生带动一般学生，进而扭转落后学生的风貌，这干部的影响力多大啊！抓好一个干部团队，带动一个优秀集体。干部就是集体的中流砥柱，干部就是家中的房梁椽柱。

第三步：抓目标　定方向——定向

格莱恩·布兰德说过：“成功就是一个人事先树立的有价值的目标，然后循序渐进地变为现实的过程。”看来，成功＝明确的目标＋不懈的努力。

我们的集体以“学做人　会求知　健身心　育特长”为宗旨，号召同学们做全面发展的好学生。在此基础上，个人依据自身实际水平，合理制定切实可行的奋斗目标或口号，设计在新颖别致的小卡片上，图文并茂，以此作为同学们一学期的努力方向，朝之不断进取。如：“不能在困难面前低头，不能在艰苦时候倒下。——小文”“保持恒心，不保持现状。——小琛”……这些直白、明了的语句时刻提醒同学们要“言必信，行必果”。

明确的奋斗目标的制定，给大家以正确的导向，前进的方向，使学生做事不盲目，促使每个同学自觉实行自我约束，自我管理，以目标指导行为。有了目标就有了方向，只要坚持不懈，就能成就梦想。

第四步：落实“三动”——落实

对于经常带乱班的班主任来说，不光要建立、培养好习惯，更要去矫正、改变学生中存在的不良习惯。这一过程是艰辛的，需要勤动口，勤动脑，勤动手，检查落实不放松才行。

动口：

加强教育，天天说，时时说，处处说，强化纪律意识、责任意识、安全意识、奉献意识，让学生头脑中树立正确的意识。作为班主任，要抓住班级点滴小事教育，引导学生形成正确的是非观念，拨乱反正，让班级扬正气，树新风。

动脑：

班主任的工作不能单凭热情，还要讲技巧、讲技术、讲艺术。教育是一门科学、一门技术，更是一门艺术，不但要遇招能拆，更需要“防患于未然”，把工作做在前面，把道理讲在明处，调动全体学生的积极性，让学生自转起来。

比如：学生许多时候不遵守校规并非故意，而是因为并不了解《小学生行为规范》的基本要求，而且规范上的条目太多，学生也记不清楚。为了让学生牢记规则，遵守纪律，我将规范中尤其需要学生在常规中落实的内容，编成《让班级文明之花绽放》的顺口溜，引导学生进行诵读。朗朗上口的语言，寓教于乐的形式，将纪律内化于学生心灵中，落实在各自行为上。在班级文明公约的指导下，学生的在校行为日益文明、规范、严谨、懂理了。

动手：

教育工作是脑力与体力劳动相结合的一门技术，既要动脑想方法，又要动手去实践，为学生们营造一个温馨整洁、积极向上的集体环境，让教室内的一花一物、一角一处都润物无声地发挥着环境的育人功能是班主任的责任。因为外部环境对学生的思想、行为的影响决不亚于教师的谆谆教诲。

每接手一个班，我都会和学生一起，把教室布置得像家一样温暖：窗台上摆满了葱绿的植物；卫生角全新的劳动用具摆放整齐；生活架上的学具为大家的学习生活提供着便利；门上张贴着《让班级文明之花绽放》、《班级常规工作》等；壁报、墙报图文并茂，创意无限，就连黑板两侧，我也写下两行大字“纪律是一切行为的保障”、“胸怀大志，贵在‘毅’字”，让它时刻提醒着学生们做遵规守纪的人，做拥有毅力的人……

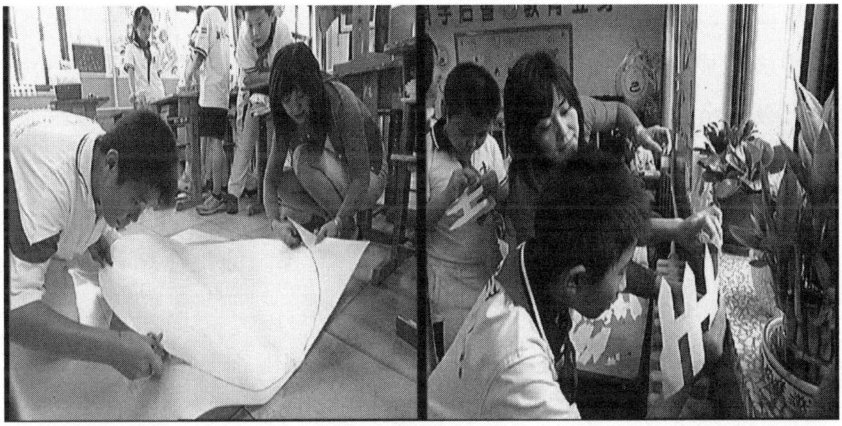

外有班级文化的熏陶，内有各项规矩的再塑，在教师的引导下，在干部的带动下，在学生的努力下，班级各项工作逐步朝秩序化、规范化、人性化发展。乱班不乱，已然实现。

第五步：尝试自我管理——自育

当班级工作已然进入正轨之后，班主任要做的就是给学生创造机会，彰显他们的主动性，逐步实现学生的自我管理。

许多时候，班主任凑在一起，感叹最多的就是一个字“忙”。常见班主任每天早来晚走，早操、晨读、课间操、午休、晚自习等可谓是兢兢业业、不辞劳苦。结果却是老师喊累，学生叫苦。这种保姆式、警察式的班级管理模式，过多地强调了班主任的主导地位，忽视了学生主体意识，淡化了学生对班集体的责任感和义务感，扼杀了学生的自主性和创造性，不利于学生的发展。

叶圣陶老先生就语文教学说过这样一句话——“教”是为了“不教”。我在这里套用一下，对班级管理而言——“管”是为了“不管”。关键是要教育和指导学生学会自主管理班集体，使他们既是管理的对象，又是管理的主体，达到“管，是为了不管”的目的。也有研究表明：班级管理方式对学生主体性的发展具有十分重要和直接的影响，是发展学生个性、主体性的舞台。因此，我任班主任期间，坚持“以学生为本”的管理原则，让学生自主管理班级，获得最佳的管理效果。

为了充分调动学生的积极性，呵护他们的上进心，发展他们的创造力，我允许学生根据自身特长，自己给自己设立一个岗位。例如，小胖身体强壮，自愿担当“取水员”；淘气包小汪、小豪心灵手巧，便扬其特长，成立“服务岗”，为班内同学排忧解难；小伟动手能力很强，班级家务的创意工作非他莫属；小朕音乐才华横溢，担当班歌指挥(后来，又在音乐节上担任全校大合唱指挥，发展成为学校有史以来最出色的指挥人才)；小琪、小付超级热心，园艺师工作干得有滋有味，花朵就是在冬天都依然绽开笑脸，为我们的集体增添一抹亮丽的色彩……

为进一步加强班级管理，我大胆采取了由学生轮流当值日班主任的做法。这一过程采取民主集中制，班主任的“教扶放”意识要贯彻始终。值日正副班主任任期为一周。任职前要有一个小小的规划，根据班级情况制定一项切实可行的举措，彰显与众不同的工作特色。在这一周当中，两位值日班主任要自行分工合作，密切配合，对班级的学习、卫生、纪律、活动开展和住宿情况等负责任，还要处理好同学之间发生的各种问题，对班里出现的不良现象要及时制止，妥善解决。每天用心做记录，周末将班级一周来的整体情况打印成家长信下发，就同学们的表现与家长进行深入沟通，介绍工作重点，表扬优秀行为，提出真诚希望，为下一任正副班主任的工作提供可汲取和借鉴的方法。

在班主任的引导下，学生的自主管理能力不断加强，参与集体事务的意识不断深化，创新精神得到锻炼，班级风貌有了明显改观，班级工作展开得有条不紊。

当班级工作开始步入正轨，文明的班风悄然形成之后，作为班主任，就要实现工作重心的迁移。如果说前期关注更多的是行为表面，短期内使班级稳定下来固然好，但要想让集体此后稳步前行，不走弯路，少犯错误，由乱班向优秀集体迈进，接下来则要格外注重行为的内在，思想指导行动，行动弘扬思想。通过育心、育人的培养，实现认知的转变，精力的迁移，能力的提高。

首先，重视情感教育——为“有爱教育”立根。

高年级学生随着年龄的增长，有了自己的主见，不再盲听盲从，正是他们是非观、价值观、人生观形成的阶段。要想转变其已有的不很正确的是非观谈何容易。如果不考虑学生的感受，一味强制，很容易适得其反。那么，怎样让学生听老师的话，按要求去做呢？作为班主任，要牢记一点：学生的转变从“心”开始！

育人必先育心。李镇西老师说：“只有爱心能够滋润童心。”这爱心的拥有者就是班主任。这颗爱心要足够大，可以用来包容；这份爱心要足够多，可以无私奉献。正如学生在写给我的话中说道：“我觉得无论老师的教学方法怎么样，教课经验有多少，得到的称号有多多，这些其实都不重要！重要的是一颗心，一颗能够包容学生的心，一颗视学生如亲骨肉的心，一颗充满自信、朝气蓬勃的心，一颗正直善良、质朴无华的心就足够了。您就拥有这样一颗心，谢谢您！”

方法一：教师示范——动心

在学生心目中，教师的形象是神圣而崇高的。教师的一举手、一投足都在学生的视野中，会对学生产生深远的影响。因此，教师尤其要注意自身的示范性。

“幼吾幼以及人之幼”，对学生要有真心，有真爱，关心他们的学习兴趣、生活中的困惑、成长中的烦恼等，帮助他们解决麻烦，指点迷津，让他们看清远方，扬帆远航。真爱学生，就要尊重学生，想方设法帮助学生进步。关心他们的衣食住行，关心他们的身心发展，关心他们的思想进步。学生头疼，我给揉；学生吃不下饭，我给冲麦乳精；学生衣着单薄，我把自己的棉袄给学生披上；学生委屈郁闷，我亲自登门或利用下班时间进行开导；学生犯了严重错误，我给孩子改过自新的机会，留面子，看表现……无论对待哪个孩子，我都要求自己从心灵深处关爱他们，做拥有人情味的老师。

班上一名学生小缘，由于父母离异，父亲又不管他，因而从小就没有养成良好的生活和学习习惯。早上起床不刷牙，头发一个星期也不洗，袜子臭得熏死人，身上衣服脏兮兮，吃饭还故意往外吐……总之，浑身上下都是毛病。没人愿意和他一起住，大家见面都躲着他，就是玩游戏都不愿带上他。小缘从一年级到四年级就是在同学们的歧视中生活过来的。我接班后，发现了这一问题，为了帮小缘改掉不良的生活习惯，为了让同学们尽快接受他，为了让他摆脱这种压抑的生活状态，我亲自动手，指导小缘把脸洗干净，把头发梳利索，把衣服穿整齐。衣服脏了，我就拿来自己孩子的衣服，给他换上；脸干了，嘴唇裂了，我就买来郁美净和润唇膏给他抹上……生活上我无微不至地关心他，转变他。光靠我一个人的力量还不够，我请他们宿舍的同学帮我督促他每天早上刷牙，晚上洗澡；我请他的爸爸每周帮他带齐5身换洗的衣服；我请生活老师提醒他每天换一身干净衣服；我请小饭桌的同学监督他吃饭是否规矩有礼……嗬，小缘旧貌换新颜了。衣服干净了，脸清爽了，人也精神了，行为也文明多了。

小缘在变，可同学们多年来对他的厌烦却没有变。为了让小缘尽快被同学接受，作为班主任，我的态度会给学生以导向作用。于是，我日常格外关注小缘的表现，发现一点儿进步，我就在班上对他进行真诚的表扬；看到他存在的问题，我就悄悄对他进行提醒，尽量扬其长，帮助补其短，放大其优点，淡化其问题。给小缘创造进步、自信的机会的同时，我不忘教育学生要宽以待人，多一些包容，少一些责难。渐渐地，他的进步被同学看在眼里，记在心间。大家不再那么排斥他了，就是再有个别学生不接受他的行为，其他同学也会挺身而出，帮他说话。这可是巨大的转变啊！一方面说明小缘的自身行为发生了变化；另一方面也说明同学对他的态度发生了根本的转变。这种变化让人看在眼里，喜在心中。

没有一个人愿意被孤立，我知道小缘很渴望被伙伴接纳，获得来自同学的情谊。为了让学生真诚地接受小缘，把他当作集体中的伙伴；为了给小缘心灵的荒原注入清泉，我便在有意无意间，利用一些公开的机会，上操、课间、春游……时，摸摸他的头，和他说笑聊会儿天，拉过他亲密合个影……就是在这亲切的关怀下，就是在这亲昵的举动中，小缘与我的情感渐渐加深了，同学们也越发向他敞开了胸怀，包容他，帮助他，提醒他，监督他，他逐渐和同学打成一片了。知道感恩的他春游时为全班同学买来美味的寿司；天干气燥时，为班级拿来崭新的加湿器，还有盆花、墩布等；周五放学后，他主动留下打扫教室卫生，一个学年不间断……他把同学们给予他的爱，又通过实际行动回报给集体中的每一个人。如今的他俨然成了受大家欢迎的爱心人士，瞧，“情感屋”中还有他的创意小照呢！

李镇西老师说过：“一个受孩子衷心爱戴的老师，一定是一位最富有人情味的人。”可别小看了这份人情味，它潜移默化地教育、影响、感染着学生。后来的日子里，班级中富有人情味的孩子越来越多了。这份情正是凝聚师生间亲密情感的纽带，这份情正是从事教育工作必不可少的热爱。

身教固然重要，言传也不容忽视。无论接哪个班，我都把“有爱教育”作为班级的根本教育理念进行号召宣传。学生就是在“一言一行学做人”的口号指导下，学习做心中有爱的人——给社会以爱，给集体以爱，给他人以爱。“一言一行见真情”活动便体现了学生心中的爱。

为了美化教室，小萌用自己的零花钱买来了滴着露珠的鲜花，用花儿的朝气激发同学们的斗志，用花儿的芬芳焕发同学们的真情，爱的讯息在班级中传递。小雪在习作中这样评价她：“要说起奉献爱心、关心集体，她可没的说，真是个热心肠，是名副其实的‘闲人马大姐’。”“啥都干”小队的队员自发组成，顾名思义，这些队员啥事都干，校内校外，只要是大家需要的，他们就会伸出自己的双手，献上一片爱心：夏天，他们号召居民要节水，到处宣传；大雪天，清扫积雪的路面上看得到他们的身影；同学生病了，“啥都干”小组帮其补习功课，看那劲头儿，比生病的同学还着急；要评选爱心队员了，他们又利用周末，几个孩子一起集资，购买了皱纹纸，为同学们赶制了四十多朵小红花，铁丝扎破了他们的手指，细线勒红了他们的嘴唇，终于在星期一早上提着这满载他们爱心的红花赶到学校……“啥都干”小组的成员不计个人得失，只要是对大家有益的事，啥都肯干。

在他们的影响下，许多同学都在用自己的一言一行学着做关爱集体的人。大家纷纷拿来各种用具：书架、笔芯、钢笔水、粉笔盒、小笔筒、书写纸一应俱全；墩布、笤帚、簸箕、水桶、水盆、纸篓、卫生纸、消毒水、清香剂、毛巾、香皂、洗手液不一而足；还有各种药品、日用品架、小喷壶、衣钩、钟表、保健箱、盆花、方便杯……真是不胜枚举！校运会从拉开序幕的那一天起，小澍等四名同学就一次次用自己的零用钱买来西瓜、桃子等水果及饮料慰劳参赛的选手，他们以为同学服务为乐事。小涛因一次忘戴红领巾便主动买了十几条放在班内，他说："谁忘戴了，可以救急。"从不舍得乱花一分钱的小宁，为集体献爱心大手大脚，一次，居然买来一个六七十元的多格箱，由于钱太多，好说歹说才让其他同学将其退掉。小宇家境不富裕，可对集体的爱不减，看到班里需要插线板，立刻拿来一个新的……我们的集体涌现出许许多多的"小雷锋"，没有人计较得失，因为爱集体已经成为我们班内成员的共同行为。

方法二：同伴引领——导行

若想带好一个班，班主任不光要率先垂范，还要说服引导。高年级学生已经有了自我意识，他们不好糊弄，对老师的话，也不再盲听盲从，有了一定的主见。要想矫枉过正，切忌假大空，而要用身边伙伴的行为影响、引导他们，那样的教育会起到事半功倍的效果。

"我们寄宿孩子家不穷，可嘴亏呀。"小于说的这句话时时回响在我耳畔。是啊，寄宿孩子不容易！他们吃不上可口的，睡不上舒服的。学校大食堂、集体宿舍怎么能比得上自己的家舒适呢？我体谅这些孩子的不易，经过表决，同学们一致同意每周带来小零食，大家一起分享。小飞飞就是这其中的典型代表。看到许多同学在作业、发言、班级建设上创新，他另辟蹊径，在每周带的小零食上创新。他说："我要看同学们爱吃什么，每周都给大家带不一样的好吃的。"他说到做到，什么奶茶、棒棒糖、面包饮料、柚子、巧克力吮指棒、小麻花、凤爪……每次都是全班同学一人一份。他用一颗爱心，温暖、感动着集体中的每个人。同学们吃在嘴里，甜在心中。我用这件事教育孩子们："什么是雷锋？这就是我们身边活生生的小雷锋！谁说雷锋三月来四月走，你们看，小飞飞一直在我们身边。他用自己的零花钱，想方设法给大家买来最爱吃的食品，花了多少钱，费了多少心！当你们晚上回到宿舍休息聊天的时候，小飞飞却和妈妈一起，辛苦地剥柚子，一瓣一瓣地用保鲜袋包起来，带来给大家吃，就是为了让大家不上火，少生病。身边有这样默默关爱你的好伙伴，你们多幸福啊！……”

以身边的小事为契机，及时地善加引导，以情动人，比任何品德书中的事例来得都更鲜活，更能引发学生心灵的共鸣。什么是教育？这就是教育。一次感动学生心灵的行为，一番触动学生心灵的话语，比任何高大全的英雄形象都更亲切，比多少假大空的呆板说教都更深刻。

在小飞飞的感召下，无私奉献的同学多了，斤斤计较的孩子少了；笑脸相迎的现象多了，恶语相向的行为少了。集体中满溢着情，同学间充满着爱。

方法三：身边故事——动情

作为班主任，要做生活的有心人，要善于捕捉生活中的每一件大事小情，将其巧妙利用，作为思想教育的良好契机。那天，我为学生播放了韩红演唱的《天亮了》，望着学生喜悦的表情，我知道学生喜欢这首歌。伴着这深情的歌声，我为学生讲述了《天亮了》背后发生的催人泪下的真实故事——“1999 年秋，游客到贵州风景区游玩，在乘坐缆车快到达山顶的时候，缆车由于超载出现故障，向山谷滑下。在缆车坠落的瞬间，一对年轻的父母用四只手高高托起了年仅三岁的儿子，使孩子幸免于难，但这对夫妇却永远地离开了他们深爱的孩子以及他们眷恋的世界。韩红毅然领养了这个孩子，还以这件事为原型，用孩子的口吻创作了《天亮了》，并把这首歌的版权收入全部捐给了这个孩子。”

看着学生惊讶、感动，泪眼蒙眬的神情，我继续深情地说道：“这个孩子是不幸的，因为他从小就失去了父母，成为了孤儿；但他又是幸运的，因为他有用生命去爱他的父母，有用善良去爱他的人们……孩子们，和这个男孩比起来，你们更是幸福的。你们每天享受着父母的疼爱、老师的热爱、伙伴的关爱，哪怕这爱只是唠叨、批评、埋怨，可你毕竟还拥有啊！拥有就是一种幸福，当你拥有时，学会珍惜吧！一旦失去了，后悔都来不及了……”学生凝重的表情、落泪的神情让我感受到，这件事、这番话一定在学生心中激起了情感的涟漪，这份情将会使集体中的广大同学在未来的日子里，懂得珍惜，学会包容。

其次，重视环境熏陶——为“有爱教育”塑形。

环境包括教室环境及人文环境两方面。教室环境是显性的，它可以直接作用于学生的眼睛。当学生身处一个文雅、优美、整洁的学习环境时，就会自觉约束自身的不文明言行，让自身行为更符合环境特点，让环境成为学生的塑身器。再者是人文环境，也就是集体舆论，教师要为正确的集体舆论保驾护航，抓住点滴小事去歪风，树正气。

环境的教育作用是无形的，影响是深远的。教室内，我们开办了“创作角”，展示创新作业，成为创新园地；“图书角”令大家开阔眼界长知识，资源共享互受益；“生物角”中绿色植物装点教室，呈现出一派盎然生机；“生活角”里用具一应俱全，提供方便无数；“卫生角”整齐地码放着卫生用品，张贴着宣传卫生的简报；除此外还有“宣传角”“安全阵地”，那是教育的窗口；“格言角”用伟人的话语教诲同学们做“学而不厌，勤奋创造、困难面前不退缩”的人；“荣誉角”中满是同学们努力赢得的各项奖状，激励大家不断进取；“光荣角”由“毅力岛”“情感屋”“创新桥”“智慧泉”组成，绽放着的笑脸是这些学生努力后的

收获，成功后的喜悦……

为了丰富学生的知识，解决课余时间不能跑跳的乏味生活，我们自己办起了“图书角”，大家拿来各种书籍，童话类、科幻类、史书类、纪实类等应有尽有，图书管理员为每本书贴上标签，分门别类摆放在同学们捐献的小书架里，整齐有序。还利用班内闲置的小黑板，写上“阅读须知”，并每周注明推荐书目，供同学阅读。于是每到课间或午休，学生便会拿上一本自己喜爱的书，津津有味地欣赏。这不光培养了大家的阅读习惯，还使学生汲取了知识，陶冶了性情。图书角的创办，使班级的文化氛围更浓了，班级风气更正了。

再者，重视创新教育——为学生成长铺路。

乱班学生宜引不宜压，优秀的集体靠的是老师的引领，绝不是压制。压制好一时，引领好一世。话是说得夸张了点儿，但效果可是天差地别。压制是他律，引领是自律。压制是“让我做”，引领是“我要做”。怎样引领学生步入正轨呢？要知道，学生的精力是过剩的，他们有精力，有体力，有潜力，如何让这些力用到恰当处？如何引领这些有力量的学生做正事，做好事，做益人利己的事呢？

班级小活动的开展，寓教于乐，扬长补短，给每个学生提供了自我锻炼、自我教育的机会，让学生把过剩的体力及充裕的精力投入班级文化建设中，同样是力气，使到正当处，用到需要时。同样是“动”，不再动手打人，动口叫骂，而是动脑思考、动手制作、动情关爱，让精力实现正迁移，让行为超越“我自己”。

我充分利用班级开展的各项小活动，让学生学、练、经受考验，多层面、多视角发展自我管理、自我教育的能力，不断培养创新精神。

“北京精神”中提到的“创新”是北京精神的精髓所在。因为创新是一个民族发达的不竭动力。早在1984年，邓颖超同志就对儿童提出了“树立创造志向，培养创造才干，开展创造性活动”的希望。儿童是新世纪的建设者，从小就要培养他们具有创新精神和创造能力。作为班主任，我特别注重培养学生的创新才能。因为我深知在班级这块育人的苗圃中，培养和发展学生的创造力会更具特色，更显优势。

单从班级文化建设上来谈谈我是如何通过班级小活动，开发学生创新大视野的。

作为班主任，我注重在日常学习生活中小处着手，点滴做起，促使学生于小活动中彰显大智慧。就拿班级建设来讲，我注重发挥榜样的示范性。

榜样示范——

“榜样的力量是无穷的。”在学生道德认识、行为逐渐形成的过程中，榜样起了表率催化的作用。我借助身边学生中发生的感人事例，使大家学有榜样，赶有目标。

我们的班级家务专门开辟了一处“荣誉示范栏”，凡是作业一贯书写美观，创新意识强，质量出色的学生荣登“毅力岛”；经常在作业、发言等方面不断创新者跃上“创新桥”；积极主动、无私踊跃、不计得失为集体献爱心者长驻“情感屋”；将自己的聪明才智与集体、他人利益相结合胸怀大度，拥有大智慧者畅饮“智慧泉”。每月一评比，将在学做人、会求知等方面表现突出学生的创意小照张贴在展板上，使同学们真切感受到身边榜样“小”得可爱，“小”得实在。

公约示范——

为了让松散惯了的学生将规范记在心中，见诸行动，让规范更具班级特色，我号召学生集思广益，创编《班级文明公约》——“让班级文明之花绽放”。“公约”着力从八个方面进行了细化，以朗朗上口的童谣形式，以文雅振奋的宋词形式体现。

公约的制定，时刻提醒学生言行文明、举止优雅，让班级文明之

风长盛不衰，让班级文明之花久开不败。

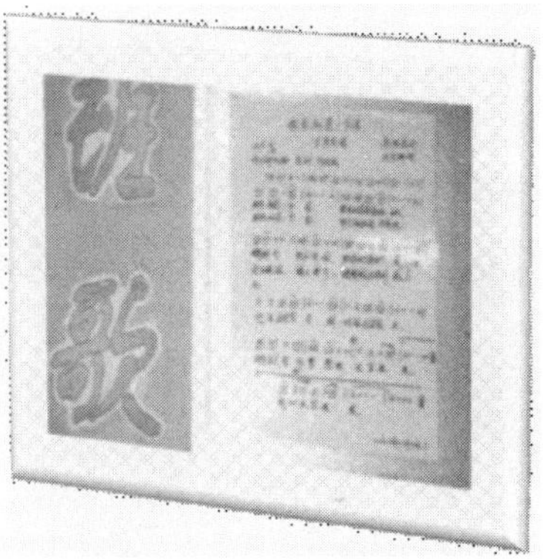

班歌导航——

对寄宿孩子而言，学校、班级就是他们的家。老师就像爸爸、妈妈一样天天守护着他们，培育着他们快快长大。为了进一步增强家的凝聚力，为了让孩子们从小树立远大志向，在家中健康快乐地成长，我根据我们的班级特点，邀请中国音乐家协会的著名词作家李洪春、作曲家田晓耕为我们的集体创作了一首班歌《教师就像一个家》。孩子们说，班歌积极向上、欢快活泼，为他们指明了前进的方向，让他们更爱我们这个温馨友爱的集体。

班级小活动可以开阔学生的创新大视野。我们集体中的每个人就是在班级各项小活动中学、练、经受考验，多层面、多视角发展自我管理、自我教育的创新能力，不断培养创新精神。

小设计活动——

“创造很平凡，它不一定只是戴着几百度眼镜的高深学者才有的专利，只要你看待事物会巧妙地从多个角度观察，处理问题会聪明地用多种方法解决，你就学会了创造。”这是我常对学生说的话，学生们将它落实在班级活动中。

开学初，我们班面临着第一个进行才艺展示的任务。没有时间准备，我们的节目必须在短时间之内出形。这对于新接班不了解学生的我来说，困难很大。我只告诉学生："无论是舞蹈、诗朗诵还是相声，不要墨守成规，要推陈出新，有自己的特色，加个动作、做个手势、配个音乐……哪怕有一点儿与众不同之处，都是最棒的！"学生没有辜负我的期望，表演街舞的小毛自己搭配了相应的礼帽和一只手套，造型独特；表演诗朗诵的"大个儿"、小邱配上了相应的音乐，震撼心灵；表演相声的"大少"、"冤枉"添加了动作，活灵活现……才艺展示受到师生的赞赏。

结合学校每年开展的春、秋季运动会，为了在开幕式上彰显班级特色，我们班开展了"班级班徽、班牌、班服我设计"的征集活动。同学们人人动手，个个动脑，在文字的意义、图形的象征、服饰的个性等方面下功夫，搞设计，一幅幅颇富新意的班徽、班牌设计新鲜出炉了。

班牌由各种球类——棒球、乒乓球、篮球、足球、羽毛球、网球拍等组成的"六二"二字格外醒目，那生动的创意令人过目不忘。

此外，我们班还开办了"创意苑"，我放手把后面的板报交给学生，让方寸之地成为孩子们施展才华的广阔空间。每月一期，学生自愿主动承包，然后自由组合成设计小组，选择当前大家最感兴趣的话题材料，打印图片、搜集并整理资料，张贴在壁报上，并进行造型和

绘画设计。“月是中秋明”、“国庆真风采”、“圣诞欢歌”等壁报，图文并茂、构思新颖、创意多多，深受同学们的喜爱。

小小设计，点点创意。于简单的班级活动中培养学生的创造意识，是发挥学生创新才能的好方法。可见，创造很简单，它就源于学生的生活实践中。

小发现活动——

“学习模仿对成年人而言并非创造，可对儿童来说，却是一种创新。”全国青少年研究中心儿童研究所所长张先翱教授的话语给我以深深的启迪，它使我懂得了学习模仿是创新教育的最基本方法，了解了学生就是在学习中继承，在模仿中创新的。

创新是一个能动的过程，其前提是发现，有发现才会有创新。多年的班主任工作中，我发现创新不只是事物的推陈出新，更是思想涤荡净化的过程。为了在创新中给学生以思想上的启迪，行为上的感染，我将小发现活动纳入到学生的日常生活中。小发现活动就是让学生多长一个心眼，用一颗充满爱的心去发现，去关注身边的一切。

开学了，各种鲜花及绿色植物摆满窗台；季节交替，看到同学感冒流鼻涕，一包包卫生纸拿来了；同学忘带水杯干渴难耐，一袋袋方便纸杯又买来了；美化教室，大鱼缸搬来了；天干气燥，加湿器住进了我们的教室；打印家长信没纸了，两大箱 A4 纸搬到了学校；小喷壶坏了，手巧的同学把它恢复原貌；绿色植物的浇灌不好掌握，学生给每种花贴上生活习性，提醒大家喜阴的别晒阳，喜干的少浇水；欢度元旦，同学们不约而同为大家买来成箱的食品、饮料、巧克力……真是吃在嘴里，甜在心中啊！

小发现活动开创了文明新风尚，让每位同学拥有了一双慧眼，具备了一颗爱心。小小发现，爱意无限；点点关怀，新风尽展。可见，创造很平凡，它就隐藏在学生的日常学习生活中。如今，我们的集体充满了温馨，集体中的同学加深了情谊。

小创造活动——

时时是创造之时，处处是创造之地，创造就是这样平凡。日常学习生活中的点滴创新，犹如一粒石子般在学生平静的心湖中激起了阵阵涟漪。学生对创新更敏锐，开始用一颗敏感的心去捕捉，去发现，去创造。

作为班主任，我深知班级创造性活动对树立学生的创造志向，培养学生创造才干的重要性，于是在班级掀起了动动脑，动动手的小创造活动。小创造活动的开展，让学生事事想创造。

暑期活动，“金头脑小组”成员为了变废为宝，创造的树叶画、笔屑画、豆子画栩栩如生，制作的软泥画、毛线画别具一格；动画制作水平高超的同学，利用幻灯片完成作业，颇具创意……

开学初，结合学校督导活动，我们开展了“班级班徽”征集活动，学生们或是发挥团结协作精神，或是彰显个人才能，集构思、设计、制作、绘画于一身；在活动中锻炼动手、动脑和审美能力，充分发挥了大家的创造潜力。最终，力夫同学设计制作的班徽脱颖而出。

以“特色小黑板”为例，它展示了学生各自的才干。我们班有两块学生捐献的小黑板，交由两个调皮的学生专门负责小黑板的使用。一块是让同学们每天用善于发现的眼睛，捕捉身边的好人好事；另一块是机动板，每天可以对离开家的寄宿孩子进行天气预报的温馨提示，可以介绍班级时事等。两位同学又各自招来一、两位小帮手，创编语言的、文字书写的、本上记载的，设计绘画的，分工合作，写作手法不断推陈出新。

如：好人好事板——“元旦欢庆乐融融，礼物精美样儿不重。贺卡当然不能空，小贝孙成情谊浓。”“班级考勤很重要，每天记录不能少。日日坚持不容易，唯有小韩能做到。”“《请你把我送回家——纸屑代表垃圾的话》——我，也许很不干净，但我也会想家。我也许非常破旧，但我也会想家。我和你们一样，有自己的家，爱自己的家，想念自己的家。”

……

时事机动板——“今天雾大要小心，雾转天阴才三度。稍偏南风2、3级，注意保暖多穿衣。”

“上联：期末临近抓紧时间很重要，复习最好；下联：满腹诗书

监测中一展才华，看谁最强；横批：踏实复习”

……

孩子们将这种创造意识带入到了学习生活中的方方面面。班级文化建设中，孩子们充分发挥他们的聪明才智，让教室内的每一面墙壁都会说话，每一处设计都具匠心。

以后面展板为例，经过小毛的设计，大少、小吴、乐临的制作，一个动态的游乐场的造型呈现在学生面前。翻滚过山车、游戏大转盘，转一转，红色桃心上学生的诗歌创作一目了然。还有旋转木马，安上电池还可以旋转。孩子们把在科学、美术等课上学到的知识作用到班级建设上，将文学创作与艺术构想结合起来，创造性地组成了这个“奇诗妙想”诗歌创作板，成为学生课下欣赏美、展示美、创造美的天地。像这样别具一格的创意随处可见。

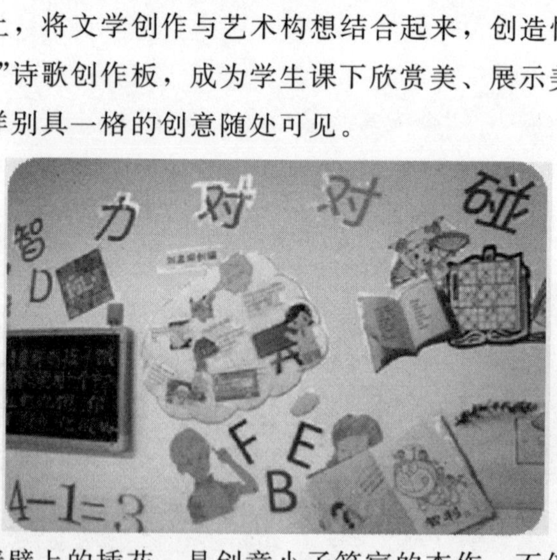

再比如墙壁上的插花，是创意小子笑宸的杰作，不仅美化了我们的集体，还把英语办公室装饰一新，得到了老师们的夸赞；还有活页“智力对对碰”，是淘气包兰图的创意；教室门前的班主任介绍，是小

画家王卓的作品。她说：“李老师眼睛大些，侯老师的眼镜是个特点。”渐渐地，学生将这种创造力带入到作业中，歌曲、快板、对联、宝塔诗、三句半等丰富多彩的创作形式也层出不穷……刚学完《花脸》后，别的同学写诗歌、对联，小画家王卓却凭借个人专长，图文并茂，创作了一幅卡通画，栩栩如生地描画出故事情节，都可以与书店卖的漫画书相媲美了。

学生在活动中锻炼动手、动脑和审美能力，充分发挥了创造潜能，促使学生向创新型人才迈进。真是创造虽小，意义不得了。

在班级活动中，学生创造性志向悄然树立，创造性才干得到进一步培养。学生今日的创造，恰恰是迈向了明日发明的第一步！我记得那一年，在人大附中就读的我的学生何桑柔发来短信，说她写了一副对联，上下联最后三个字平仄没对上，让我帮她修改一下。上联：气候峰会不成气候时，哪国破冰？下联：金融浪潮席卷金融界，谁人领航？对于一个年仅初一的孩子来说，能够结合当时的国际形式，创作出这样一副对联，真是太了不起了！您看，这就是创造。孩子在小学拥有了创造的意识后，就会时时想创造，体验到创造给她带来的乐趣和成就！所以说，今天，创新精神就如同一粒种子，扎根在学生心中；明天，这些新世纪的建设者一定会让创新之花绽放在祖国建设的各行各业。

小建设活动——

创造虽然很简单，很平凡，不过也很调皮，会掌控它的人就能得到成功之果、智慧之花。为了给学生创设更多展现创新才能的时机，为了让每个同学都成为创造的主人，我又将创新的视角投入到班级家务建设中，让班级小家务建设成为培养学生创新精神的园地，成为学生自我实践、自我创造、自我发展的苗圃。

班级家务建设中，人人有岗位，个个受锻炼，集思广益、出谋划策、积极参与、认真工作，学生的自主精神和责任感得到发扬。在创建班级家务活动中，作为班主任，我除了充分调动学生的积极性，培养学生的创新意识，扶植创新能力，教给学生点滴改进、联想出新、组合创新等创新方法外，其他均尊重学生的权利，相信他们的能力，不包办代替，让学生自己动手、动脑，出主意，想办法，将家务建设得内容丰富、形式宽泛、颇具新意。

我们班的小家务在学生们的建设下，办得有声有色、红红火火，其中包括：报(黑板报、壁报、墙报)；册(好人好事宣传册、天气预报发布册)；角(生活角、生物角、知识角、创新角、展示角)；岗(班级服务岗、校园服务岗)；簿(光荣簿、班级日志)等。

以“展示角”为例，这里就是班级学生特长的展示窗口，为每一个学有特长的孩子打开了一扇窗，绽放自己的才华。那些画作就是学生的个人书画展。瞧，还有专门为男孩子们设计的时尚发型呢，真是要多酷有多酷！这里也是学生的个人艺术展，小帅哥拍过电影后的艺术照，张贴在这里，真是独领风骚。

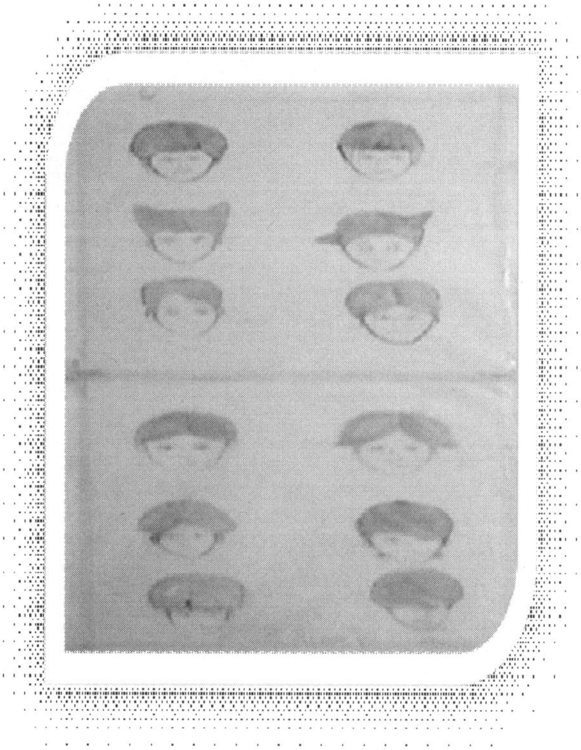

小实践活动——

实践出真知。学生的社会交往能力，团结协作精神就是在参与社会实践中培养、锻炼起来的。

只要是节假日，学生便在组长带领下走进社区，走向社会，参与实践体验，在实践中提高认知能力，提升自身觉悟。

3月12日植树节，学生走出去栽种树苗，美化环境，为绿色环保出一份力。

迎奥运倒计时100天，学生走上街头，宣传奥运知识，参与奥运热身，体验参与、奉献的快乐。

“5·12”汶川大地震发生后，学生积极为灾区人民捐款，捧出颗颗爱心，献上份份真情。

学习之余，学生自发组织“PK歌会”，楼道里、宿舍内，快乐的歌声时时回荡，忙碌的身心得到放松。

……

像这样的班级小活动层出不穷。班级各项小活动的创建与开展，将学生充沛的精力、旺盛的体力、聪明的智力迁移到集体的建设中，活动的创新中，能力的培养中，为学生开辟了“自我开垦、自我播种、自我培植、自我收获”的系统的自我教育园地。活动中，学生树立了创新的志向，激发了创新的兴趣，训练了创新的思维，掌握了创新的方法，善学习，敢请教，巧设计，勤动手。自信、合作、进取的班级品格悄然形成，积极、乐观、阳光的班级文化逐步呈现。

多年的教育经验使我深深地认识到——

乱班的学生就像草原上的烈马，桀骜不驯，驾驭得好，则是千里良驹；驾驭不了，就是野马一匹。良驹保家卫国，野马坑害百姓。同样都是马，之所以作用有天壤之别，就在于引导。再调皮顽劣的学生，只要教师对症下药，善加引导，内正其心，外塑其形，学生都会有所转变，因为孩子的可塑性很强，画什么有什么，学什么是什么。

将一个乱班培养成为优秀的集体，作为班主任根本没有什么捷径可走。教育的成功是由于扎根在爱的沃土中，再施以严格之水浇灌，科学之肥培育，才会欣赏到花朵的芬芳。“严是爱，松是害。”育人工作中，只有寓严于爱，严爱结合，严中有爱，爱中有严，做到“严有格”（以《小学生守则》、《小学生日常行为规范》严格要求学生）、“严有度”（根据儿童心理特征、个性特点，从实际出发，把好施爱度）、“严有恒”（持之以恒地关爱、教育、管理学生）、“严有方”（运用教育策略，因人施教，讲求教育艺术），才能使教育工作严而有情，严而有效，才能使乱班不乱，精神风貌变换；学生不差，绽放智慧才华。

4 教育的生命力从哪儿来?

教育持久的生命力来自于“动”起来的课堂——灵动的课堂让智慧绽放光芒；来自于“活”起来的作业——创新的作业让思维无限延伸。

1.“动”起来的课堂

实例1 让课堂成为师生生命快乐成长的地方

教育家杜威说过：“给孩子一个什么样的教育，就意味着给孩子一个什么样的生活。”那该如何去教育学生，给孩子一个怎样的课堂呢？

我想：作为教师，首先要善待孩子，给孩子一个充满人文关怀的课堂。可以想象，一个没有情感的老师，是无法调动学生学习热情的，也无法陪孩子度过“激情燃烧的岁月”。一个充满激励、充满赏识、充满尊重、充满期待的课堂应该是民主、平等、快乐的课堂。

俗话说：“心有多大，舞台就有多大。”孩子的想象力、创造力是不容小觑的。如果我们给孩子一个充分展示自我的舞台，语文课堂就会妙趣横生。多年的教学实践使我深深感受到，学生的想象力是无穷的，一旦他们情感迸发，思维产生碰撞，擦出火花，就会产生许多令你始料未及的颇具智慧的精彩发言。学生的思维反应力、语言表达力、创新想象力也由此不断得到发展。

课堂教学中，学生创新意识的培养和发展离不开和谐、民主、活泼、轻松的课堂学习氛围的创设；专制、压抑的你问我答或串讲式教学，会给师生和学生间的交流制造压力，造成障碍。在学生心目中总认为那是课堂，是个专制性强的地方，怀有紧张心理的学生又怎能将自己的所思所想尽情展现于课堂呢？因此，要解放学生，就必须将课堂变为学堂，变为学生学习的乐园，教师只是乐园中的普通一分子，无论在身份上或是情感上尽可能地与学生融为一体，没有特权，和学生共同读、思、品、悟，该悲则悲，应喜则喜，让学生自然地将教师作为一个可以进行情感交流的大朋友，而不是呆板、生硬的机器控制员。只有这样，学生才会真正地拥有思想上的轻松感、心理上的亲切感，宽松的课堂是师生共同营造的语言艺术的学堂。在交流、研究、探讨的学堂，学生是主人，他们可以尽情地品悟语言文字中的美，蕴含的情，或交流、或争论、或赞赏、或驳斥，声声不歇、环环相扣，在辩中求异，在驳中求同，思维的火花不断地闪现，创造的才能不断地挖掘。学习氛围之浓郁，探究问题之深入，思维想象之敏锐，这样的课堂才能够在真正意义上体现学生民主、自主的学习态度。

当然，要激发学生的学习热情，教师首先应保持旺盛的精力、饱满的情绪，决不能因个人情感或身体原因而影响学习氛围。要知道教师是一面镜子，是每个学生心目中的榜样，学生的表现很多时候正影射出了教师的言行。因而只要一进入课堂，我总以激昂的斗志面对每一个学生，让他们从老师身上看到的是力量、自信，教师用激情地讲，动情地读，生动的教态，丰富的表情去感染学生，与学生交流。在教师情绪的感染下，学生更是积极、热烈、自信、坚韧地开展学习活动，踊跃发言、热烈讨论、情绪高涨，课堂气氛十分活跃。教师的情与学生的情相互交融，课堂上始终充满了浓浓的情感，每位学生都是情感的表达者、创设者、接受者。

这就是我给学生的课堂，它决不平静如湖水，也决不似浪涛拍岸，它是潺潺流动的一溪活水——活泼、生动，充满了生命的活力。每个学生就是河中的一滴水、一朵浪花，流淌着、跃动着，欢快向前方。

如今，这个涌动着生命的情感，绽放着思维的火花的课堂，已经成为我们师生快乐成长的地方。学生们在课堂上头脑紧张、心情轻松地快乐学习着、创造着，我自己也在这份有广大学生热烈参与的课堂学习中汲取着、发现着，快乐成长着。真是教学相长，不亦乐乎！

实例 2　让课堂“活”起来

每一个学生都是一座金矿，肯挖，则宝藏无穷；不挖，则两手空空。如何挖？教师是关键，没有一节课堂教学是雷同的，因为教师不同，学生不同，学生的发展取决于教师的培养。

俗话说：学生是父母身上的影子，其实，学生又何尝不是我们老师身上的影子呢？从学生的身上，你可以看到老师的为人，听到老师的话语，感受到老师的风格。其实，学生的培养更多不是取决于教师的知识底蕴。为什么山村可以有那么多初中生教出的英才？我觉得学生的教育更多取决于教师的人格魅力。古人云：身教胜于言传。的确是这样，教师的身先示范作用，不正是学生学习的榜样吗？说一千道一万，不如好事干一件。做人如此，教学也是如此。

我是一个走上课堂就热情奔放的人，这并不是我对教育事业有多么热爱，而是我觉得自己必须这样，我需要用我自身的激情去唤醒、调动学生的学习热情。每个学生都是一团火，然而为什么我们看到在许多课堂上，学生总是冷冰冰的，漠然处之呢？那是因为教师过于淡然，过于冷静，缺少似火的热情投入。学生日日观之，天天学之，久而久之，连一点儿童趣都无处寻觅了。

多年前，我走进了近六十岁的师傅——刘士诚老师的课堂。在他的课堂上，你丝毫感受不到他是个心脏病患者，他带给人的永远是一份蓬勃的朝气，一股火一般的热情，就像二十多岁的年轻人一样。每堂课他都是那么投入，课堂是热烈的，教师是投入的，学生是乐学的。我总能从中感受到一股教育的激情与心潮的澎湃，就是再普通的一节课，你都会从中捕捉到闪光点，这闪光是学生智慧绽放的，是教师巧妙引导的。真的，每每走出刘老师的课堂，我总是很振奋，于是从那时起，我转变了自己的教学行为，也学着刘老师的样子，全身心投入到课堂上，不再摆教师架子，从讲台上走下去，走到学生身边，融入学生中间，与学生同悲同喜，和学生同学同乐，营造宽松的学习氛围，调动热烈的学习情绪。这样一尝试，课堂氛围真的变了，学生爱学了，兴致高昂了，敢想，敢说，敢创造了，课堂上智慧的火花不断绽放。

从那时起，我顿悟：智慧的火花是课堂思维碰撞的结果。互动学习不就是要生生间、师生间相碰撞产生智慧吗？从那以后，我全力以赴在课堂教学中，用自己的表情、肢体、语言等感染调动学生，于是，我的课堂也生动起来了，互动起来了，于是课堂上的经典语录、精妙语言精彩纷呈。

以《成吉思汗和鹰》为例，学生的课堂妙语如下：

当愤怒与冲动冲击着你的大脑时，这预示着一发不可收拾的错误即将来临。——王妍清

愤怒是把双刃剑，在割伤别人的同时，也割伤了自己。

愤怒是狐朋狗友，冷静是良师益友。——何思远

愤怒也是一种武器，与别的武器不同，我们在利用武器，可愤怒这个武器却在利用我们。——张思远

不要被冲动征服，不要被愤怒利用，不要被气愤冲昏头脑，不要因怒火失去理智；冲动是魔鬼，愤怒是敌人，气愤是割伤自己的利刃，怒火是人们铸成大错的罪魁祸首。——何桑柔

愤怒——我们共同的敌人。——赵英辰

人和兽最本质的区别就是人会思考，当你被冲动驱使的时候，你就和兽没有任何区别了。——王柳青

发怒使你头脑迷糊，冷静使你头脑清醒。——王召宇

再比如《绿色千岛湖》学生这样说：

一个千岛湖，造福千万家。

千岛湖是大自然的鬼斧神工与人类的聪明才智的完美杰作。

《鸟儿的侦察报告》学生说道：

一缕缕烟升上去了，一只只鸟掉下来了。

人类啊，不要把世界变成动物的屠宰场！

……

再看《你，浪花的一滴水》的课堂教学。听，学生的发言无拘无束，决不胡言，也不乱语。一环套一环，一个接一个。

师：谈谈你对“一滴水”的新的理解？

生1：一滴水多么渺小，多么平凡，多么微不足道，但是……

生2：但是，它却是浪花至关重要、不可或缺的组成部分……

生3：雷锋，不就像这浪花中的一滴水一样吗？虽然不足挂齿，可是却影响巨大。他在平凡的岗位上做出了不平凡的事，一步一个脚印，全心全意为人民服务，从点点滴滴的小事中，启迪我们“伟大”的真正内涵——雷锋精神就是小中见大。

生 4：雷锋，用他年轻的生命谱写了一曲壮丽的乐章；

生 5：雷锋，用他朴实的行动展现了一种精神的不朽；

生 6：雷锋，奉献了自己的青春，在人们心中永生！

生 7：是太阳就要发光，是花儿就要绽放，是鸟儿就要歌唱，是党员就要奉献！这就是雷锋，只知奉献不知索取，毫不利己专门利人！他用自身的点滴行为告诉我们，力量从团结中来，智慧从劳动中来，行动从思想中来，荣誉从集体中来……

当课堂真正交给学生后，学生就是学习的主人，就是课堂上流动的活水，潺潺流淌，活力无限。

什么是做教师的幸福？对我而言，在课堂上能够通过自己的教学，启发学生创造出充满智慧的语言，用心思考，用情感悟，这就是我教学的幸福。

实例 3　让学生“动”起来

“让学生动起来”，就课堂教学而言，就是让学生积极、主动地参与到课堂学习活动中来。其实，课堂教学本身就是一种活动。这种活动应该是师生双边的共同活动。而这当中，又尤以学生的主体参与为重。教师则是在充分发挥主导作用的前提下，引导学生以主人的身份参与到课堂教学的全过程，使学生在参与中学会知识、练成技能、完善人格。

一直以来，我就认为学生对教学活动的参与，是促使其提升语文听说读写能力，取得学习成功的关键。课上全心投入动脑、善想、练说，课下才能有的可写，写得有质量，从而进入到良性学习的轨道。我是这样想的，也是这样做的。每节课我都通过激情的投入，调动每个学生的学习兴趣，让学生最大限度地参与到学习的全过程，使他们在老师动情的说中练说。于是，学生们释放了自己，不再过分拘谨，不再无谓害羞，纵使是六年级学生，照样敢想、敢说、敢做，课上发言绘声绘色，常常课堂上能传来学生们开怀的笑声和真诚的掌声。为同学精彩的发言鼓掌，为大家风趣的表现开心。

应该说，语文是综合学科的体现，语文课堂应该是生动、活泼，富有个性，充满魅力的。魅力从何而来？从创造性的发言中来，从丰富的想象中来，从每一个鲜活的生命个体中来，从充满才华的学生智慧中来……语文课堂，应该是展现学生才华，培养学生能力，塑造良好个性的舞台。

在这舞台上，可以唱歌，可以跳舞，可以朗诵，可以表演。学生可以通过各种形式表达内心对文本的理解与感悟。就以音乐、歌曲为例吧！这是大家熟知的艺术方式，让音乐走进课堂，可渲染课堂气氛，激发学生内心的情感，更容易使学生与作者产生情感的共鸣。

以《长江之歌》为例，教学结束之际，我为学生播放了这首乐曲，并结合语册中判断题“下面的语句该用什么样的语气来读?”启发学生，“长江母亲用她甘甜的乳汁，无私地哺育各族人民。作为华夏儿女，你该怀着怎样的情感赞美母亲?”当学生体会到深情赞颂时，我引导学生动情地读出对母亲的依恋与热爱，深情与赞美。学生的读更富情感，学生的赞更加热烈。受此感染，学生们开始跟唱此歌。尽管音调不是很准，但从那全身心投入的状态足以感受到学生对长江的热爱。在乐声中，在歌声中，在学生们全身心的感受中，《长江之歌》唱响在集体，回荡在心中！于是，学生对长江有了一份深沉而真挚的爱，在作业中这样赞道——

母亲颂歌

母亲，
生命的呵护和支柱。
母亲河，
生命的源泉和幸福。
母亲般的长江啊！
没有了你，
怎会有世世代代的华夏儿女?
没有了你，
怎会有坚强不屈的炎黄子孙?
没有了你，
怎会有秀美如画的神州大地?
母亲河啊，

你气势依旧！
母亲河啊！
你是生命的源泉，
你是幸福的所在！

妈妈，我们永远的妈妈

妈妈，我们永远的妈妈，
您哺育我渐渐长大，
您经过的地方日渐繁华。
妈妈，我们爱您，
没有您，怎有我们生活的景气？
是您，让这座城市高楼林立，
是您，让这座城市日新月异，
是您，让这座城市美丽无比。
妈妈，我们离不开您，
没了您的生活，我们过不下去。
您让农村发展快速，
您让电力从不停息。
妈妈哦，我该怎么感谢您？
那些话都在心里。
您的恩情，怎能忘记？
谢谢您，我们不会忘记！
妈妈，我们永远的妈妈！

再比如，教学《体育颂》一课中，学生在领悟“体育就是乐趣”时有感而发：“是啊，体育带给人无穷的乐趣！难怪有一首歌号召大家勤做运动呢。‘左三圈右三圈，脖子扭扭，屁股扭扭，我们大家一起来做运动……”他边唱边跳，调动得课堂上所有同学都兴致勃勃，恨不得也加入到运动中来。瞧，小辰已经按捺不住自己激动的心情了，坐在位子上就开始扭动起来。学生感慨道：“体育啊，你使无趣的人变得有趣，你给萎靡的人注入活力！”真的是这样，难怪学生有感而发啊！

实例4 对比学古诗 创新悟体会

开学初，张征老师用我的学生做了一节古诗课。这是六年级的主题单元“珍惜”中的两首古诗《别董大》和《送元二使安西》。课后，我也对这两首古诗的教学进行了研究和探讨，打破了以往每首古诗独立教学的形式，尝试同时进行对比教学指导。

初读古诗后，我发现这两首同为送别类型的诗歌创作形式如出一辙，都是先写景再抒情，不仅如此，每首诗自身也是反差鲜明，对比强烈。在看到课后题“这两首诗描写的情景和表达的情感有什么不同?”后，我决定采取对比学习的方法，同时教学两首诗，让学生在对比学中体会它们的不同。

“千里黄云白日曛，北风吹雁雪纷纷。”学生边读边想象，“整个天空被黄色的云笼罩着，就是在大白天，太阳也显得昏暗无比。北风呼呼地吹着，大雁列队在空中飞行，大片大片的雪花纷纷扬扬地飘落下来。”学生体会到这一景象给人以压抑、凄凉之感。在抓重音朗读后，通过对“千里、纷纷”的把握，又感受到这景象的雄浑浩大的一面。

“黄云笼罩的天空一望无际，鹅毛般的大雪铺天盖地。”这景象虽凄凉但仍不失雄浑。

小林同学又道：“这景象不应是凄凉的，而应是苍凉或悲凉的。”

学生听后一致赞同。

“这苍茫的大地更增添了送行的悲壮。”小召说。

“同样是送别，让我们再看看王维是在怎样的天气里送别元二的?”我引导道。

学生通过对“朝雨、轻尘、客舍青、柳色新”的体会，感受到这是一派朝气蓬勃、清新明丽的美丽景象。如此学习，使学生通过对比两首诗不同风格的景象描写，留下深刻的印象。

“一个是悲景，一个是美景，作者究竟要寓情于景，借景抒发什么样的情怀呢?”我启发道。带着这样的思考，学生深入体会每首诗的后两句。

“莫愁前路无知己，天下谁人不识君。”“莫愁、无、天下、不识”对这些字眼的品读，让学生深刻体会到诗人的开朗、乐观、豁达、豪迈的情怀。随之诵读也更见气魄。

“劝君更尽一杯酒，西出阳关无故人。”对“更尽”一词的体会，学生深切感受到诗人对好友的不舍与留恋。我适时引导学生对比体会两首诗中的“无知己”和“无故人”。同样都是“无”，高适是怎样看待“无知己”的？王维又是怎样表达“无故人”的？学生在对比读中再次体会到高适对朋友的劝勉与鼓励；王维对朋友的担心与忧虑。

“俗话说，多个朋友多条路。这元二孤单单一人离开好友，身边没个朋友，能不让人担心吗?”赵同学情真意切道。

“人常说，朋友如手足。多一些手足办起事来多方便，可失去了这些手足真是寸步难行啊!”小何同学有感而发。

“我觉得这两首诗的后两句应该互换一下才更吻合。”小张同学不解地说。

“是啊，这正是诗人的匠心独具之处。让写景与抒情形成对比，产生反差。你们看，诗人分别在借什么景抒什么情?”我抓住问题，顺学而导。

“高适是在借悲景抒豪情。”一个学生说道。

“王维是在借美景抒忧情。”另一个学生补充说。

“对呀，你们很会发现，能再具体说说吗?”

“高适借悲凉雄浑的景劝勉朋友和自己，抒发了他开朗、乐观、豁达、豪迈的情怀。”

“王维借清新明丽的美景，抒发自己对好朋友的担心与忧虑的情感。”

在对比学中，学生对两首诗的异同有了深刻的认识与体会。这一认识是在学中生成的，这一体会是从对比中产生的。

实例5　课堂进行时

这是《山中杂记》的课堂进行时，学生们正在兴致盎然地读着、说着……

尽管此文文字是那么拗口，对马、狗、猫、虫的描写只是略写，可学生却认真地品、细细地读、深深地悟，学生会很自如地在对马的朗读中加上一段自己想象的心理活动——

生1：远远地看见我，它抬起头来，好像在说："你终于来了，我都等你好久了！"就在这朴实自然的情感流泻中，马和人之间的朋友关系突显出来。

生2："自后每次我游山，它总是前前后后地跟着走……它总算助了我不少的胆子。"瞧瞧，这小狗一会儿像我的小向导，为我引路；一会儿又像我的小保镖，为我保驾护航，真是周到又体贴呀！

瞧，这狗与人的亲近友好于联想中徐徐展现。

生3：同学们，你们看，这猫多可爱呀！那眼睛黑黑的、亮亮的，专注地盯着那玫瑰花的叶子，好像在说："咦，你是什么东西呀？怎么还会迎风摆动呢？"看它玩得那不亦乐乎的样子，能不让人喜欢吗？

师：是啊，这顽皮的小猫让患病来此疗养的冰心感受到了跳荡的生命的活力……

学生是越说越爱说，越读越会读，听——

生4：还有虫儿也是可爱的。"虫"后面加一个"儿"，顿时让人觉得虫儿就像小孩子一样乖巧有趣了。

师：一个儿化音就让我们感受到了作者对动物的爱，看来，用字、用词上，冰心先生是反复推敲的呀！

呵，我很为学生对字眼儿的细致捕捉与深入体会感到欢欣，借机向学生传递写作的方法。在品读词句中，学生深深为冰心作品中细腻的描写而叹服。

生5："在我跪伏的樱花底下，……它便侧转那狭长而良善的脸来看我。"这是怎样温驯乖巧的马呀！

生6："看着这庞然大物……你觉得它有说不尽的妩媚。"这马在冰心先生笔下就像女孩子一样温驯得惹人怜爱。

生7："幸而护士不久便进来！"一个叹号传递了冰心的心情，像盼来了大救星一样啊！想想看，护士给人打针吃药，谁愿意见呀！可这时，冰心见到护士却如此兴奋，看来这猫把她折磨得够戗！

师：嗬，对字的品读，对标点的感悟都足以让我感受到你们是在用心体会作品，用情体验人物，这才是语文学习的佳境呢！

在体会冰心爱动物与他人爱动物的不同时，学生抓住一个自然段深刻体会，将“博爱”思想由内而外地感受到。

生8：“我常常去探望小鸟的家庭，而我却从不做偷卵捉雏等等破坏它们家庭幸福的事。我想到我自己……我的父母岂不心碎？”冰心多会换位思考啊！谁都希望有一个幸福的家庭，人是这样，鸟也如此。看，冰心把鸟和人同等对待。

生9：这就叫做一视同仁。

生10：这也叫平等待鸟。

学生们越说越感慨……

生11：“我爱自己，也爱雏鸟；我爱我的双亲，我也爱雏鸟的双亲。”你们看，冰心把自己的双亲和鸟的双亲放在同一位置上，她决不会因为自己是人而歧视鸟。

师：是啊，冰心爱鸟，爱父母，爱自己的家庭，同样，她也爱鸟，爱鸟的父母，爱鸟的家庭，为此，她从不做破坏它们家庭幸福的事，这是怎样的爱啊！

生12：这是一份平等的爱。

生13：这是博大的爱。

生14：这是真正的爱！

……

学生在这一拨动心灵中最细腻情感的弦丝的撩拨下，感同身受，一触即发，尊重动物、平等对待动物，自然而然感悟到冰心内心对动物的深深的爱。

为了让学生对“博爱”的理解更深入，我进一步引导——

师：这爱是博大的，它没有时间和空间的阻挡。

学生情真意切继续道——

生15：它没有物种类别的差异。

生16：它没有高低贵贱的区别……

生17：难怪有的同学说这是平等的爱，这是尊重的爱！

师：不论是人，是马，是花，是草，只要是有生命的，她都爱。可见，冰心是个怎样的人？

生 18：她是个尊重生命的人！

生 19：我记得冰心最崇尚的是“爱的哲学”，她是个拥有博大的爱的情怀的人！

师：现在你们知道“博爱”的意思了吗？

生 20：博爱是无私的，是建立在平等、尊重的基础上的……

生 21：我觉得逗弄小动物的爱就像一条线段，是不会延长的，而尊重动物的爱就像一条直线，是无限延伸的……

这一时刻，学生对“博爱”的意义有了更深刻的体验。相信，冰心的“博爱”情怀将对学生产生深远的影响……

实例 6　妙趣横生的课堂　妙笔生花的手记

通过一个学年的培养、训练，我觉得学生的思维越来越活跃，语言表达越来越精彩，发言积极性越来越高涨，学生会说，爱说，能说，善说。每节课上都会涌现出一些学生创造的经典语录，可往往这些课堂上凝聚着学生智慧的火花转瞬即逝。无论是我或是学生，时间一长，就淡忘了。许多时候，我都会为没能及时记录下课堂的精彩瞬间而深感遗憾。

这周，我教学了《花脸》和《荷塘旧事》两篇散文，应该说文章虽然有趣，可要想学好，学透，也不是容易事。学生们对文本产生的热情，对文章深刻的领悟都令我难以忘却。那精彩的课堂语录，那个性化的独立思考，总让我觉得不及时写下来，就是对学生智慧的怠慢。课上，学生无论是读还是说，都是妙趣横生的。总不能让这些智慧的火花一闪即逝吧！我怎样才能将思维碰撞出的这一幕幕精彩且风趣的情景留住呢？对，引导学生写课堂语录和精彩瞬间回顾，留住他们课堂上的精彩表现，将课堂所想、所言落到笔头上，自然又是一个回味学习的过程，是对语言组织运用的润色过程。对学生而言，是再学习再创造的过程；对教师而言，是培养、发展学生写作水平的又一途径。且看学生以段或课本剧形式记录下的课堂实录：

赵英辰这样描述——

汪孝然本色出演，有滋有味地读道：“还是这位小少爷有眼力……我给您挑把顶精神的！”读罢，同学的手如雨后春笋一般举起，连平日拙于言辞的"史大爷"也开口了："这个小商贩可真机灵!""不光机灵，还很会抓住每一丝商机!""而且不放过任何赚钱的好机会。"我刚说完，何思远立刻随声附和。"小汪绘声绘色的朗读真不错，将一个活脱脱的商贩小罗锅形象呈现在我们眼前。"李老师不失时机地鼓励小汪。小汪眉开眼笑，做了个可爱的鬼脸儿，全班哄堂大笑。

崔梦琦在《一个活跃的课堂——花脸之桃花篇》中有这样一个片段"哎呦，瞬间，爸爸被我打扮成大姑娘了!"杨梓晨手握一把尺子，就像作者的父亲那样，轻轻拍打自己的另一只手，"严厉"地说："哼，敢对我不敬，我非把你打成可吸入颗粒物不可!"

王时雨这样写道——

汪孝然同学站起身来，清了清嗓子，大叫道："我，姓关，名云长!"最后还拐了九曲十八弯才收尾，脸上流露出了一副意犹未尽的样子，缓缓落座。

杨梓晨的"课堂再现"这样说——

……老师话音未落，一向自命"帅哥"的汪孝然站了起来："我在这句话前面加个字，你们听，'呦，还是这小少爷有眼力，要做关老爷……'"别说，他读得还真棒！经他这么一改，不光自然了不说，小贩的形象更是活灵活现。同学们向他投去赞许的目光。这时，"八哥"站了起来："同学们，大家看，这个小贩多会做生意呀，既迎合了买主的心理，又推销出了另一样玩具。"我一听，也马上站起来接着"八哥"的话说："没错，他讨好了你，让你买东西，想不买都不行呢!"

我始终坚信每个学生都是一座宝库，只要肯挖，用心挖，就会劳有所获。在对课堂精彩时刻的捕捉与"回放"中，学生的学习兴趣浓了，欣赏水平高了，思维能力强了，写作技能棒了，由课上听讲状态到课下作业质量，都有了长足的发展。"课堂语录"和"精彩回放"为促进学生听说读写能力的进一步提高开辟了一方新天地。

实例 7　有效利用开发教材设计学习活动

作为教学活动的重要资源，教材发挥着其独有的无可替代的作用。作为教师，怎样合理而有效地使用教材为我所用，为行之有效的"教"服务，为深入细致的"学"搭台，这是我一直以来思考的问题。

教材作为一种示范性很强的文本，怎样发挥其创造性的使用价值，作为学生发散思维、创新想象的抓手，培养学生自主探究的学习精神呢？教师对教材的有效利用与合理开发大为重要。

所谓“利用、开发教材”，是指灵活组织、创新运用教材，变“教教材”为“用教材教”，“用教材教”而不唯教材使用，在运用中创造，在创造中生发，令教材切实为学生的学习与发展服务。

所谓“设计学习活动”，是指课内外的学习，通过对教材的开发利用，设计适合学生发散思维、创新想象的动脑、动口、动手、动心的思维活动程序，调动学生广泛参与的积极性、主动性，使学生成为学习的主人。学习活动的设计，就是要达到知识和技能、过程与方法、情感态度和价值观三结合，真正“让课堂活起来，让学生动起来”。

当然，这里所说的学习活动重在思维活动上，使活动更富学习性、知识性，体现技能的训练和情感的应变。

以托尔斯泰创作的《穷人》一课为例。这是一篇老课文，无论是文章的写法或是其所要表达的内涵，都是学生需要学习的精髓。而课后只提到“课文中多处描写了桑娜的心理活动，找出来读一读并体会。”对于六年级学生而言，“读并体会”是略显简单了。学生若想提高写作水平，名家名篇正是阅读的重点篇目，指导写作的最好范例。要培养学生不仅会抓语言文字品读，能体会字里行间作家所要表达的情感，还要学习作品中呈现出来的典型写法，学以致用。

为了用教材切实教好学生，我在教学中着力引导学生体会对桑娜心理活动的描写，尤其是品读第9自然段对人物心理的细致刻画，感受其复杂矛盾、紧张不安的心情，领悟省略号在这里表示人物内心活动的内容时断时续，深刻感受桑娜由矛盾到平静的内心情感的变化过程，牢固树立桑娜宁可自己受苦，也要关心他人的感人形象。在课内利用教材揣摩人物心理，达到深入了解人物品格，体会到标点符号对表情达意起着不可忽视的重要作用的目的后，我引导学生学习第9自然段写法，写一段自己内心情感变化的过程。学生活学活用，立竿见影，创作了不同素材的变化着的心理体验过程。什么“公布成绩前”、“偷玩游戏时”、“打碎物品后”等活灵活现的心理活动片段。

示例1：

这个星期妈妈问我考试成绩，可成绩却不好。我心里七上八下：唉，考得不好，屁股受罪，早知如此，何必当初……可该怎么跟妈妈说呢？……这样吧，就说考得不错，受老师表扬了！……可要是这样说，我就不是好孩子了。……到底得个好身体，还是得个好口碑呢？……身体固然重要，但口碑好才是真的好！……算了，受点皮肉之苦算什么？……但我这小身板，可禁不起大风大浪啊！……罢了罢了，好孩子是不会说谎的……为了好口碑，舍去好身体，值了！（小作者于松伟）

示例2：

今天妈妈出去开会，我一人在家。到了中午，我拿杯子接水，谁知杯子像抹了油一样，刚拿起来就摔了个“粉身碎骨”！我忐忑不安地想：哎呀，又惹大祸了！……吴嘉澍啊吴嘉澍，你就不能慢点儿吗？……唉！倒霉！……嗯，难道那脚步声是妈妈的？……唉，可怎么办啊！……何必这样呢？向妈妈认错不就行了吗？妈妈肯定原谅我！（小作者吴嘉澍）

语文课强调的是工具性与人文性的统一。语文是一种工具，学习的最终目的是会运用。听说读写，归根到底“写”才是能力的最终展现。若要让教师的“教”确实为“学生的学”服务，让学生的“动”切实为“自主的学”服务，教师就要充分利用教材，挖掘教材中的知识学习点，能力提高点，精心设计学生的写作训练点，让学生在提高阅读水平的同时，发展写作才能。

如果说心理活动的训练更侧重于习作技能的指导，那么，排比句式的创作则是将知识技能与情感态度结合在一起了。

在教学结束之际，学生结合教学伊始何桑柔的质疑“穷人分两种，一种是物质上的穷人，一种是精神上的穷人。托尔斯泰笔下的穷人是哪一种呢?”感叹道：“托尔斯泰笔下的穷人尽管在物质上一贫如洗，但他们却是精神上的亿万富翁!”抓住这一思维发散点，我问道：“他们富在哪里呢?”

“他们富在拥有一颗博大的爱心！他们不仅爱自己的家人，还爱别人的孩子。”

“这是一颗怎样的心呢？请你展开恰当的想象，用‘这是一颗如……似……像……的心’来形容穷人的品格。”

片刻之后，学生纷纷说道：

“这是一颗如水晶般纯洁的心！”

“这是一颗似金子般赤诚的心！”

“这是一颗像晨星般璀璨的心！”

……

瞧，创新思维的火花在这里绽放。我在赞美学生这诗一般的语言的同时，引导学生给小诗加上开头词和结束语。于是，一首真诚稚嫩的小诗诞生在学生的口中：

托尔斯泰笔下的穷人们，
你们虽然在物质上一贫如洗，
但你们却是精神上的亿万富翁。
因为，
你们拥有富人没有的善良、淳朴、美好的心灵！
这心灵
像水晶般纯洁，
像阳光般温暖，
这心灵
如晨星般璀璨，
如梅花般高洁，
这心灵
似金子般赤诚，
似泉水般清澈，
这心灵
若露珠般晶莹，
若钻石般珍贵，
……
你们宁愿自己受苦，

也要他人幸福，

你们是世界上最伟大的人！

看，在对穷人的赞美中，学生将自己的情感融入其中，有感而发，创编出了源自他们心灵的诗篇——《穷人》！

没有人是天生的诗人，情之所至，导之有方，小学生也可以成为“大诗人”。利用教材为学生的“学”服务，为学生的发展奠基，这是我在教学实践中渴望并追求的。

实例 8　思维发散点是这样创设的

如何利用教材为学生的学服务呢？在《企盼世界和平的孩子》一课，我引导学生在体会雷棣发愤学习的语句时，启发学生“想想看，雷棣是怎样奋发图强、刻苦学习的？”学生们自然而然用上了我们曾经运用的句式“当________的时候，雷棣却________。”表达出自己的内心感受。

“啊，雷棣！你那瘦小的身躯里有着怎样一颗坚毅的心灵！当我正在和爸爸、妈妈游山玩水的时候，你却在小屋中了解国际大事；当我正在津津有味地欣赏动画片的时候，你却在全力以赴研读《二十四史》；当我已沉沉地进入梦乡与周公聊天的时候，你却在悄悄为妈妈掖被角；当我在咀嚼香喷喷的饭菜时，你却在细细品味《资治通鉴》带给你的‘丰盛大餐’……”

除此外，学生还开动脑筋，进行了自我独创的段式练习：(何桑柔)

雷棣——自强不息！面对别人邀请他免费旅行的巨大诱惑，他却毫不为之动容，反而要用自己的努力赢得成功。

雷棣——发愤图强！当窗外传来小伙伴们玩耍嬉闹的声音时，他的思绪却仍停留在书本上，屋内只有他翻看《二十四史》、《资治通鉴》的书页声。

雷棣——富有爱心！当别人还在享受父母的爱护、老师的关心时，他却已经开始关心别国的妇女儿童，把自己的爱心撒播给更多的人。

雷棣——孝顺母亲！当别人给妈妈添乱，为爸爸添烦时，他却担负起了照顾、关心妈妈的重任，成了家中的“小顶梁柱”。

雷棣，自强不息、发愤图强、富有爱心、孝顺母亲……雷棣，正在成长为一个“像爸爸那样优秀，像妈妈那样坚强”的企盼世界和平的孩子！

正是在这恰当合理的想象中，学生对雷棣的奋发向上有了更深入的认识，有了更真切的感受。课上学生利用已知学法，抓住文本内容，创设了思维发散点，展开丰富且合理的想象，既充实了文本，又深化了理解，无形中也是在对自己进行思想教育，进行行为指导。

实例9　我们的课堂

学生即将毕业了，真舍不得他们啊！舍不得他们的太多太多，其中就有舍不得他们的课堂带给我和我们的欢笑……下面就用学生描述的课堂“搞笑瞬间”权且调剂一下不舍的心情，

《白衣天使》课堂进行时

(一)片段一

时间：2012.3.20

地点：六(4)班的课堂上

情境：一位同学正在读书……

小清：“那时的病房墙壁与地板上沾满血迹，病房内臭气难闻。”深知“先下手为强，后下手遭殃”的我第一个高高举起手来。哈哈，老师点的果然是我！

我“腾”地站起来，激动的我激动地说：“我们现在的病房宽敞明亮，可以前的病房墙壁和地板上沾满血迹，臭气难闻。便(病)房……”

“哈哈……”同学们的笑声震耳欲聋，简直能吓倒一片。有的笑得捶桌子，有的笑得捂肚子，有的笑得直不起腰，呜……我的一世英名毁于一旦……

“就是‘便房’，这连‘便房’还不如呢！”李老师巧妙地为我解了围。我不再羞愧，反倒有些自得起来。

班长大人随声道：“这种地方连正常人都住不下去，何况病号呢？”

“是呀，这是人住的地方吗？可是现在呢？”李CC循循善诱，“看着白衣天使那亲切的微笑——”

李老师一手指向小周，只见小周比我还激动，他手舞足蹈地站了起来，眉飞色舞、声嘶力竭地喊道：“那病可就好了一半啊！”

教室里又爆发出一阵欢乐的笑声……

瞧呀，这就是俺六(4)班充满欢声、洋溢笑语、其乐融融的欢乐课堂！怎么样，集知识、趣味、思想、欢笑于一体的课堂每天都在进行时……

实例10 这节课深深感动了我

走出教室，我的心久久无法平静，始终被一份激动的情绪感动着……听着追我而来的学生继续课上意犹未尽的发言，情真意切的话语，我欣慰极了。

《金色的鱼钩》是一篇传统老课文，讲述的是红军长征过草地时，老班长为了完成党交给的任务，将三位生病的伤员带出草地，用自制的鱼钩钓鱼，给战士们做鲜鱼野菜汤，而自己却舍不得吃一口，最终牺牲在草地上的感人故事。

故事虽然感人，但由于年代的差异，学生不易对此类课文有更深感触，生活在蜜罐中，心中只有自己没有他人的学生们，怎么可能体会到老班长的好品质呢？怎么可能了解透人物的形象呢？说实在话，讲课前，我对学生的情商不抱太大期望。

为了让学生能走近老班长，我要求学生动情地把课文读熟，熟练、流畅、有感情地朗读既是对文章中人物的尊重，又可以促进学生深入地理解文章内容，还可以避免这么严肃的课文因磕磕巴巴朗读而出现的笑场问题。学生课文读得很纯熟，也很有感情，完成了第一步“有感情地朗读课文”。

第二步是引导学生将能够体现老班长人物形象的语句画在书上，进行批注。这是静心思考的过程，是储备积蓄的过程。这一过程中，学生知道从正面、侧面两个不同角度捕捉老班长人物特点，进行思考提炼。

第三步就是交流体会、读中启发、创新感悟的过程。从最初对老班长外貌描写“背有点儿驼，四方脸，高颧骨，脸上布满皱纹，两鬓都斑白了”。中，感受到他把青春都献给了革命事业、党的事业，对他忠于党，忠于革命有了初步的认识。教学最初，学生只是在泛泛而谈，并无太多情感的投入。可当学生声情并茂地读老班长“嚼着几根草根和我们吃剩的鱼骨头，嚼了一会儿，就皱紧眉头硬咽下去”的语句时，他们被触动了，为老班长舍己为人、一心为他人着想的品质所打动，渐渐进入文本情境，似乎每个句子都值得品一品，都需要嚼一嚼。

一名学生上挂下联“说真的，弄点儿吃的不容易啊！有时候等了半夜，也不见鱼上钩。为了弄一点儿鱼饵，我翻了多少草皮也找不到一条蚯蚓……还有，我的眼睛坏了，一到夜里，找野菜就得一棵一棵地摸……”与“第二天，他总能端着热气腾腾的鲜鱼野菜汤给我们吃”。这两个句子相对比，深深体会到老班长为我们找东西吃的不易与艰辛，对老班长无私忘我的精神有了更深入的了解。

见学生情绪被调动起来后，为了实现长文短教，节省时间，我要求学生“捕捉下文中最令自己感动的语句读出来”。

学生读道“……泪珠大颗大颗地落在热气腾腾的鱼汤里……大口大口地咽着鱼汤”，小何感慨道：“我在大口大口吞咽着老班长用了大半夜时间钓来的鱼，一颗一颗地摸才找到的野菜熬成的汤时，真是难以下咽啊！我猜想，他眼前一定浮现出了老班长‘嚼着几根草根和我们吃剩的鱼骨头，嚼了一会儿，就皱紧眉头硬咽下去。’的情景，这可是老班长费尽心力找到的一点点食物啊！可他却舍不得吃一口，全给了我们三个小战士。这用老班长浓浓的情、深深的爱，用他的心血与生命熬出的汤，我怎么咽得下去呢！”

“是啊，这是一份沉甸甸的情啊！”小清禁不住说道。

学生越说越激动，越说越动情。“‘怎么了，吃不下？要是不吃，咱们就走不出这草地。同志们，为了革命，你们必须吃下去。’看，他牢记自己的责任，时刻想着让三个小战士走出草地。从‘必须’我可以看出，吃下这鱼汤已经不是他们自己的事，而是为了革命非吃不可。这是一项任务啊！”

“这就是老班长，一个为了革命置自己于不顾的人！”小远说。

这时，再回头看“舍己为人”、“忠于革命”，学生对这些词的理解更到位，实现了真正意义上的理解词语。

此刻，不仅我，我发现所有学生都面色凝重，甚至有些学生已是热泪盈眶。我相信，他们和我一样，被老班长那颗对革命的忠心，对战友的爱心，对任务的责任心深深打动了……

当学生读到“当我俯下身子，把鱼汤送到老班长嘴边的时候，老班长已经奄奄一息了。他微微地睁开眼睛，看见我端着的鱼汤，头一句话就说：‘小梁，别浪费东西了。我……我不行啦。你们吃吧！还有二十多里路，吃完了，一定要走出草地去！’”时，老班长崇高、光辉的感人形象已深深铭刻在学生心里。

“同学们，你们看，鱼汤就在老班长嘴边，也许他喝了就能活下去，可老班长头一句话却说：‘别浪费东西了。’给我们吃是应该的，给自己吃却叫‘浪费东西’，在他心中，哪有一点儿自己的位置啊？”小辰激动地说。

“‘你们吃吧！还有二十多里路，吃完了，一定要走出草地去！’临终之际，还在鼓励我们，还想着自己的任务，老班长就是这样一个无私忘我的人啊！”小清补充说。

“在他心中，只有他人，没有自己。他为了让我们这几个革命的有生力量活着走出草地，献出了自己宝贵的生命！”……

发言继续着，我的心情也越发激荡。“本单元主题是‘英雄’，同学们，学习了这个发生在长征途中的感人故事，你对‘英雄’一词有什么新的认识吗？”

“我认为‘英雄’就是平凡人做出了不平凡的事。”小蒋说。

“是这样的，还能说得更具体、实在些吗？”

“‘英雄’就是一个平常人做出了常人所无法做到的事。”小博补充说。

“就是只知付出，不求回报。”

“就是燃烧自己，照亮他人，拥有燃烧的心，为了帮助他人而奉献出自己的生命的心……”

“就是甘于奉献、乐于奉献……”

“是啊，英雄不一定有光鲜亮丽的外表，但一定有一颗无私忘我的真心！长征路上，有多少像老班长一样默默无闻、舍己为人的英雄啊！我们甚至连他们的名字都不知道……”我受学生的启示有感而发。

“他们都是无名英雄！”学生小旗喊道。

“什么是伟大？这些无名英雄就是最伟大的！”小时激动地说。

“是的，虽然我们不知道他们的姓名，但这些无名英雄就像是一座座丰碑，永远铭刻在我们心中！他们的精神永垂不朽！”小陶说出了内心的肺腑之言。

学生接二连三地发表着自己的见解，越说越实在，越说越动情。

“同学们，你们想一想，为什么课文要以‘金色的鱼钩’命题？”我适时抛出了这个问题。

“我觉得课文之所以以‘金色的鱼钩’命题，是因为这长满红锈的鱼钩后面，有一个感人至深的故事，这个故事的背后有一位可亲可敬、舍己为人的老班长，老班长身上有一颗至善至美、无私忘我的火热的心……”小汪控制不住激动的心情，抢着表达自己的心声。同学们都对他投来赞许的目光。

“因为这个长满红锈的鱼钩上附着着老班长一心为他人着想的伟大精神，这精神像金子一样闪闪发光……”小召补充说道。

……

直至下课，没有学生愿意停止述说，学生们已经全身心投入到文章情境中，已经被这个感人的故事深深吸引，已经被这位不知名的老班长深深打动……学生们说着，读着，感动着……许久许久不愿下课。

就是这样一篇对于现在的学生而言很陌生的文章，很不可思议的故事，居然如此强烈地打动了他们，感动着他们。不，是感动着我们课堂上的每一个人！我相信，现在在学生心中，英雄再也不是口号、标签，他更是一篇篇文章中认识的人物，更是一个个有血有肉的真实形象。如果说过去学生对“英雄”的认识是雾里看花，那么，经过这节课的洗礼，学生一定懂得了“英雄”的真正含义——不求轰轰烈烈，但求实实在在；不求名垂千古，但求问心无愧！

实例11　小荷才露尖尖角

今天，在学习《绿色千岛湖》时，两位学生走上讲台，当起了同学们的小老师。

其一：周周

读到“所谓‘千岛’可不是夸张……还有的因名胜古迹而闻名遐迩”一段时，周周小朋友适时展示出自己搜集的图片资料，走上台来，将自己的图片张贴在黑板上，手指图片说道：“同学们，你们看，这是我查阅的千岛湖的图片，这千岛湖真是岛屿众多，有的像猴子，有的像骆驼，有的像大树……真是形状各异啊！”随即，他又手指板书说：“这难道不是人类的聪明才智与自然的鬼斧神工的巧妙结合吗？”多精彩的发言啊！令同学们由衷叹服。将课外资料、独到见解、语言文字及板书精华融为一体，难道不是活学活用、会学会用的典范吗？学生的创造力是无穷的，学生的才华是隐性的，一旦激发起学生的智慧，那创造的火花是最亮的！

其二：英辰

英辰同学更是会用心学习的孩子。当同学们游览过自己最喜欢的岛屿后，英辰说话了：“我知道了作者为什么这么安排写作顺序了。你瞧，千岛湖之旅你先来到猴岛，有活泼的小猴子来招待你，向你问好，多开心啊！再往前走，就到了蛇岛，在这里我们观看了惊险刺激的蛇斗，真令人心有余悸。经历了这个惊心动魄的蛇之旅后，下一站就是令人心情放松的清心岛。一来到这里，刚才的紧张感和尖叫声顿时烟消云散，可以和可爱的梅花鹿零距离接触，感受人与动物的美妙。之后，我们又来到了桂花岛。漫步在秋天的桂花岛上，抬头望天，是蓝的，左右看树，是绿的，树上的桂花，是红的。再低头一看，啊，路上铺满了飘落的桂花，风一吹，花瓣在空中翩翩起舞，真美啊！最后一站自然是鱼跃千岛湖了。游了半天，你的肚子一定‘咕咕’地叫了，这时草鱼、鲢鱼、鲫鱼任你选，品尝着美味，观赏着美景，多惬意啊！这真是一次美妙的千岛湖之旅啊！”

看，课堂真的是孩子们学习的乐园，快乐的学堂。小手高高举起，话语滔滔不绝，精彩纷纷呈现，大圣道："这就是一个令人心驰神往的地方!"大胖说："这是人与动物和谐相处的快乐家园!""这里风景如画，湖上有岛，岛上有树，树上有猴，这是一幅人与动物和谐相处的美好画卷!""这千岛湖不光外表美，心里也挺美，极大地推动了当地经济的发展。""真是一个千岛湖，造福千万家!""给人们带来了绿色好心情。""人们的生活是蒸蒸日上，芝麻开花节节高，这多亏了千岛湖啊!""如果说水是人体的体温调节器，那么新安江水电站就是当地经济发展的推动器。""人与自然强强联手，共同创造了这绿色的奇迹!""千岛湖，绿色的湖，希望的湖，充满了蓬勃生机的湖!"……

这些语言全是学生课上读中感悟迸发出来的智慧的火花，这是学生自主学的体现，这是学生创新学的尝试。"小荷才露尖尖角"，这尖尖的小角是多么令我欣慰啊！学生敢于走上台前的那一刻，我知道，自己的努力没有白费，学生们已经超越了自己，向前跨越了一大步。

实例12　开放的课堂　飞扬的歌声

在一些人眼中，语文课堂就应该是规规矩矩、一板一眼的，因为那是严肃的地方。可我始终觉得，激发学生的兴趣、激活学生的思维，将语文课上成集各学科于一体的语文艺术课，才会真正使儿童的天性在课堂上展现，敢想、敢说、敢唱、敢做，不拘泥于死板的文字中，不制约在严肃的氛围里。将文字演活，将情感唱响，在深入品读的基础上，释放学生的思维，释放学生的情感，解放学生被禁锢的思想和言行，是语文课最需要的。

语文是一门艺术，艺术需要创造。在语文的课堂上，一旦解放了学生的手、口、脑、心……学生间会碰撞出最具智慧的火花，思维的灵感、语言的创造可以在瞬间被启发，表达的形式可以在刹那间实现。琅琅的读书声、激昂的歌曲声、生动的表演情、由衷的智慧语交汇成一幅热烈的学习场面。真挚的情感被调动，久违的歌声被唱响，课堂成了学生自我教育、相互启发、共同提升的实践的学堂……

在这里，经典的话语被创造——

《养花》

我劳动，我收获，我快乐！

养花事虽小，蕴含的道理可不少。——赵英辰

爱花的老舍心甘情愿地当起了“护花使者”！——陶江蒙

任风雨来袭，我自抢救花草。——蒋嘉琦

《山中杂记》

心有灵犀，不点即通。——张思远

不管是黑猫白猫，只要是冰心笔下的猫就是好猫。——温文

不仅是小鸟依人，小虫也依人呢！——王妍清

冰心给予一切生命生的权利，活的余地。——于松伟

冰心的爱是没有死角的爱。——赵英辰

我不知道动物受我的照顾感谢我不感谢，我可得感谢它们。是它们使我枯燥的休养生活变得有滋有味，是它们在我身体不适时，带给我无限乐趣。——汪孝然

《长城赞》

长城不仅是中国的骄傲，还是世界的瑰宝。——赵英辰

龙的传人用骨子里那股龙的精神向世人展现出了一条真正的东方巨龙。——张思远

长城在飞舞，舞出了华夏儿女的气魄，舞出了炎黄子孙的精神。——赵英辰

这不仅仅是长城的赞歌，更是一个民族的赞歌。

长城是奇迹，背后的血汗辛勤更是永不可被磨灭的不朽传奇！——崔梦琦

上至将军统帅，下至黎民百姓，全民动工，波及面多广啊！——王妍清

《我站在铁索桥上》

梨花在飞扬，将那史诗般的历史传唱；国旗在飘扬，昭示着我们前进的方向。——陶江蒙

不要让战士们的生命变得廉价。——周天翔

这哪里是索桥，简直就是“索命桥”啊！——林昌润

在这英雄的土地上，我要高声歌唱，将英雄的事迹传扬。

——何桑柔

《可爱的中国》

要么当一条龙，纵情驰骋于天；要么当一只虫，苟延残喘于地。

——陶江蒙

不在沉默中爆发，就在沉默中死去。

牺牲了一个方志敏，唤醒了千万中国心。——赵英辰

方志敏要激发在这片华夏土地上的华夏儿女的华夏精神。

——王昭宇

……

开放的课堂，学生作为学习的主人，任思维纵情驰骋，任智慧相互碰撞，经典的话语时时迸发，智慧的火花屡屡绽放。

在这里，铿锵的歌声被传唱——

《山中杂记》

当学生品读到冰心怕猫的语句“我想推它，又怕它抓我，那几天我心里难过，因此愈加焦躁。幸而护士不久便进来！我皱眉叫她抱出这小猫去。”时，小于同学发言道：“我想，此刻冰心一定在想：‘走吧，走吧……’”她边说边唱，深情大方的模样逗得我们大家哈哈大笑。笑声未落，小胖补充唱道：“护士，你快回来，我一人承受不来。你快回来……”多么惟妙惟肖的歌声，无须过多语言，学生在寓教于乐中，深深体会到了冰心对猫的畏惧。与后文“渐渐地也爱它了”形成强烈对比。

《长城赞》

学生被“黎庶百工，费尽移山心力，修筑此伟大工程”深深感动，为“起伏奔腾，飞舞盘旋的壮丽奇观”深感折服，不禁改编了《五星红旗》一歌，“五星红旗，我为你骄傲，万里长城，我为你自豪！……”一时间，课堂上唱响了豪迈的歌声，为历史遗迹而自豪的情感洋溢在每个学生的心头。

《我站在铁索桥上》

这首现代诗歌勾起了学生对往事的想象，自然融入的《飞夺泸定

桥》的情景介绍，使学生对红军战士的大无畏精神感同身受，情不自禁背诵起毛泽东的《长征》。学生们被红军战士舍生忘死的坚强斗志所震撼，当读到“当年激烈的战场，如今成了孩子们的课堂；勇士们洒过鲜血的地方，满树的梨花正在开放……在这英雄的土地上，我要高声歌唱!”时，赵八哥对同学们说道：“作者要歌唱那些抛头颅，洒热血的烈士，要歌唱英勇无畏的红军，要歌唱我们伟大的祖国。大家跟我一起唱：‘五星红旗迎风飘扬，胜利歌声多么响亮！歌唱我们亲爱的祖国，从今走向繁荣富强……’”尽管五音不全，没有学生嘲笑，同学们在他的带领下，唱响了激昂的旋律。

《可爱的中国》

学生们被方志敏在狱中写下的这篇文章深深感动着，想起了聂耳作曲，田汉作词的《义勇军进行曲》，他们深深地体会到音乐家用歌声唤醒中华儿女的斗志，作家用文字点燃全国民众的豪情。他们为了新中国的解放不惜抛头颅，洒热血，这种精神教育并感染着每一个人。小汪深情地说：“我现在终于知道为什么我们的国歌叫《义勇军进行曲》了，这是为勇士们唱的一首赞歌，‘起来，不愿做奴隶的人们，把我们的血肉筑成我们新的长城，中华民族到了最危险的时候，每个人被迫着发出最后的吼声：起来，起来，起来，我们万众一心，冒着敌人的炮火，前进，冒着敌人的炮火，前进，前进，前进进！’”顷刻间，教室的每个角落都回荡着雄壮的国歌声，唱得比以往任何时候都更豪迈，更严肃，更激情！学生们真正懂得了《义勇军进行曲》的含义，不再只是升旗仪式上的一种形式，更是一种发自内心的呐喊，喊出了对英雄的崇敬，对烈士的敬仰！

课堂上传来的阵阵歌声，一方面活跃了课堂氛围；另一方面彰显出学生的理解。这歌声唱响于学生的心灵深处，这歌声教育感染着身边的每一个人。学生将文字内化于心中，让歌声释放出感悟，这是深入学生心灵的学习，这是源自学生内心的感动！

2."活"起来的作业

课外作业是课堂教学的延伸，它有助于学生更深刻地理解教材、巩固知识，全方位、多角度地涉猎与课文内容有关的知识。课外作业是学生全面提高能力的有效途径。

教学中，我尝试从作业内容、作业形式上进行变革——针对高年级学生特点，淡化生字词、抄书等项固有作业，强调作业中的求异、创新，将作业由过去"一刀切"局面变为多层面展开，且具可选性。让头脑灵活而又勤于动手的孩子，创造性地做一些具有一定难度，但又通过认真思考可解决的作业。如加入心理活动、理解句子、学文一得等，给他们以口头表扬或利用代币制进行精神上的奖励，使其从作业中获得更多的自信。

既具思考性又可体现能力水平的作业颇受乐学、会学的学生欢迎，因为他们可在作业中发散思维，将课上没说透的内容在作业中充分体现，培养了他们爱钻、乐钻，深入细致的学习作风。对于那些头脑反应相应较慢，缺少良好学习习惯的学生，也可在创新作业中发挥自己的才智，做一些对其而言既不过难，无从下手，又不很易，索然无味的作业，如从文中选一些词语搭配、近反义词、造句等内容。这种自创作业潜移默化地令学生掌握了知识，发展了思维。老师对其中肯、实在的鼓励也激发了他们的上进心，日积月累，在其能力许可的范围内发展着、提高着。

分层次留作业给了学生很大的自选空间，满足了不同层次学生的需求，令传统单调、枯燥重复的作业焕发了生机。瞧，学生在作业题目设计上都别有新意"审题凉亭"、"词句麻辣烫"、"预习俱乐部"、"课文精品廊"……这些作业集趣味性、知识性、开放性、创新性于一体，注重学生主体作用的发挥，使学生课堂的自主学、主动学、创新学在作业中能动地体现出来。

德国教育家芭斯多惠说：“教学的艺术在于激励、唤醒和鼓舞。”可见，兴趣是学习的动力，它能激发求知的欲望，促进思维的活跃，保持学习的持久。迎合学生兴趣，抓住学生的心理需求设计不同形式、不同内容的作业，既有利于调动学生完成作业的积极性，又在作业中发挥了学生的特长，更是学生依据个性化的理解对课文内容深层次的挖掘、领悟，可谓一举三得。

教学活动中，我根据教材特点，结合不同学生的实际情况，下放了留作业的权利，学生可自选、自定作业内容。作业一经开放，形式便多种多样，诗歌、绘画、歌曲、散文、快板、三句半、宝塔诗、对联等形式，电脑、录音机等手段全用上了，学习能力得到全面发展。

【诗歌】

无声世界的精彩

——《千手观音》观后感

六年级1班　谢若媛

男：这是春节晚会上的一个非同寻常的节目，

女：这是一个震惊全国，不足6分钟的舞蹈，

齐：也是一个在雅典残奥会闭幕式上，震撼全世界的心灵之舞！

男：这21位眉清目秀的舞者不是常人，

女：他们生活在一个寂静无声的世界里，

齐：就是他们创造出奇迹！舞出了如梦如幻的《千手观音》！

男：他们不能言语，

女：更听不见声音，

齐：只是靠着指导老师的手语来学，

女：来练，

男：来动，

女：来舞，

齐：舞出了令人叹为观止的世界。

男：每一个动作，

女：每一个细节，

男：都令人不忍错过，

女：都令人铭刻在心。

男；抬起手，状如孔雀开屏，流光闪烁，

女：放下手，好似金蛇飞舞，参差错落！

男：就是我们常人做这些动作，也难以如此精彩绝伦！

女：可想而知，排练时有多么艰苦！

齐：这一舞蹈，是她们汗水的结晶！

男：短短的6分钟，

女：亿万人落热泪。

男：多少热泪盈眶的人们给你们最热烈的掌声，

女：你们却听不到，这是我们最大的遗憾。

齐：是你们，点亮了所有残疾人内心的欢乐之灯；

是你们，教会了我们“天生我材必有用”；

是你们，给我们带来心灵巨大的震撼。

你们就是那降临人间的圣洁完美的千手观音！

夜莺之歌

英雄夜莺真是棒，

你的赞歌我来唱。

里应外合共歼敌，

打得敌人直尿炕。

爱国之情胸中燃，

立志当个“传递员”。

发愤图强努力干，

保家卫国勇当先。

多彩千岛湖

学习《绿色千岛湖》后创作

五(2)班　吴雪君

千岛湖，绿色环保，
众岛屿，各自奥妙，
猴子岛，妙趣横生，
五龙岛，惊险奇妙，
清心岛，了无烦恼，
桂花岛，香气缭绕。
……
千岛湖，
人工胜天工，
美丽赛西湖。

我愿……

张雪筠

我喜欢在宁静的、万籁俱寂的夜晚，
独自一人在阳台上，
仰望那漆黑的天幕，
看天空中一闪一闪的繁星……

你看——
那星像是正在冲我眨眼睛！
“一闪一闪亮晶晶，满天都是小星星……”
这迷人的歌声
回荡在我脑海中。

啊，我愿变作那默默无闻的星，
用我微弱的光点缀浩瀚的苍穹，
给人们带去点点光明。

过年

狄佟伟

新的一年又来到，
中国人民真骄傲。
金猴来了蹦蹦跳，
家家户户有欢笑。
爷爷奶奶把嗑唠，
顽皮小孩大声叫。
妈妈买顶新棉帽，
爸爸买回大鞭炮。
大家都把福来要，
欢天喜地好热闹！

一个这样的老师

王思清

勤奋学习会思考，
汲取知识要动脑。
勇于探索不畏难，
实践才出真知道。

一个这样的老师

金舒涵

有位这样的老师，
教我质疑勇求实。
敢于发问不盲从，
探索途中获真知。

一个这样的老师

周瀚洋

努力学习多动脑，

接纳知识需思考。
崇尚科学勇探索，
理解分析成绩高。

一个这样的老师

葛睿思

怀疑主义就是好，
上课发言勤思考。
勤奋学习爱动脑，
学会质疑最重要。

蝶恋花·答李淑一

周瀚洋

革命先烈精神存，
英雄事迹震昆仑。
万里长江浪滚滚，
沉痛哀思雨倾盆。
两位英烈上天堂，
伟大精神放光芒。
努力学习斗志昂，
共同奋斗创辉煌。

我们上路了

葛睿思

人生之路坎坷崎岖，
面对困难决不畏惧，
面对挫折毫不在意，
面对坎坷永不放弃，
面对曲折学会独立。
难关险阻拿出勇气，

蹒跚学步有份毅力，
勇往直前劈荆斩棘。

大自然的秘密

周瀚洋

大自然中有规则，
从天到地全包括。
若问规则是什么，
人类莫要去干涉。

大自然的秘密

陈雨菲

好心好意救幼龟，
自作聪明真可悲。
刻意干涉太不对，
事实总是与愿违。

动物植物有法则，
遇到灾难能应对。
自然人类和谐美，
快乐共存得祥瑞。

如梦令·不忘小抄写员

陈雨菲

半夜偷把活干，
白天疲惫不堪。
家庭责任担，
父亲责骂难堪。
纠结，纠结，
干好事不心安。

再见了，美丽的童年

金舒涵

同学们，再见，
我们曾经懵懂的笑脸，
曾经天真的诺言，
全部定格在昨天。
老师们，再见，
曾经您悉心的教诲，
我无知的眼泪，
依然令人沉醉。

校园啊，再见，
那铺洒一地的阳光，
那充满欢笑的走廊，
时刻温暖我的心房。

童年啊，再见，
你留给我的一点一滴，
你教会我的处世真理，
我将永远铭记。

青春，永恒的美丽！
永远留恋，美好童年。

走吧

吴宜珊

走吧走吧，
我们该告别童年，
离开襁褓了，
我们该自己去行走，
自己去探索了，
是啊，人总要学会自己长大！

走吧走吧，
虽然我们只是刚展翅的鸟，
但已学会飞翔，
尽管我们只是才点亮的灯，
但已发出光芒，
快啊，让我们光芒更亮，
让我们飞向远方！

远方的路可能还很长很长，
但是我们不怕辛苦不怕累！
远方的路可能会曲曲折折，
但是我们不畏艰辛向前进！

可能狂风暴雨就在今天夜里，
可能电闪雷鸣就在明天早晨，
但是，不论在什么时候，
不论风多大，雨多猛，
我们都时刻准备着，
迎接艰难遇险阻！

阳光总在风雨后，
不经历风雨，何以见彩虹？
成功总要有付出，
不经过耕耘，哪能有收获？

走吧走吧，
人生不售返程车票；
走吧走吧，
泼出去的水覆水难收。

走吧走吧，
我们一起去看夕阳无限好，

我们一起去赏花儿朵朵开，
看，前面有相思鸟，
前面有金孔雀。

走吧，
走吧，
人总要学会自己长大！

【对联】

《山中杂记》

上联：斑白骏马高大俏

下联：快乐小鸟玲珑娇

横批：其乐融融

《四时田园杂兴》

上联：大人日夜不歇耕耘种田丰收喜满面

下联：小孩连玩带学钻研读书获益笑开颜

横批：劳动之乐

《长城赞》

上联：历史悠久凝聚智慧穿越上下两千年

下联：景色壮美承载心血纵横大地十万里

横批：长城赞

《长城赞》

上联：上下两千年走过风风雨雨用头脑修筑此伟大工程

下联：纵横十万里闯过重重难关用血汗换来这宏伟长城

横批：劳动辛苦

《长城赞》

上联：伟大工程巍峨雄伟上下两千年

下联：长龙烽垛玉带明珠纵横十万里

横批：赞长城

《当代神农氏》

上联：目睹百姓忍饥挨饿暗下决心驱恶魔

下联：无视学者空谈怪论苦受艰辛得硕果

横批：当代神农氏

《大自然的秘密》

上联：自然之道不可侵

下联：生存法则不可违

横批：爱护自然

《索桥的故事》

上联：聪明智慧造索桥让人们感到便利

下联：不计前嫌编绳索给百姓带来安全

横批：何公何母

《你，浪花的一滴水》

上联：永不停歇做好事全心全意为人民服务

下联：无私奉献当好人一心一意替百姓着想

横批：雷锋赞

我们的班级

上联：课上发言精彩智慧绽放

下联：课下作业才华横溢独创

横批：六(4)奇迹

运动赛场

上联：教室里　人人专心听讲上课热火朝天

下联：操场上　个个认真做操运动如火如荼

横批：始终如一

5 教育的创造力从哪儿来?

教育的创造力从哪儿来?

从课堂中来,从学生中来,从细节中来,从品读中来,从感情中来,从心灵中来。

1. 深深地感谢

《理想的风筝》一课学生有感而发，我从课上学生的表现深深地感受到同学们对刘老师的敬爱。原以为课文深奥学生不会很喜欢，可在教学中我却发现，学生对刘老师的爱很深、很深……

笑谈残疾——学生会对比谈刘老师的乐观向上："一般残疾人比较自卑、自闭，忌讳谈自身残疾，可刘老师却拿自己的残疾开玩笑，逗大家一乐，这是怎样一种乐观豁达的态度啊！"笑过之余，同学们深切感受到刘老师是勇于面对自身残疾的坚强的人。

上历史课——学生用自身行为与刘老师进行比较："昨天，我们在楼下练了 40 分钟队列就腰酸腿疼站不住了，而刘老师只靠一条腿，一根拐，一站就是几个小时，他难道不是一个爱岗敬业的人吗？"看，刘老师就是这样深入人心了，不只是在苏叔阳心中埋下了理想的种子，也在我们的学生中树立起闪光的形象。

课堂提问——学生由此及彼，由刘老师的神态、动作想到李老师："课上李老师也是那么微闭双眼，细心聆听学生的发言。还记得陈哲不敢发言，站起来不敢开口，其他同学要代替他发言，可李老师却关注地瞪大眼睛，望着陈哲，仿佛在说：'勇敢点儿，你能行！'这情景实在是太相像了！""所以，我觉得每一位成功学生的背后都有一位关爱学生的极好的老师！"小然感慨地说。看，学生不光读懂了刘老师，还用心感受着李老师的爱。

放飞风筝——学生尤其对"刘老师笑着、叫着，喊着：'你们不要管，我自己来。'"更有感触。"刘老师他是个残疾人，但他笑对生活，做正常人做的事。他根本没把自己当作身有残疾的人，而是像健全人一样从生活中获得快乐。他不依赖任何人，而是自己来，我觉得他是在享受快乐的过程呢。”“刘老师的行为印证了知心姐姐卢勤说的一句话‘告诉世界，我能行！’”小毕发自内心地说。“刘老师就是这样一个自强不息、身残志坚的人。”小燕补充道。

瞧，学生的确是在用心走入刘老师的心灵世界，感受刘老师的人格魅力。有了品悟文字的铺垫，学生对“用那双写了无数个粉笔字的手，放起一架又一架理想的风筝。”一句理解就更深刻了。

当谈到“刘老师啊，你在哪里？我深深地、深深地思念你……”时，学生动情了，动心了。小苗说：“我深深地、深深地感谢您！感恩的心，感谢有你，伴我一生，让我有勇气做我自己。刘老师，您在我的心中播下了坚强之种、乐观之种。刘老师，您永远、永远在我心中。”

一篇文章不是读过了解就可以了，而是该像这样入情、入境、入心。学他人事，抒自身情，在对文本的挖掘中，在对文字的驾驭中，思想受熏陶，情感被涤荡。

现将学生的学后感摘录如下：(毕效瑜)

他不喜欢笔试，却喜欢在课堂上当众提问同学，让同学们述说自己的学习心得。我记得清楚极了，倘若同学回答得正确、深刻，他便静静地立在教室一侧，微仰着头，眯起眼睛，细细地听，仿佛在品味一首美妙的乐曲。然后，又好像从沉醉中醒来，长舒一口气，满意地在记分册上写下分数，亲切、大声地说：“好！五分！”倘若有的同学回答得不好，他吃惊地瞪大眼睛，关切地瞧着同学，一边细声说：“别紧张，想想，想想，再好好想想。”一边不住地点头，好像那每一次点头都给学生一次启发。这时候，他比考试的学生还要紧张。这情景，已经过去了将近三十年了，今天想起来，依旧那么清晰，那么亲切。

自打第一次读这篇文，我就有一种亲切、熟悉的感觉，也许是我的数学老师也是“刘老师”，也是那样的风趣，让枯燥无味的数学课上得诙谐与幽默。但总觉得，不光如此……

夜，如此的静……静坐在窗台上，感受着夜风的洗礼。虽然风有些凉，但毫无睡意的我却丝毫没有感觉。借着皎洁的月光，我又一次捧起这架“风筝”，细细地品味着，思索着，回忆着：是谁呢？这么熟悉。一个人影模模糊糊的，一直在我眼前，就像放老电影那样。焦急之中的我想起李老师的话：“只要你仔细地读课文，就一定能把文章读透。”隐隐感觉：是老师！不是刘老师，这是什么课？熟悉的教室，熟悉的老师，可您是谁呢？满是疑惑的我低声读着：“……他便静静地立在教室一侧，微仰着头，眯起眼睛，细细地听……他就吃惊地瞪大眼睛，关切地瞧着同学，一边细声说……一边不住地点头……”突然，我好像触电了一般，记忆被夜风胡乱翻着，突然瞄到那页上的李老师正眯着眼，微仰着头，十分享受地听着魏萧雅堪称经典的发言；又是一页，第一次发言的陈哲刚想开口，却被苗硕和刘铭欣一下子夺去了机会。李老师三言两语和几个手势制止了他俩，又瞪大了明镜似的，满是关切的双眼，好像那直截了当的眼神传递着勇气，为陈哲鼓着劲儿。陈哲吞吞吐吐地说对几个字，老师都肯定地点下头；陈哲断断续续地吐出半句话，老师的脸上就多了几分笑容；陈哲磕磕绊绊地完成了第一次发言，李老师就激动地大声说：“好！表扬！”(大概是这意思，记不太清了。)此时，我们也为陈哲“零”的突破鼓起了掌。那模糊的“老电影”也渐渐清楚起来，是啊！就是李老师！眯着眼，欣赏且欣慰地听着同学们一语中的的精彩发言；瞪着眼，吃惊并安慰地望着因紧张而口齿不清的同学们……怪不得，常常见李老师在语文课上以这些“神情语言”与我们交流，这些都已深深地存留在我的潜意识当中了……

第二天，我将想法与某位同学交流，看来我们皆是有心者，英雄所见略同啊！而且，历届李老师的学生也同是“英雄”呢！

老师们的好多地方，都很像。这里像我们风趣幽默的刘老师；那里又像我们亲切严格的李老师。怪不得，这么熟悉……是啊，我能不熟悉么？这些都早已深深地烙在了心扉上，深深地刻在了回忆中……

随着时光的飞逝，记忆中的斑斓总会消失，但只有这份回忆永远不会褪色……

2. 是触动　是感动

《我看见了大海》是一篇感人至深的文章，每教一次，都令自己的心灵涤荡，令自己被深深感动。感动我的不光是文章内容、继父形象，还是学生们的用心感受。生活在蜜罐中的这些学生，他们通过对文本的把握，对文字的品悟，能受触动，被感动，进而在想象性的续写中感动人，真是令我倍感欣慰，这难道不正是作者的创作意图吗？

每每品悟文字，读到伯父的语言时；每每动情朗读，读到河子的成长时，无论是我还是学生，都会泪眼蒙眬。真的，当学生读到"当我穿行于闹市时，当我熟练地做着家务时，当我受到邻居的委托替她照看孩子，从而每月从她那里得到四十元的生活费时，我突然明白了继父的'看海'的意义。"一段时，大家心潮澎湃。他们联系自身生活实际，真正感受到继父的爱如江河般悠远，如大海般浩瀚，如天空般博大……继父虽然是平凡的，但此刻他在学生心目中是伟大的，他的无私，他的热爱令河子长大了，自立了，成为了人生路上的强者；他的忘我，他的质朴，令学生情动了，心动了，人动了。听，学生用"继父的爱简直就比山高，似海深啊！"来表达内心的那份感动。只有真情会换来真情，只有感动能赢得感动。学生是真的被继父那深远、忘我的爱打动了。

在对文章的想象扩写中，学生如是说：

生1："伯伯，我看见了大海，真的，我看见了我心中的大海，那就是您，您拥有如大海般博大的胸怀；如大海般浩瀚的慈爱；如大海般无私的奉献。我看见了人生中的大海，那就是生活。生活犹如大海般充满神秘；犹如大海般充满幻想；犹如大海般充满挑战；犹如大海般广阔无边……"

生2："伯伯，我看见了大海，真的，我看见了自己像正常人一样投身于社会这片海，像鱼儿一样的自由穿梭；我看见了自己飞向了精彩世界的天空，像鸟儿一样展翅翱翔。我拥有的不只是一方天空，与我相伴的不仅仅是一群转瞬即逝的飞鸟。我不再把自己囚禁在'鸟笼'里，我不再为自己的身材感到自卑，我已经学会了自力更生，已经能够在自信的海洋中乘风破浪，已经能够撑起自己的一片天空。"

生3："伯伯，我看见了大海，真的，我看见了川流不息的人海，让我知道外面的世界很精彩；我看见了博大浩瀚的心海，让我感受到继父对我的真情在。您知道吗？我已经可以滴自己的汗，吃自己的饭，养自己的命了……"

生4："伯伯，我看见了大海，真的，我看见了……那海是浩瀚的，是沉默的，是一望无际的……几年前，是您把我领出了那已经囚禁了我八年的小院——那个叫做'家'的地方；几年前，是您让我结识了一群孩子——那些被称做'朋友'的人；几年前，是您给我讲了那个永远也讲不完的故事——那个叫做'海'的地方……如果不是您拖着病病歪歪的身子，成天带我去这儿去那儿，鼓励我独自进商店买东西，我怎么会从容不迫地穿行于闹市？如果不是您让我每天做一件对我来说难度较大的家务活儿，我怎么会熟练地操作家务？如果不是您那一句大声的'河子，抬起头，别害怕！'我怎么会在以后的生活中能够独当一面，面对不信任与讥讽的眼光呢？如果不是……"

学生例文（于涵）——

有无数次，我站在继父的遗像前，悄声对他说：

"伯伯，我看见了大海，真的，我看见了……那'海'，是浩瀚的，是沉默的，那'海'是一望无际的。

几年前，是您把我领出了那已囚禁了我八年的小院——那个叫做"家"的地方；几年前，是您让我结识了一群孩子——那些被称为"朋友"的人；几年前，是您给我讲了那个永远也将不完的故事——那个叫做"海"的地方……伯伯常说："去外面看看吧，河子，外面有好多好玩的东西。""外面的世界很精彩。"外面的世界很精彩？妈妈说对于我这个身体畸形的女孩子而言，外面永远是一个陌生的世界。那时的我是无论如何也想不到一个自卑的畸形女孩会变成自信的正常人。

如果不是您拖着病病歪歪的身子，成天带我去这儿去那儿，鼓励我独自进商店买东西，我怎么会从容不迫地穿行于闹市？如果不是您让我每天要做一件对我来说难度较大的家务活，我怎么会熟练地做家务？如果不是您那一句大声的："河子，抬起头，别害怕！"我怎么会在以后的生活中能够独自处理一切，面对怀疑和讥讽的眼光呢？如果不是……

正是伯父您的一言一行影响了我，才使我这个自卑的女孩儿走出残疾的阴影，昂起自信的头去迎接明天的曙光，让我真正成为了生活中的强者！

……有无数次，我站在继父的遗像前，一次又一次喃喃地说："亲爱的伯伯，我看见了大海，真的，我看见了……"

瞧，学生们在作业中尽情书写着对继父的敬佩与热爱，继父的感人形象早已深入到学生心中，流泻于笔端的是一份灵动，一份触动，一份感动……

3. 友谊花开不败

“丽莎这朵玫瑰花虽然凋谢了，但是一朵比玫瑰花还要艳丽的友谊之花却悄然绽放在每个人心间……”这是学生在学习《黑孩子罗伯特》一文后感受到的。

这是一篇极富情感色彩的文章。当学生的情商提高后，他们对需要拥有丰富的情感才能更深入理解内涵的文本就不再畏惧，相反，他们借助文本来表达内心对美好的渴望，对真善美的追求。

文中最令学生感动的是对黑孩子家境的描写。在品读中，学生抓住“他讨厌那满地乱跑的老鼠，他讨厌那冲鼻的霉臭……”中的重点词语，体会到种族歧视现象的严重，白人住的是天堂，黑人待的是地狱，一种愤愤不平的情感油然而生。再结合文中罗伯特受到的奚落、白眼，进一步体会到黑人生存的不易。有了这样的情感基础，为深入挖掘人物至真、至善、至美的形象做好了坚实的情感铺垫。

在随后对小罗伯特捐助丽莎情节的品读中，学生巧妙地联系上下文，体会到尽管白人孩子丽莎处处奚落小罗伯特，可在小罗伯特心中，丽莎却是一朵美丽的玫瑰花。这鲜明的对比，触动了学生。在对文字的“咀嚼”中，学生感受到小罗伯特对战斗机模型的痴迷，攒“血汗钱”的不易，而他全部掏出给丽莎治病的举动再一次深深打动了每一个学生，他们被小罗伯特美好、善良的心灵深深打动了。那一刻，我相信在每个孩子的心中，都盛开着一朵最圣洁的友谊花。文本用它最质朴的语言，撩拨着学生们幼小的心田，使他们明事理、知是非。

看，在作业中，学生完成了这样一个“语言文字背后是作者的思想和情怀”的题目。现摘录其中语句如下：

一个五年级的孩子有这样高尚的情操、这样坚毅的心灵，我们堕落的理由又在哪里?

小罗伯特毅然决然地捧出了自己一颗热忱的心，献出了自己一份微薄的力。

一朵美丽的玫瑰花枯萎了，但在所有人的心里，一朵圣洁的友谊之花却悄然无息地绽放了，并且永不凋零。

就在今天，马丁·路德·金的梦想，不，我们所有人的梦想终于实现了，圆梦今昔!

——摘自张思远的作业

大家看，罗伯特家的生活简直穷到了极点，他是靠自己的辛苦努力挣来的这42块钱呀，这可以说是他的“血汗钱”呀!这钱是罗伯特用来实现自己梦想的，是他用来买战斗机模型的。但，当他听到丽莎生病了，他一下就到了讲台前，把钱全都掏出来，这要下多么大的决心啊!这善举完全出自他善良的本性，他是一个多么天真、善良而又富有爱心的孩子，难道这样的孩子应该受到那“非人”的、极不公平的待遇吗?不，决不!

——摘自杨梓晨作业

“黑”的意思是煤或墨那样的颜色，跟“白”相对。还有一个意思是“恶毒”。本文中的罗伯特就是一个黑人孩子……可是皮肤黑并不代表心黑，他拥有一颗善良、纯洁的爱心，是他浇灌了那朵黑人和白人之间的友谊之花，让它盛开，让它怒放。罗伯特虽然皮肤黑，但心不黑!

——摘自林昌润作业

在这颗蓝色的美丽星球——地球上，居住着不同肤色、不同民族、不同信仰的人们。人们本应和睦相处，但这个世界却并不和谐。

黑孩子罗伯特就是一个心灵充满阳光的孩子。他成绩优秀，他纯真可爱……但这一切都不足以让别人接纳他，因为他是一个黑孩子!从他出生的那天起，上天就给了他一个不公平的待遇——住的是又脏又臭的“垃圾场”，遭受的是白人的辱骂、白眼……尽管这些在小罗伯特的心中留下了阴影，但是却没有改变他善良的本性。要不，他怎么会在白人同学丽莎再三奚落他的情况下，仍想和她拉拉手做朋友?要不，他怎么会忍痛割爱，把拿自己要去买梦寐以求的战斗机模型的钱捐给了危在旦夕的丽莎呢?要不，他怎么会冒着被白人撵出教室的危险与丽莎最后一次说“再见”呢?

是啊，正是罗伯特这善良、纯真、宽容的精神感染了身边的每一个人，使丽莎的爸爸由厌恶黑人变为了一个能为黑人而感动的人。

如果人们能像罗伯特那样宽容，那么这个世界就一定会变得和谐美好，就一定能成为一个和和美美的大家庭！——摘自王时雨作业

孩子们用他们自己最朴素的情感、最真诚的心灵、最稚嫩的文笔，道出了最感动人心的心灵的声音，写下了最发人深省的心灵的语言。

4. 与书为伴　童心可爱

《走遍天下书为侣》这节课令我倍受感动。没想到昔日里那几个最为热血沸腾、冲动蛮干的孩子，经过一个学期的教育，如今却能沉浸在书籍的海洋中畅想、抒情，真是“腹有诗书气自华”呀！

连着两节课的教学让我深深陶醉其中，让我进一步感受到了课堂生成的重要。如果说课前的预设是有备无患，那么课堂的生成则是精彩无限。不信，你看——

师：同学们，如果让你独自旅行，你最想带什么？为什么？

生1：我带游戏，它可以给我解闷儿；

生2：我带电脑，它可以使我开阔眼界；

生3：我带口琴，闷了吹一曲，多有情趣；

生4：我带书，它可以使我拥有丰富的知识……

师：艾肯决定走遍天下与书为伴，究竟是什么原因使他这样做呢？自读第二部分，画出相关语句，进行批注。

生：边读边思考。

师：原因之一？

生：“你喜爱的书就像一个朋友，就像你的家。”独自一人出外旅行多孤独啊！还总是想家、想家人，可只要有书在手，你就会忘记一切烦恼，它就像你的朋友，和你聊天，就像你的家，让你倍感亲切……

师：是啊，远行决不孤单。想想看，书还像什么？

生1：书像美酒，品上一口，啊……回味无穷；

生2：书像大餐，酸甜苦辣咸，百味俱全，吃上一口，啊……味道好极了！

生 3：书像咖啡，当你疲惫的时候，它可以使你提神醒脑；

生 4：书像游戏，当你无聊的时候，它可以给你添加乐趣；

生 5：书像亲人，当你无助的时候，它可以给你提供慰藉；

……

【我立刻请学生将这份想象写在黑板上。】

师：原因之二？

生 1：“你总是可以从一本书中发现新东西，不管你看过多少遍。”每读上一遍就会发现新东西，上文说“我愿意读上一百遍”，可想而知，作者会发现多少新东西啊！

生 2：书就像一座宝库，只要你愿挖，总能挖出宝藏。

【我又请学生将这次的想象写成板书。】

师：你们多会想啊！和艾肯一样是热爱读书的孩子。原因之三？

生 1：“读书时，你就走出自己的心灵，进入另外一个人的心灵中，倾听另一个人的心声。”我觉得书就像一座桥梁，架在读者与作者心灵深处的心与心沟通的桥梁。

生 2：《忆读书》中冰心奶奶说过：“读到《三国演义》，我第一次读到关羽死了，哭了一场，把书丢下了。第二次再读到诸葛亮死了，又哭了一场，又把书丢下了。”看，冰心老人与艾肯真是想到一块儿去了。书就像一根纽带，联结人与人之间情感的纽带。

【我再次请学生将个性化的联想写成板书。】

师：真好！书使古今中外的人们相隔并不遥远。还有原因吗？

生 1：“在这个时候，你就开动了自己的脑筋，这是世界上顶有趣的事。”读书还可以使人开动脑筋，发散思维，多有意思啊！

生 2：艾肯说：“这是世界上顶有趣的事。”冰心老人也说：“我永远感到书是我生命中最大的快乐!”看来，读书真的是快乐自己的美事，我得与书为伴了。

生 4：我觉得读书就像在做心灵体操，愉悦身心。

生 5：不，是在做思维体操!

师：想得多妙啊！快写上你的理解。

……

师：你怎么理解“世界上每个人都有一本书，即使一本书，我相信，世界上就会少点麻烦。”这句话?

生 1：这就像一句名言说到的：“读一本好书，就像与一位高尚的人交谈。”你的心灵就会被净化，你的行为就不会再鲁莽，决不会热血沸腾，冲动行事。

生 2：书是良师益友，与好书为伴，你就会头脑充实，邪恶就会远离你。

师：只要人手一本书，这不难做到吧?

生(异口同声)：不难!

师：我们怎么开始做起?

生 1：从现在开始读好书。

生 2：不，从此刻开始就要与好书交朋友。

……

一堂令人回味、令人激动的课看似结束了，学生是否真的从文中受益，从话中悟理了呢?

这是第三节课的铃声过后半分钟左右，以为任课老师已进班的我，当听到隔壁我的班级传来琅琅的诵读古诗的声音后，立刻跑向教室，只见老师未到，而学生们个个端坐在椅子上，齐声背诵黑板上的每周一诗。那一刻，我倍受感动。一个曾经令老师们头疼的淘气班级，一群曾经令老师们无奈的顽皮学生，如今在老师未到的情况下，自发诵读古诗，这是怎样大的转变啊！看来，渗透在每篇文章中的思想教育已经发挥了潜移默化的教育功能。孩子们学了与书为伴，真的深受启发。学生变了，班级变了。

满心感动的我向孩子们竖起了大拇指。我问大家：“同学们，你们知道我为什么向你们竖大拇指吗?”小张把手举得高高的:“那是因为我们在您不在的情况下，知道自觉背古诗了。”多可爱的孩子啊！我笑了，同学们笑了。此刻，我们的心贴得更近了……

书真的是重塑心灵的美容师；书真的是涤荡心灵的净化器。书，真好!

5. 由一字读音看学生的“学”

这是新学期的第一课《养花》。为了学好这篇课文，课前，我总是先让学生读熟文章。因为“书读百遍，其义自见”。古人的话告诉我，熟读是学好文章的前提。如今，学生早已不仅局限于正确、流利、有感情地朗读课文，他们已经可以个性读、理解读、启迪读，还很善于动脑读书。这不，课上，小雪问道：“‘珍贵的花草不易养活，看着一棵好花生病要死，是件难过的事。’这句话我不知道该怎么读？是读‘养活 huó’还是读‘养活 huo’？”这下，同学们的情绪被调动起来。

“我认为应该读 huó，后面写‘看着一棵好花生病要死，是件难过的事。’活与死是对比说的。”小汪说。

“不对。‘养活 huo’强调的是养的过程；‘养活 huó’突出的是养的结果。这篇文章重在养花的过程，而不是结果。”小芙辩驳道。

“谁能说说‘养活 huo’的意思？”我随即问道。

“‘养活 huo’就是‘照管、照顾’的意思。”

“养活花草就是侍弄花草的意思。”

“在这里老舍先生强调‘珍贵的花草不易养活’，其实就是珍贵的花草不好侍弄。”小吴不紧不慢地说。

“可‘养活 huo’是形容动物的。”小汪不屈不挠道。

“同学们，我们可以从老舍先生的作品特点来看。老舍先生写的文章语言很通俗，很口语化，若读成‘养活 huó’总觉得很死板，不自然，不符合老舍先生的语言特点。”小旎的话总是视角独到。

“我们还可以看老舍先生的话是很有人情味的，所以应该读‘养活 huo’。”

……

针对“养活 huó”还是“养活 huo”，同学们展开了热烈的讨论，决不人云亦云，各自发表自己独到的见解，表达自己独特的感悟。这难道不足以体现出学生是课堂学习的主人吗？在交流探讨中，学生的主体意识得到充分的发挥，或辩驳或补充，环环相扣、声声不歇。

“养活 huó”还是“养活 huo”，这么一个颇不引人注意的读音，在学生的用心读中被发现，被品悟，被辨析，被理解。这一过程既是对人物作品特点的感知，又是对文章整体内涵的把握。一字读音看似不起眼，可只有用心揣摩、用情体会、用脑思考、学生才会发现其中的奥妙。

《养花》作为一篇经典课文我也教了几回，可从未着力体会过这个读音的细微差别。我赞叹学生对文本中字眼儿的敏锐感知，我欣赏学生在这一过程中所表现出的思辨精神。这是我从来未曾关注过的小细节。《课堂教学中容易忽视的 100 个细节》使我懂得：细节成就精彩。没想到，学生们已经比我用心地开始关注细节，这不正是学生会读书、会思考、会学习的行为表现吗？

一字读音之别的辨析体会，正是学生自主学、主动学、深入学的精神体现，它提醒我，当学生具备了一定的学习能力后，学生的学就真正拥有了智慧。

6. 抓人物特点　牵两条主线

《唯一的听众》是一篇写人文。对老教授这一人物形象的体现，于不着痕迹之间展开。作者主要抓住了老教授那诗般的语言及潭水般的神情来突出人物睿智、慈祥、善解人意的特点，将指点与引导、赞赏与激励渗透在朴实的话语中，蕴含在无声的眼神里。那么，如何引导学生深入感受老人的精心点拨，潜心揣摩“我”的情感变化呢？

教学本课时，我主要抓住两条线：其一是“我”的情感变化线；其二是老教授的语言、神态激励线。教学中，我坚持精讲精练的原则，采取导读训练的方式，启发学生深入思维，通过对语言文字的创造利用，着力挖掘人物特点。简约的教学过程如下：

(1)回忆主要内容(用精练的语言概括)

(2)(由主要内容的叙述引发对问题的思考。)这唯一的听众在“我”的成长历程中，发挥了怎样的作用？

(3)(借助对问题的关注，由点及面，捕捉具体内容。)从哪些内容的描写感受到老教授对“我”的爱惜与激励，使“我”由自卑走向自信？品读语言文字。

(4)(灵活组织、巧妙利用语言文字，创造性地补充心理活动及其内心感受，为学服务。)句式练习。

句式：“当老人__________，我__________。”

“当我______________，老人____________。”

这一句式训练的目的是让学生情更真切地融入文本中，与作者情、人物情产生共鸣，于句式运用间补充心理活动，展开无限想象，创造性地将“我”从老人语言、神情中感受到的、领悟到的，巧妙地与课文内容相结合，灵活组织，创新运用语言文字。在对语言文字的创造与运用中，浓缩的都是精华，是课文两条线的体现，是文章的精髓。老人形象的牢固树立，“我”由表及里的根本转变，尽在句式训练中得以突显。

此训练，将两条线融为一体，老人诗般的语言、平静的眼神，使“我”战胜自己，不断进取；“我”的每一次进步，都会再次受到老教授的语言与神情的肯定和激励。

此训练，让“我”的感受或内心体验与老人的语言、神情合二为一。“我”的进步离不开老人的激励，老人是“我”人生之路的引路人、加油站。

就是在对文本的创造性使用中，在落实工具性与人文性的句式训练中，学生从根本上认识到：“我”最初没有听众，然后有了这唯一的听众，最后拥有了成百上千的听众。在这一变化过程中，学生体会到唯一的听众(老人)就是架设在“我”由自卑通往自信之路的桥梁，从而对老人满怀着由衷的敬佩与赞美之情。

(5)给老人写一封信(以我或“我”的名义)

这一教学设计作为课文内容的延续与拓展，进一步体会老人对“我”产生的深远影响。

本课中句式的训练，有效地抓住了文章的主要内容，集语言训练点、情感释放点、创新思维点于一体。学生由写句到写段，由写段到谋篇，灵活运用，巧妙衔接，训练的重点更加突出，学习的实效性更见增强。

学生作业节选：

是您，当我的心灵被亲人的指责狠狠地击碎的时候，用您那温柔似水的眼神，鼓励我放下包袱，用心练习小提琴。您那像潭水般平静的眼神在无声地对我传达心声：用心去感受音符，用情去演奏音乐，别灰心！

是您，当我的心灵被蒙上一层抹不去、挥不散的乌云的时候，用您那如春风般暗含无穷力量的神奇话语，奇迹般地驱散了我心中的阴霾，激励我永不言弃，奋力练习！

——陶江蒙

您那平静的眼神透露出的那种尊重，就像一丝曙光，划破了我心中夜晚的黑暗；就像一场甘霖，滋润了我心中久旱的幼苗；就像一阵春风，吹绿了我心中枯黄的小草……

是您，当我停下来时，总不忘说一句："真不错。我的心已经感受到了，谢谢你，小伙子。"听到您的鼓励，我心里洋溢着一种从未有过的感觉：嘿，终于有人表扬我了！我在进步呢！

……

是您，给我插上自信的翅膀，让我在音乐的蓝天上自由翱翔；是您，给我穿上勤奋的衣装，让我在音乐的舞台上尽情绽放……

——何桑柔

7. 学会听说很重要

教学《“诺曼底”号遇难记》时，当学生读到“一刹那间，男人、女人、小孩，所有的人都奔到甲板上，人们半裸着身体，奔跑着，尖叫着，哭泣着，惊恐万状，一片混乱。”时，小陈说：“我仿佛看到了那混乱的场面，平日里衣冠楚楚的人们，此刻却半裸着身子，顾不得颜面地奔跑、尖叫、哭泣，可见，他们已经被突如其来的灾难吓得不知所措了。”

学生不仅能通过品读重点词语把握文章内容，还开始尝试上挂下联地品读课文。上文“乘客们都已进入了梦乡。”下文“奥克勒斯大副和三名工头拼命想维持秩序，但整个人群因为猝然而至的变故简直都像疯了似的，乱得不可开交。”在对比读中，学生说道：“刚刚还沉睡在梦乡中，如今却像疯了一样，可见这灾难来得多么突然，令人猝不及防。”

许多时候，老师们认为学生不会发言，其实，归根到底学生不发言，不会发言，是因为学生不会听讲，不会读书，也就是追溯到了语文的四大能力——听说读写上去了。学生既不会读书——平淡似水，又不会听讲——人在心飞，又何谈说和写呀？“说”要有针对性，这就需要用心听，听什么呢？语文学科自然是朗读了，“读”是语文教学的根本，语文学科对朗读的要求是“正确、流利、有感情”。瞧，有感情地朗读好似“听”的前提，这就要求学生要会读，会动情地读，只有读出情，读出味，读出形，才能“听”有目的，“听”有所得，“听”有所悟。有所悟自然就会“我口说我心”，心有所感就会口有所述。这就是一个听说读写的良性循环过程。

“读”是“说”的前提，只要肯用心去读，用心去听，就会说有目的。当学生善于用心去发现，去感悟文字，去真诚地与文本对话后，潜在的情感便被调动起来，说得才会更加真切。

8. 在辩论中学文明理

教学《迟到》一课时，我设计了“各抒己见”环节。学生分为两种观点，少数学生认为英子不该打，多数学生持该打观点。这是课堂实录——

生 1：我虽然很懒惰，可是也知道害羞呀！所以又愁又怕，常常都是怀着恐惧的心情，奔向学校去。

生 2：最糟的是，爸爸是不许小孩子上学乘车的，他不管你晚不晚。

生 3：每天早晨醒来，看到阳光照到玻璃窗上了，我的心里就是一阵愁。心想，已经这么晚了，等起来，洗脸，扎辫子，换制服，再走到学校去，准又是一进教室就被罚站在门边，同学们的眼光，会一个个向你投过来。

生 4：当我上一年级的时候，就有早晨赖在床上不起来的毛病。那一条条鼓起的鞭痕，红肿的，而且发着热。

生 5：我上学不但要迟到了，而且在这夏天的时候，还要被妈妈打扮得穿着肥大的夹袄，拖着不合脚的大油鞋，举着一把大油纸伞，一路走到学校去。想到这么不舒服的上学，我竟很勇敢地赖在床上不起来了。

生 1：当我上一年级的时候，就有早晨赖在床上不起来的毛病。

生 2：等一下，妈妈进来了。她看我还没有起来，吓了一跳，催促着我。但是我皱紧了眉头，低声向妈哀求说：“妈，今天已经晚了，我就不要去上学了吧?”妈妈就是做不了爸爸的主。当她转身出去，爸爸就进来了。他瘦瘦高高的，站到床前来，瞪着我：“怎么不起来?快起！快起!”“晚了，爸!”我硬着头皮说。“晚也得去，怎么可以逃学？起！”一个字的命令最可怕，但是我怎么啦？居然有勇气不挪动。

生3：俗话说“打是疼，骂是爱”，爸爸这是对我的爱呀！他不希望我从小就做一个不求上进的人。

生4：如果爸爸不打她，她怎么能认识自己的错误？《我们的错误》中说：“错误可能是再一次错误的开始。”她有一就有二，这样习惯成自然了，就会一错再错，错上加错，长大成什么人了！

生5：每个家长都望子成龙，望女成凤，爸爸看到英子这么小就懒惰，通过打就是要让英子永远铭记在心，做事要有原则。

生6：学生的本分是学习，可英子却在找各种理由逃学，爸爸能不气愤吗？该打！

生7：父亲打她没错。当英子犯错误时，父亲就像园丁一样给英子修枝剪叶，让她健康成长，知错就改，这是一个严中有爱的父亲！

……

在辩论中，学生既品读了课文，了解了“我”的无奈，又在情境体验中感受到父亲对英子这份深沉的爱，对父亲严中有爱的形象认识深刻。

父亲对英子的慈爱在重点段品读语言文字中，学生有了深深的体会，在心理活动的补充中进一步深化了学生对父亲感人形象的认识。

师：是啊！父亲尽管打了英子，可他望着英子痛苦远去的身影，听着她大声的哭号，想着她身上一道道红痕，心里怎么舍得啊！这不，父亲亲自给英子送夹袄来了。

学生读第17自然段。

生1：“看着我穿上”，可见父亲多爱我啊！

师：父爱渗透在眼神中。

生2：父亲放心不下我，冒雨给我送来夹袄，可见，我是父亲的心头肉。

师：父爱体现在行动中。

生3：“没说什么”，看，父亲的爱就是无言的。

生4：我想此刻，刚刚还怨恨父亲的英子一定不再恨爸爸了。

生 5：当她接过花夹袄的一瞬间，她一定懂得了父亲打她的良苦用心。

师：我想，此刻，英子心中一定有话要对父亲说，会是什么呢？

生 1：对不起，父亲！我错了，我以后再也不赖床迟到了。

生 2：英子手中紧紧握着那两个铜板，心中涌起一股暖意：父亲，我知道你是爱我的，都怪我，以后我决不再让您失望了！

师：是啊！英子是这么说的，也是这么做的。指读最后一个自然段，你读懂了什么？

生 1：我知道英子变了，再不迟到了。

生 2：我知道她就是不吃早饭也要按时到校上课。

生 3：我知道她热爱学校、热爱老师了，她说“送给亲爱的韩老师”。

师：多大的转变啊！之前还对学校、老师心怀恐惧，现在已经是“亲爱的老师”了，她为什么有这么大的变化？

生 1：这都要归功于父亲，这个父亲不溺爱孩子，是个很有责任心的好父亲。

生 2：这变化源自于父亲对英子悠长、深远和无言的爱。

……

《迟到》结束了，但留给学生的启发却远未结束。若时间允许，便可以让学生进行写作练习——

一是段式：“父亲，是您＿＿＿＿＿＿，是您＿＿＿＿＿＿，您说，这＿＿＿＿＿？”

二是篇章：主要以成年后英子致父亲的一封信为主，将课内外资料与学生情感相结合，进行写作训练，不光让学生学会运用语言文字，更重要的是让学生用心感受父爱如山、父爱似海般的深沉浩瀚！

9. 温馨家园

《小站》讲完了。走出教室，我的心情依然激荡，同学们诗一般的发言，久久在我耳畔回响。小站的确是小啊！看，学生捕捉字眼“只有……才……”、“甚至”、“也许”、“一间”、“小屋”、“几根”、“或者”、“三五个”、“立即消失”……对这些重点词语的把握与品味，使学生体会到小站太小了，实在太不起眼了！没有人去注意它。

然而，就是在这地方小、设备少、设施简陋的小站，工作人员的精心布置为旅客们带来了温暖的春意。学生们在对 3～6 自然段的品读中，深深感受到了这一点，被工作人员对工作火一般的热情，对旅客春天般的温暖所打动。

听，“那块二百四十一天安全无事故的红榜让旅客们心中有了安全感，出门在外，安全第一啊！”“小黑板上写着当天的新闻和首都报纸摘要，这是为在这里候车的旅客提供了学习的时间。”“那讲卫生的宣传画图文并茂，为不识字的老乡解了不识字之忧，考虑得多周到啊！”“那两个工作人员还在为改进小站设施，更好地为旅客服务而商量着好对策。”“那小喷泉、小树、小宝塔，多么小巧玲珑啊，让望厌了逼人而来的山岩和巨石的旅客们眼前一亮，仿佛进入了公园一般，心情舒畅。这啊，简直就是迷你版的小花园，错过了岂不太可惜了……”

学生在品读中感受到工作人员全心全意为旅客着想的责任心，体会到他们无私忘我的工作热忱，他们用一人辛苦换来众人愉悦的工作态度，教育影响着每个学生，难怪在作业中学生写道：“这真是一个为民小站啊！”

小雅同学还特意画了一幅极其逼真的奖状，送给松岭小站的工作人员，感谢他们日复一日、年复一年的默默无闻地把小站当作家，把旅客当亲人的工作热情。看，这是学生作业中的感触——“小站虽然特别小，但是春意可不少。站长辛勤把树栽，站员动脑把池造。农民齐声说‘真好’，来往旅客哈哈笑。”“小站美，美在假山小树喷泉水；小站美，美在月台杏花蜜蜂飞；小站美，工作人员尽职尽责、爱岗敬业；小站美，花美水美人更美。”

10. 展开想象　让文字形象

由于是新接班，学生还不会对语言文字深读细品，因而在教学《天马》一课时，我着力指导并训练学生抓重音、有感情地朗读课文，真可谓是“字字皆品悟”啊！就是同一句话，抓住不同的关键词，也能品读出不同的味道、不一样的内涵。

就是在这样精细的读的指导和训练中，学生有了初步的读的领悟，但却总是就字说字，不能用更生动、更直接的语言表达自己的理解。对此，我采取的方法是引导学生展开想象。一旦学生放飞了思维，就能以物易物，丰富头脑，作用到语言表达上就有的说，说得自然，不再就字论字缺少词汇了。

果不其然，当学生读到“……尾巴末梢还打了一个结”时，另一名学生举手道：“不是‘结’，而是‘结儿’”。

“为什么要加儿化音?”我不失时机地问道。见学生们不知如何回答是好，我便说：“不要紧，你们用两种不同的方法再读一读就知道了。”

片刻后，学生说：“加上儿化音读起来风趣、活泼、自然。”

“对呀，这么读，这天马就活灵活现、栩栩如生，不死板了。”

顺势，我启发学生说：“想象一下，长长的马尾上，还打了个结儿，就好像……”边说我还边做了个扎马尾辫的动作。

孩子们一见，顿时豁然开朗，伟豪说：“马尾不打结儿，跑起来散开着，就乱了，不好看。打上一个结儿，就好像小姑娘梳的长辫子，多漂亮啊!”

“这个结儿使天马的造型更美了!”小雪说。

“孩子们，现在你们知道设计者为什么在尾巴末梢打结儿了吧?”

我微笑着说。

“是为了使天马造型更精美。”

“是为了让整个造型更活泼。”

“这样天马才显得与众不同。”

“这就是设计者别出心裁的创意，多生动，多可爱啊！”

此刻，孩子们学得兴致盎然，敢想，敢说，课堂动起来了。这积极的“动”正是品读文字，展开想象带来的。

语文学习离不开想象，想象力比知识更重要。知识是“死”的，而想象力是“活”的。插上想象的翅膀，就是放飞了学生的思维，就是让学生主动学、轻松学、愉悦学的保障。

11. 活学活用片段也精彩

走出课堂，我的心情依然激荡。为教室内浓郁的学习氛围，为课堂上学生活跃的思维，为学生们创造性的语言表达……说实在的，开学初，我深为学生不会读书而苦恼，为学生语言的贫瘠而忧虑，为学生缺少丰富的想象而郁闷。学生读了课文却不会运用文字，查了资料却不会为自己发言所用……人常说“厚积薄发”，可“厚积”没有，何谈“薄发”呀？于是，我在号召同学们“好读书、读好书、读书好”的同时，充分利用课堂40分钟训练学生敏锐的思维能力，创新想象能力以及语言表达能力，引导学生敢想，敢说，敢创造。两个月来，学生的读有点儿味道了，学生的说能够由此及彼了，基本能够做到边读边思考，边读边想象了。以《包公审驴》为例，呈现两个教学片段——

【课堂实录】

片段(一)

师：王五丢的是一头什么样的驴？

生1：王五丢的是一头宝贝驴；

生2：是他唯一的财产；

生3：是他最珍爱的宝贝；

生4：是他像孩子一样疼爱的驴；

生5：是一头人见人爱的驴；

……

【瞧，学生不仅能够用文中语言表达自己的见解，还善于将自己从语言文字中品悟到的用自己的语言表达出来，这就是会学习了。】

师：你从哪儿感受到了王五对驴的疼爱？

生1：我从“毛色发亮”感受到王五多爱这头驴啊！居然在自己一

贫如洗的情况下，把驴喂养得毛色发亮，这驴就像他的儿子一般！

生 2：我从“无论谁……都要……”这句话体会到左邻右舍谁见了谁夸，真是一头人见人爱的好驴啊！

【看，抓住“毛色发亮、亲手、悉心、漂亮、无论……都……”等词语品悟到王五对驴的百般呵护，就像照顾自己的孩子一样，爱护有加，倾注了全部心血。】

师：这样一头人见人爱的驴被人调了包，换到的是一头什么样的驴？读出文中语句。

【通过对比被换驴的样子，学生们自然就理解了王五的又气又恨。有了对文字的感悟和情感的铺垫，学生读王五丢驴后的情感就有了深刻的体验。“懊恼、气愤、舍不得、心疼、如刀割般……”在此基础上，再读出王五的气恨之情就水到渠成了。为了让学生设身处地想王五之所想，急王五之所急，我这样问学生——】

师：王五那头人见人爱，倾注了他无限心血的宝贝驴，被调包成了这样一头皮包骨头、毛色难看的驴，如果你是王五，你会怎么想？

【让学生换位思考，展开想象，将心理活动带入到文章中。画“——”部分为想象。】

生 1：王五惊慌失措，东奔西走，到处寻找。他恼羞成怒地想：“是谁偷了我的驴，真是太可恨了！要是让我捉住，决饶不了他！”

生 2：王五惊慌失措，东奔西走，到处寻找。他伤心欲绝地想：“驴啊，驴啊，你在哪儿啊？我好想你啊！

……

【在教师深入浅出的引导下，在学生细读深思的品悟中，在转换身份设身处地的心理体验中，学生深深地体会到了王五丢驴后的悲愤！】

片段(二)

师：包公是如何审驴的？画出描写包公动作、语言、神态的语句，重音品读。

生1：我从“皱着眉头想了想”体会到包公已经计上心头，胸有成竹了。

生2：“别给它吃，别给它喝！把它严严实实地关上三天!”体会到包公使用的饥饿疗法。

生3：我从“脑袋耷拉”感受到驴子已经饿惨了，太可怜了！我们学《黄河象》时知道黄河象渴得有气无力，扑踏扑踏地走着；这里驴被饿得有气无力，耷拉着脑袋，从中我了解了包公的计谋见效了。

【学生不仅会抓语言文字品读感悟，还善于结合前面所学的课文，进行联系对比，真切地感受到驴被折磨得失去了活力。】

生：“十下，二十下，三十下，足足打了四十下”，看，这头瘦弱的病驴在被饿了、渴了三天后，又经受了一顿暴打，它怎么受不了了啊？

师：同学们，快想想，包公为什么这样做？

生：包公之所以这么做，就是为了用“苦肉计”让驴受够折磨，驴又饿又痛，饱受惊吓，心里一定想：哎哟，这是什么鬼地方啊？不让我吃，不让我喝，还打我，我要回家……

【学生自觉为驴补充心理活动，可见，学生学习的主动性加强了，善于通过心理活动的补充，来深化自己对文本的理解了。】

师(顺势引导)：家是一个什么样的地方？

生1：家是温暖的地方；

生2：家是丰衣足食的地方；

生3：家是安全的避风港；

……

【学生一步步了解了包公用“饥饿法”和“苦肉计”审驴的目的，就是为了要让驴恢复原始本性，在饱受惊吓的时候，产生回家的强烈欲望。这是学生在学习活动中深刻感受到的。】

生：“包公随即命令一个差役和王五一起跟踪前去，看个究竟。”这样做采用了“欲擒故纵法”决定“放虎归山”，于是“顺藤摸瓜”找到了驴，捉到了贼。

【这时，学生的思维已然打开，将《草帽计》中积累的三十六种计策对号入座，在对计策的运用说明中，进一步了解了包公的足智多谋。】

师：看，包公的计策多好啊！你觉得包公是个什么样的人？练习用句式“包公，你是________，要不________？”说说。

生1：包公，你是一个足智多谋的人，要不怎么会将这一闻所未闻的奇案破解了呢？

生2：包公，你是一个神机妙算的人，要不怎么会仅用三天时间就找到了驴，抓到了贼呢？

……

师：现在我们知道包公是用计捉贼呢，可最初却不被人理解。你能读读吗？

生：读人们和衙役的表现。

师：衙役们脸上不敢笑，心里可敢想，他们会想些什么？

生1：听说过审人的，从来没听说过审驴的！

生2：这包大人葫芦里究竟卖的什么药？

师：（接学生的话茬道）你知道包大人葫芦里卖的是什么药吗？

生1：是一举两得的好药。

生2：是欲擒故纵的好药。

师：看，包大人巧用计谋，一石二鸟。文中还有谁也用了计谋，结果如何？

生1：贼也用了计谋，他用的是“偷梁换柱”之计，可却竹篮打水一场空。

生2：搬了石头砸自己的脚。

生3：捡了芝麻丢西瓜。

生4：偷鸡不成反蚀把米，这才叫“弄巧成拙”呢！

……

【学生积累的谚语多丰富啊！这难道不是会用、巧用谚语为学服务吗?】

【教学反思】

这节课学生学得兴致盎然、妙趣横生、智慧无穷。之所以会如此，不在于教师设计教案时有多么新颖，关键在于学生的细读深思，创新想象，品读感悟。爱因斯坦说过："想象力比知识更重要。因为知识是有限的，而想象力是概括世界的，并且是知识的源泉。"的确是啊，恰当且合理的想象，深化了学生对文本的理解。学生在想象中走进文本，感知角色，继而走出文本，感悟习得。

教会了学生诸如"边读边想象"之类的读书方法，就仿佛是教给了学生钓鱼的技能。学生运用方法读书、品悟，挖掘文字背后的内涵，这就是会读书。一旦学生学会了读书，学会了思考，学会了联系已有知识(《黄河象》、三十六计)或已学方法(补充心理活动)为学服务，那么，教师的教就得心应手了！因为学生已成为了学习的主人，他会主动学习，自主探究，深入思考，启发生成，学习的触角更多，更敏锐。课上"动"起来的不仅是学生的肢体，更是学生的头脑。学生的"学"又促进了教师的"教"，借助学生的发言，教师顺势引导，打破教案预设时的死板，通过课堂随机生成的"导"，将学生的发言进一步引向深入，让课堂教学中的各个环节一气呵成，让学生的思维步步深入。教师的价值就在"导读点拨"中得以实现。

课堂教学使我深切地感到：每个学生都是一座金矿，只要你去挖，就能挖出宝藏。课上，只要学生成为了学习的主人，课堂就会成为快乐的学堂，智慧的海洋！

12. 在科学小品文的课堂上

《琥珀》一课作为科学小品文，着力指导学生了解此文是由想象与事实构成的，重在想象。为了减少学生分段时的人云亦云，最简洁的方法是先抓重点段再分段——让学生先找到科学家想象的内容。

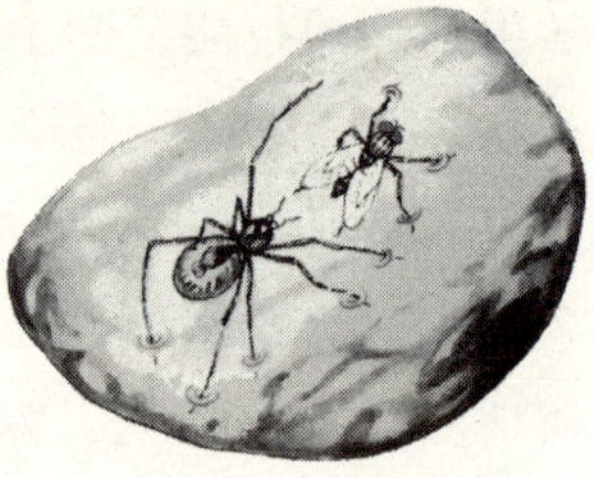

对于想象部分内容的指导，我是这样教学的：先自读 2～14 自然段，对琥珀的形成过程有初步的了解；进而思考：科学家假想了什么？引导学生从语句中提取需要的信息，进行简要概括(天气、环境、两只小虫间发生的事、地壳变化)；再引导学生进一步深思“你认为哪里想象得好，读出来，并说出好在哪儿？”此问题看似问得不经意，无抓手，其实，我是想通过这看似泛泛的题目，给学生以表达的空间，并随机从学生发言中捕捉所需要点拨指导的内容。

如：“一个夏天，太阳暖暖地照着，海在很远的地方奔腾怒吼，绿叶在树上飒飒地响。”学生说：“这句话把我们带入到情境中去了。”我随即引导：“这看似简单的句子，已经向我们点明了什么？”“时间、天气、地点、景象，并为下文做好铺垫。”科学家用精练的语言为故事的发展创设了逼真的情境。

又如：学生抓住对蜘蛛心理活动的描写加以体会，感受到蜘蛛的如意小算盘儿，体会到描写的生动，联想到枯燥的科学知识可以通过绘声绘色的故事展现，对科学小品文有了一定的认识。

就是在这一品读、体会、感受的过程中，科学小品文的三大特点新鲜出炉了：说明生动(语言很活，符合儿童特点。)想象丰富(合情合理，有科学依据。)用词准确(科学、严谨，不含糊。)这些特点是学生在学习活动中自己品悟、体会到的，因而理解更深入，印象更深刻。

在认真揣摩语言、体会文章特点的基础上，学生自然便会发现琥珀形成所必须的条件：热辣辣的阳光、滴松脂的老松树、两只小虫、地壳变化、漫长时间、海沙掩埋等。既然是科学推理性文章，就要允许学生对文章的科学性提出质疑。子豪说："我认为这里想象的不对。松脂滴下来，掉到树枝上就流下去了，怎么会包住两只小虫？"学生立刻从不同角度给以讲解："我查过资料，松脂是一种膏状的东西，因此不会像水一样流下去。""一看你就没认真读书，书后说了'我们还可以想象他们当时在黏稠的松脂里怎样挣扎'，那松脂可是'黏稠'的。"

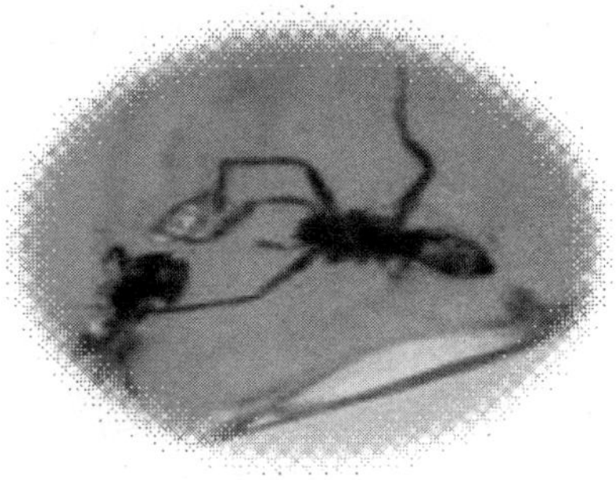

科学的推测要严谨，科学不能有半点含糊。为了进一步让学生感受到科学推理的严谨性，了解事实与想象的内在联系，我问道："科学家为什么会推测有地壳的变化？""因为琥珀是在沙滩被发现的，可想而知，陆地被海水淹没，变成了海洋。""还有一个重要的原因，琥珀的完好无损只有在与空气隔绝的海底才能如此，否则早被破坏了。"学生越说越兴致盎然，"请看书后小资料，这上面说'琥珀很娇气，怕敲击，怕暴晒，怕高温，怕汽油，怕酒精……'这么娇气的琥珀，当然只有在海底下才能不被破坏……"

掌握学习方法的学生自己就是学习的主人，课文完全可以应用自如，文本知识成为学生学习的材料，成为学生巩固学习技能的工具。

13. 成就最好的学生

《做一个最好的你》最后一段，作者用诗一般的语言，揭示了做最好的自己的真谛——“决定成败的不是你尺寸的大小，而是要做一个最好的你!”这是教学中的难点。初读此句，学生并不一定了解“你尺寸的大小”的意思。从学生的表情看，似乎有些一团雾水。怎样帮助学生解决这个“尺寸的大小”呢？我说：“古人云‘尺有所短，寸有所长。’你怎么理解这句话?”“告诉我们人各有所长。”“是啊，读文中最后一句，你有更深的感悟吗?”“我知道了决定成败的不是你能力的高低，不是你职位的贵贱，不是你相貌的美丑，不是你金钱的多少，而是你自信的态度、持久的毅力和不懈的努力。每个人都有自己的长处，要充分相信自己，不断超越自己……”看，学生的潜力无限，智慧无穷！教学难点在教师的点拨中迎刃而解。

就是这一段洋溢诗情的语句，学生对此感触很深。在品读感悟中，我培养学生模仿“如果……就……”这一句式进行表达。学生这样说道：“如果不能成为广博的蓝天，那就做洁白的云朵；如果不能成为浩瀚的海洋，那就做海中的一簇浪花；如果不能成为苍劲参天的大树，那就做两片甘于奉献的绿叶；如果不能做百花园中雍容的牡丹，那就做墙角散发幽香的雏菊……做风雨过后的一道彩虹，做树林之中的一抹新绿，做池塘边上的一棵小草……”就是在这“如果……就……”的句式创造中，学生读懂了即使不能做最好的，也要做更好的，坚信自己“我能行!”学生小夏有感而发：“就是做小鱼，也要是最活泼的；做小树，也要是最挺直的；做小花，也要是朝气蓬勃的；做小鸟，也要是展翅飞翔的!”瞧，文中语言经过这样的重组运用，更突显了学生对文本的理解。

课后，学生们在“学文一得”中写道：

生1：自信是风，引领我们飞翔；自信是浪，帮助我们启航；自信是光，把成功的路途照亮；自信是力量，让我们能够搏击风浪！

生2：正如名言所说：“尽你所能，放手干吧！尺有所短，寸有所长，再小的帆也能远航。”无论你多么渺小，只要充满信心尽力去做，尽情散发光和热，你就是最棒的！

生3：无论你身在何处、金钱多少、相貌美丑、地位高低，只要你能用自信做风帆，用努力做船桨，用恒心做小船，就能在浩瀚的人生海洋中从容、自由地遨游。

14. 谈语文教学中的说读结合

《生死攸关的烛光》是一篇深受学生喜欢的文章，是一篇适合朗读的文章。教学中，随着学生的入情入境，对伯瑙德夫人、雅克及杰奎琳的语言都有渐深的体会。在品悟文字中读出伯瑙德夫人的从容不迫，雅克的镇定自若及杰奎琳的娇气可爱，绘声绘色的朗读给课堂教学增色不少。

这是课堂教学的一个片段——

师：这份藏在半截蜡烛中的绝密情报就犹如一颗定时炸弹，随时都有引爆的可能。自读第 4 自然段，你从中体会到什么？

生 1：我从“那位中尉又把冒着青烟的烛芯重新点燃”体会到当时的情况万分危急；

生 2：我从“她似乎感到德军那几双饿狼般的眼睛都盯在越来越短的蜡烛上”感受到敌人正虎视眈眈地盯着猎物，好像随时都要扑向猎物；

生 3：我从“烛光摇曳着，发出微弱的光”感受到当时氛围很恐怖，杀机四伏；

生 4：通过读“伯瑙德夫人的心提到了嗓子眼儿”，我仿佛听到了伯瑙德夫人那“怦怦”的心跳声，仿佛看见了敌人那血红的眼睛……

朗读的魅力就在于此，用心读了，自然就会读有所悟。将在读中感悟到的表达出来，这就是读说结合，学生的朗读能力、思维能力、表达能力、创新想象能力也就是在这一过程中培养并提高的。从读中，学生深深感受到了这是一个生死攸关的时刻，有了这一环节紧张心理的铺垫，更有利于学生理解母子三人在危急情况下的临危不惧、机智勇敢等优秀品质。

15. 以读为本　创设教学活动

《这儿，原来是一座村庄》是一篇现代诗歌，通过对比的手法，将深圳改革开放前后的变化呈现在人们眼前。本诗篇幅短小，为了实现短文长教，将文本读厚的目的，备课中我潜心揣摩教材，用心思考活动，力求通过以读代讲和设计学科活动的方法，实现工具性与人文性的统一，促进学生语文能力的提高。

教材作为示范性的文本，应该让它为教师所用，为学生所学。语文教学最终的目的是提高学生听、说、读写能力，而读是语文教学的根本。于是，课堂教学中，我采取以读代讲的方式，重视在多种形式的读中感悟文本，深化理解。

围绕“读”，我预设了这样几种学法：

一是深入品读语言文字，读出形，读出情，读出味。

二是让学生将感悟到的带入到文本中创新读，读出个性，读出理解，读出感悟。如：原句是“晨曦中阿爸在田间劳作，烟雾里阿妈煮饭在灶旁。小孩子在稻草堆里打滚，姑娘从溪边挑回一担担摇晃的夕阳……”当学生在品悟语言的基础上体会到过去生活的不易后，我指导学生将他们感悟到的词语带入到语句中。学生读道：“晨曦中阿爸在田间辛勤地劳作，烟雾里疲惫的阿妈煮饭在灶旁。小孩子在脏兮兮的稻草堆里打滚，姑娘们颤巍巍地从溪边挑回一担担摇晃的夕阳。”

三是恰当地在读中展开想象，想象读。如当学生读到“他们开着卡车，运送水泥、钢材。”时，我接道：“我仿佛看到了他们忙碌的身影。”当学生读“伴着灯光，学习杂交水稻的知识，和着乐曲，翩翩起舞放声歌唱”时，我又说道：“我眼前仿佛出现了他们灯下苦读的身影。同学们，你仿佛看到了什么？听到了什么？”学生们在我的示范与启发下，纷纷说道："我仿佛看到了姑娘们正跳着优美的舞蹈。""我仿佛听到了他们正唱着欢快的歌。""他们唱的什么歌?"我顺势问道。"唱的国歌。"一名学生说。"是啊！要是没有国家，没有党，哪来今天这幸福美好的新生活?"我借机引导。"唱的幸福的歌。"另一名学生说。"你能唱两句吗?""唱的生活多美好。""是的，无论唱的什么歌，总之，表达的意思是一样的，都是歌唱美好幸福的新生活。"在想象读中，学生思维不断发散，教师捕捉住学生发言中的闪光点，将认知、理解引向深入。

如果说多种形式的读是在利用教材深化理解，那么，运用句式设计学科活动就是对教材的开发。为了培养训练学生的组织运用语言的能力，教学中，我借助句式"昨天，这儿只是________，今天，这儿却是________，这真是________!"进行创新读的训练，使学生把握语言这一工具性的同时，将文本内容与内心感悟融为一体，实现作者情与学生情的统一，实现工具性与人文性的结合。

学生在品读语言文字了解了农村昨天的落后，又通过直观画面感受到今天的进步后，结合课文内容有感而发："昨天，这儿只是一座贫穷落后的村庄，今天，这儿却是繁华热闹的都市，这真是天壤之别啊!""昨天，这儿只是一座多少年来一个模样的小村庄，今天，这儿却是一座变化日新月异的大都市，这真是旧貌换新颜呀!"瞧，学生巧妙地运用语言文字表达了内心情感，恰当地运用对比的修辞手法加深了对文本的理解。可以说有效利用教材，以读为本；开发教材，设计活动，不仅发展了学生品悟语言文字的能力，还训练了学生的语言组织与运用的技能，使学生学有所得。

16. 由学生的“学”想到的……

这是一节令人振奋，使人激动的课；这是一节触动教师，感动学生的课；这是一节学生“动”起来，课堂“活”起来的课，这节课唤起了学生的爱心，矫正了学生的人格。

《买小狗的小孩》，一节老师们不乐于讲的课——文章短小，挖掘点少，思想把握不好就偏颇。就是这样一课书，我抱着试试看的心态，没想到学生却上出了新意，品出了味道，悟出了人情……

尽管文章短小，但学生用丰富的课外资料加以扩充，这源于学生对所查阅资料的灵活运用。资料人人都在查，但有的资料是查而不用，而有的资料却能为学生所用，用在关键处，说在恰当时，这才是真正意义上的运用资料为学服务。教师一个人查资料毕竟“力薄”，而一旦学生养成了查阅资料的好习惯就会“势众”：上网下载的，读书收集的，耳闻目睹的……不管途径如何，都达到了能搜集资料，会运用资料的目的。是学生用自己积累的资料，在课堂上促进了广大学生对文章内容的理解，生生互动，这才是我一直以来追求的让学生用资料为学服务的课堂实效。

看，《买小狗的小孩》教学结束之际，连话还说不太利索的小洪举着双手非要发言，终于在众人中获得发言的机会后，他动情地说：“学到这里，我忽然想到了咱们前面学过的短文《送拐》，这两篇文章对比，我深深感受到现在的社会风气变好了，人们不再鄙视残疾人了，有那么多好心人帮助残疾人，全社会都在关心残疾人，连国家都专门制定了《残疾人保护法》，我真替残疾人高兴……”说到慷慨处，他又加上手势以表达自己内心的激动情感。

我真没想到小洪竟能说出这样一番情真意切、意味深长的话语，若非情入其中，设身处地学入文中，又怎能有这般感悟呢？这番话语真的是感动人心，深化中心。这不就是在把练习中学到的短文知识，灵活地运用到新课文的学习中来吗？这不仅加深了同学们对文章的理解，还一语中的，深化了文章的主题。这一认知的升华不是老师强加的，而是学生借助课外知识的补充自悟的，主动学、自主学，学到深处不语不罢休。课堂因学生的“动”而“活”起来，学生因同学的“情”而“动”起来，“互动”即是如此吧！

互动的前提是学生的动情读，动心学，动脑想，只有自己动，才会相互动，互动产生的摩擦又碰撞出智慧的火花，学习上的良性循环源自于学生的自主学、主动学、创新学，越学越会学。

学生的“会学”还在于上挂下联地读，联系读、对比读更是学得自主，学得创新的表现。听，课堂上小苗在读到“男孩子抬起头，涨红了脸，说‘我不要你给我，这只小狗和其他小狗一样值一百块钱……’”时，将自己的感悟融入到文章中，将自己的情感渗透在言语里。他说道：“我从资料中了解到社会上有些人根本不尊重残疾人，他们看不起残疾人，更别提残疾动物了。老板就是觉得小瘸狗是累赘，他急于想甩掉这个包袱，就大方地说：‘送给你得了！’老板的大方，恰恰说明了他看不起小瘸狗，而这其实就等于看不起小男孩，因为男孩和小狗同病相怜，他们渴望人们的理解……”瞧，这就是学生在同文本对话，在与同学对话，在和教师对话，这也就是现在语文教学倡导的学习方式——让阅读教学真正成为学生、教师、文本间的对话。上挂下联的理解的确很好，但一不小心就会让人误解为老板是个坏人，为了给学生以客观的认知，我等待着机会……

在接下来的品悟中，小潇读道：“你可想好啊！这只小狗一辈子也不会像其他小狗一样又跑又跳……”我抓住机会启发学生——

师：老板为什么要说这番话？

生：他是在提醒男孩子。

师：他是恶意的吗？

生：不是。他也是好心。

师：老板代表了许多人的想法，作为健全人，我们并不理解小瘸狗的需要。

生：沉默着(一脸凝重的表情。)

师：(煽情)我曾经看到过一位残疾人这样写道："我最不希望看到的是人们歧视、怜悯的目光；我最渴望看到的是人们对我绽开的笑脸；我最盼望听到的是人们温暖的话语……"

生：(投入的、感动的)

教师的作用就是在关键时刻点一把火，把学生的情煽起来。此刻恰恰是此时无声胜有声啊！

片刻后，小于激动地说："残疾人怎么了？他们也是人，和我们正常人是平等的。他们也有做人的尊严，他们最渴望得到的是人们的理解……"我当即将并未预设的"理解万岁！"作为板书写了下来，并深情地说："对，残疾人需要人们的尊重，渴望人们的理解，让我们一起大声说……"(手指板书示意学生)。学生们激昂地喊出"理解万岁！"这是学生在用心呼喊，用情呼唤。教室里回荡着理解的声音，学生中传递着理解的情……这情感染着每一个听课的学生、教师……是啊，只有理解才会尊重，这不正是买小狗的小孩用不同寻常的做法(执意用与买其他小狗一样的一百块钱买一只小瘸狗)争取的尊严吗？这不正是作者用朴实的文笔告诉我们做人的道理吗？

学生是学习的主体，的确是呀！这堂课充分显示了学生的主体地位，充分说明了学生的学习潜力。教师要充分相信学生的才能，只有让学生自己去发现，去感悟，才能令课堂焕发出生命的活力，绽放出智慧的光华。

课后，老师们感觉到回味无穷，感动得心情激荡。这种感觉，这份感动来自于课堂，来自于学生，来自于学生自主、主动、创新的学习态度。感人心者莫过于情，情动则心动。语文课不正是要激发学生情感，触发学生心灵吗？只要动情读、动心品、动脑思，什么类型的文章都有其可读性，可品点，可思处……

17. 由学生的"说"想到的……

课堂教学正在进行中……

师：此刻，就在这个潮湿阴暗的防炮洞里，我被一种浓浓的情感激动着，这是一份怎样的情？

生1：这是忘我的战友情；

生2：这是无私的奉献情；

生3：这是情同手足的兄弟情；

生4：这是舍小家为大家的舍己为人情；

生5：这是不是亲人胜似亲人的亲人情；

……

看，学生说得多好啊！已经入境了，已经被感动了，已经在用心与文本对话，在用情与作者交流了。我对学生深刻的感知大加赞赏，可我又很是迷惘。教参中只有这样的语言"关心战友、阶级情"，可学生哪里就懂得"阶级情"呢？就是我们现在也很少谈及这个字眼儿。可若不将教参中的答案灌输给学生，考试时怎么办？稍有不同就是错误。说实在的，教参中的词汇太少了，这篇讴歌上甘岭战役中，战士为了战友而谁也不舍得吃一口苹果，以致最终要像打仗一样下命令，才8个人共同分吃一个苹果的感人事例，不正是体现了这种互助友爱、无私忘我的战友之间的深厚情谊吗？

课上，学生抓住"战火纷飞"一词，体会到洞外战斗的冷酷与洞内友情的温馨形成了多么强烈的对比啊！学生根据"迸出了幸福的骄傲的泪花"联系生活实际，深深感受到"男儿有泪不轻弹"，这些在战场上没流过一滴眼泪的热血男儿，此刻，面对和自己一起同甘苦共患难的战友，却闪动着晶莹的泪珠，这不正是一种生死与共的战友情吗？

有了这样深厚的情感积淀，我引导学生齐读最后一句话："在这战火纷飞的夜晚，我被这种出自战友间的关怀友爱激动着，迸出了幸福的骄傲的泪花。"学生动情地读着，我动情地说着："我幸福，是因为________；我骄傲，是因为________。"在前面动情理解的基础上，在明确了"幸福"和"骄傲"的含义的基础上，学生自然会领悟到"我"的幸福与骄傲来自于我的战友。"我幸福是因为有这么多和我生死与共的战友在关心我，爱护我；我骄傲是因为我有这么多关心他人胜于关心自己的战友。"学生说着，我画着，将"我"和战友间的这种情用箭头形式体现出来。

由"一个苹果"引发的一串情感：战友情、兄弟情、手足情，这是多么自然朴实而深刻的认识啊！这份认识来自于学生，来自于学生的认知，我为学生的用心思考喝彩！可考场上会认同吗？该不该加上这个"阶级情"呢？这种情又符合现代儿童的认知特点吗？无奈，我只好把这个"阶级情"像贴标签一样地贴在了"手足情"后，不是源自于情感的深刻领悟，而是教参中"仅供参考"的权威性答案。什么时候教材才能真正成为学生学习的范例，而不是考试的重点呢？考试什么时候才能变"考知识"为"考能力"呢？让学生掌握阅读方法，学会独立思考是我教学的重点，可这份能力往往受教参的禁锢。发散学生思维吧，有脱离教参之嫌，是考题中正确答案所不允许的；唯教参马首是瞻吧，学生的思维又怎样得以拓展？当学生学会思考后，考试题目允许学生有自己个性化的理解吗？应该说教参在一定程度上为教师的教学指明了方向，可也在一定程度上限制了教师的教学，因为教参已成为了衡量一道题正确与否的标尺。

18. 插上想象的翅膀　翱翔浩瀚的蓝天

爱因斯坦说过："想象力比知识更重要，因为知识是有限的，而想象力概括着世界上的一切，推动着社会的进步，是知识进化的源泉。"是的，没有想象力，就谈不上创造力，而要培养学生的创造力，应从培养学生的想象力开始。

基于此，本单元教学中，我紧抓两篇精读课文，在利用教材的基础上，适当对教材进行开发，捕捉文中创新点，引导学生插上想象的翅膀，发散思维，创新想象。

瞧，这是《古诗四首》一课，怎样使古诗教有新意？怎样将课后展开想象一题教有实效，落到实处，不蜻蜓点水、敷衍了事呢？为此，我在分次教学四首古诗时，分两次引导学生展开丰富的想象。第一次在课堂理解的基础上，课后从《塞下曲》和《示儿》中任选一首诗创编成故事。于是学生通过想象人物的神态、动作、语言、心理活动及生活环境等，从正面和侧面将人物形象写得更丰富、更细致，并结合课外资料的积累，将朝代、时间及背景资料等巧妙结合入故事中，一篇生动、感人的小故事就这样诞生了。这也是通过对教材的利用，达到发展学生想象力，提高学生写作能力的目的。将飞将军李广的英勇神武与老迈诗人陆游的恨不能大同的形象鲜明地刻画出来了。

学生例文（张锦）：

《示儿》扩写

那是宋朝开禧三年的一个清晨，在一个普通的小村庄里的一户平凡的人家……

一位年近九十的白发老者，我国伟大的爱国诗人陆游病危了，他始终有一桩心事念念不忘……

“儿啊，你们都过来。”奄奄一息的老父亲陆游躺在病榻上，他一脸的皱纹，愁眉不展，用自己仅剩的一丝气力和微微颤抖的声音说“为父有话要嘱咐你们。”听到这话，陆游的两个儿子快速跑到床边，入神地看着自己年迈的父亲，纷纷流下了眼泪。陆游吃力地把自己平生最大的心愿吐露了出来：“孩子们，我自幼就受到爱国的家庭教育，立下了抗战复仇的雄心壮志，所以这一生，我，我……”陆游断断续续地说，“坚持主张抗金，虽多次遭受投降派的打击，但爱国之志始终不渝。为父做梦都希望能看到国家的统一，可是现在，我已经是临死的人了，虽生前没有看到南宋的军队收复失地，但我坚信总有一天他们必定能平定中原，只希望当那天到来时，孩儿们不要忘记告诉为父这个好消息，你们记住了吗？咳咳……”

“爹，您别说了，我们都明白您老的心愿，请您放心。”说这话时，陆游的两个儿子早已是泪流满面。

陆游哽咽了，他停顿了一会儿，吟出了生前最后的一首诗：“死去元知万事空，但悲不见九州同。王师北定中原日，家祭无忘告乃翁。”身体虚弱的老陆游，最终赋诗而死，与世长辞了。

陆游的眼皮合拢了，他的嘴角却露出了一丝微笑，他仿佛看到了千军万马踏过中原，开进北方；仿佛看到了失地收复了，祖国统一了，我们仿佛看到了陆游在听到这一天大的喜讯时含笑九泉了。

后两首诗皆是杜甫作品，便集中让学生对《春望》中前四句“春望而不见春”的凄凉景象进行想象。运用对比手法，你眼中的春天应是什么景？而晚唐时的国都长安，春日映入人们眼帘的又是什么景？这样一来，学生将春景进行对比，这种借景抒情的描写手法更进一步地让学生走进了杜甫的内心世界，体会到山河在却国破，草木深乃城春的破败与荒凉，对“花溅泪”和“鸟惊心”才会更有同感。

想象恰似学生腾飞的翅膀，文本与学生的对话，作者情与学生情的融合在想象中落实、深化。

19. 捕捉情感冲突 感悟人物美德

《小抄写员》是一篇篇幅较长的文章。怎样让长文短教，实现突出重点、突破难点的目的呢？教学中，我将本单元主题“冲突”与教学内容紧密相连，重点捕捉冲突内容，抓住叙利奥的动作、心理与父亲的语言、神情的对比，体会叙利奥小小年纪却承受着他本不应该承受的误解与责骂，深刻感悟到人物矛盾、委屈却坚韧的心情。学习活动中，学生分别从正面、侧面两个方面捕捉有关语句细读深思。

透过父亲一次次的责骂：

“叙利奥！你怎么啦？你和从前相比，不是变了个样子吗？注意呀！一家人的希望都在你身上呢，你知道吗？”

“多挣六元四角钱虽然很好，只是这个孩子——他实在使我伤心！”

“叙利奥！你知道我为了养活一家人，怎样辛苦地工作。你不知道吗？我为了你们，是拿命在拼呢！你竟什么也不想，也不管你父母弟妹怎样！”

“那是他自作自受。以前用功的时候，并不是这样的。”

从这些责备的话语中，学生深深感受到父亲的情感变化：希望→失望→极度失望→绝望。当小翔说从“‘……你竟什么也不想，也不管你父母弟妹怎样！’看出父亲对他绝望”时，小汪立刻反驳道：“不是绝望，绝望就不会说了，可这里还在苦口婆心地说，可见还没绝望，只是极度失望。”正是这样的深读细品，让学生对父亲情感线的把握越发清晰。及至父亲“瞟了叙利奥一眼”，学生抓住“瞟”字理解。小禾说：“父亲都不用正眼去看这个他曾经最爱的孩子了。”小陶补充道：“如今叙利奥这个宠儿已经变成了弃儿。”就是在这样用心的体会与感悟中，学生深刻感受到父亲内心的绝望。

在梳理父亲这条情感线的同时，学生通过品读叙利奥一次次备受责骂时的心理活动，被这个年仅 12 岁的孩子深深地打动了。叙利奥不仅要忍受身体的疲惫，更要承受心理的委屈。在身心俱疲之际，“仍旧”“习惯”“忍不住”地“又开始写了”。他对家人浓浓的爱，对家庭强烈的责任感在品字品句中突现出来。

在父子情感“冲突”的体验与感悟中，学生由最初对叙利奥的“同情”发展到对他的“敬佩”。同情他所受到的委屈，敬佩他忍辱负重的美德。在品读父子情感冲突的语句中，在对人物一步步的深入了解与认识中，学生的情感线也突显出来。

这篇节选自《爱的教育》一书中的文章，字里行间满溢着浓浓的情、质朴的爱，让学生体会到父爱子，子爱父，父子间这份强烈的爱的情感，使学生受到了最真挚的爱的教育。当学生将课文读得声情并茂时，当学生将自己与叙利奥对比感到自愧不如时，当学生深情赞美叙利奥时……我知道，学会忍辱负重的爱的教育已悄然浸入学生心田了……

20. 课堂“四创”

课堂教学已经结束，静下心来将本课教学理念及课堂实践仔细推敲，的确有一些思考与启迪，于是，将教学过程中的感悟与思考凝于笔端，聚于文字，力求在教学后的反思中更客观、更翔实地对教学环节与效果进行剖析。

《珍珠鸟》是一篇充满生活情趣的文章，如同老舍先生的《养花》一样，于生活小事中见真章。本文作者也是在养鸟之中，在与鸟的亲密接触中顿悟：信赖，往往创造出美好的境界。

为了创设这样一种美好境界，教学设计中，我自始至终都以舒缓的乐曲为学生营造温馨的氛围。以下仅从环节设计来看：

课前谈话——在美妙的乐声中使学生对作者有进一步了解，这是资料的分享过程。

创舒适环境——在配乐朗读中感受作者对珍珠鸟的关爱。这温馨环境不仅是作者为鸟儿营造的，更是教师为学生创设的一种美妙的学习情境。舒缓的乐曲伴随着学生动情的朗读，将同学们带入到一个美好的境界。这是氛围的营造，这是情感的熏陶。同学们在配乐朗读中欣赏语言美，体会作者为鸟儿创设的家的舒适与安逸。这一教学设计达到了引领学生回归宁静、安详的自然环境中的目的。

“创自由空间、创和谐社会”两个环节依然有音乐出现。教学中，柔和的旋律、舒缓的乐曲贯穿始终，为学生营造了温馨的氛围，创设了美好的境界。在这境界里，学生心情轻松、毫不拘束、畅所欲言。是这份外在的恬静使学生尽情释放所思所想。师生虽彼此并不熟识，但课堂氛围却挺活跃。听，有的学生把自己当作小珍珠鸟作自我介绍：“瞧，我多可爱呀！红红的小嘴，还穿着一双小红靴，后背生着灰兰色的毛，眼睛虽小却很有精神。你们看，我挺胖，像不像一个蓬松的球儿?”我顺势引导学生给小家伙起名，同学们称其为“小肥球”。这满溢着喜爱情感的的话语，这自然不造作的介绍，不正是学生融入文本的体现吗？学生的入境，难道没有美妙旋律的推波助澜作用吗？

温馨氛围的营造就是为了让学生更深入地学习。这节课为了充分落实教学理念中提到的“以学生读中发现、读中积累为主要学习方法”的目标，于是在环节与时间安排上，我注意了精讲精练，将大量时间还给学生去读书，在读中思—读中画—读中品—读中悟。为了避免“以读为主”的教学方式出现枯燥乏味的现象，我注重了读的形式的多样性：浏览、默读、齐读、配乐读、创新读相搭配；自读、指读、合作读、汇报读相结合，使读的形式更活泼，读的情绪更充沛，读的效果更鲜明。由于学生读得充分，且是扎扎实实在读书，因而为理解珍珠鸟对人的情感变化打下了坚实的基础，为创新读做了充分的铺垫。

学生在读中品悟的过程中，我重点进行了对比读的指导，让学生学会抓鸟的行为与人的表现对比朗读，在读中深入体会人对鸟的宽容、尊重与爱护。在有感情地朗读的同时，我重视了对学生的倾听感悟能力的培养，通过“你从他的朗读中感受到了什么?”“你听出了什么?”等启发学生形成知识的互动交流，即生生互动。在听读感悟基础上，进一步培养学生的创新能力。“结合课文内容，创造性地利用句式朗读”的方式是集知识、技能、情感于一体的学习形式。看，这是学生课上的创新朗读：

“小肥球，当你嗒嗒啄着我的笔尖的时候，我用手抚一抚你细腻的绒毛，就是为了表示我对你的友好情谊。”

“小家伙，当你趴在我的肩头睡着时，我只轻轻抬一抬肩，就是为了不想惊醒你，让你做个甜甜的美梦。”

“小珍珠鸟，当你蹦到我的杯子上，俯下头喝茶，再偏过脸瞧瞧我的反应时，我只是微微一笑，依旧写东西，就是为了让你尽情玩耍，让你知道我决不伤害你。”

……

创新读达到了一石三鸟的作用，使学生通过换位思考、人称的转变，自然而然地将自己融入角色中，与作者情感产生共鸣，与鸟儿关系更加亲近，拉近了学生与文本的距离，使学生想作者之所想，思作者之所思，真切体味到作者对珍珠鸟的关爱与呵护。

运用句式创新读的方式促使学生走进文本，走近珍珠鸟，情真意切，深刻感悟到“人鸟和谐”离不开信赖，不能没有爱，成为突出重点“鸟怕人→鸟亲人”的核心环节。正因如此，在读后梳理文章鸟儿情感变化的主线时，学生轻松抓住鸟儿的飞落点这条线索：“笼子四周—屋内—桌上—杯上—稿纸上—肩上”，一步步体会到鸟儿对人由疏远到熟络的态度转变过程。

这样一篇让心灵一任自然的随性文章，如何渗透思想教育，使之源于文本且高于文本呢？教学结束之际，我设计了一组配乐图片展示，以达到实现知识拓展与情感延伸的目的。在歌曲《爱的奉献》中，让学生直观感受人与动物的亲近、人与自然的和谐、人与人的关爱。既有画面的直观感受，又有音乐的以情激情，学生欣羡之情溢于言表，由衷地感慨道：“狮子是凶猛的，然而却和人亲密接触，这就是信赖创造出的奇迹！”也有的学生联系自身实际，讲述自己与小动物间的情谊，再次用事实理解、印证了“信赖，往往创造出美好的境界。”这是图片产生了视觉的冲击，音乐引发了心灵的触动，催生了学生内心爱的情怀。

为了突破难点，深入理解“信赖，往往创造出美好的境界。”我在教学中依课文内容设计了一幅“人回眸凝视鸟儿熟睡肩头”的人鸟相依的画面，并引导学生为图命题。学生以“信赖”命题，我便就势引导学生交流对“信赖，往往创造出美好的境界”的理解。学生们结合课文内容说得实，说得真：“信赖使怕人的珍珠鸟变得不怕人了；信赖使人与鸟之间建立起友谊的桥梁；信赖使不可能变成可能……”教学难点于自然的情景创设中迎刃而解。

为了在突破难点的基础上深化认识，将学生的理解提炼升华，我以“信赖是什么?”为引子启发学生思考。学生们以质朴的话纷纷说道：“信赖是呵护；信赖是尊重；信赖是关爱；信赖是搭设在人鸟之间的友谊桥梁；信赖是联结人与动物情感的纽带；信赖是开启人们心灵的钥匙……”瞧，学生们用心感悟，创编出一首名为《信赖》的小诗。这不就是学生对“信赖，往往创造出美好的境界”的深刻感悟吗？这不就是学生对爱的情感的深刻体验吗？这难道不是学生由“学会到会学”的深层次发展吗？

由于课堂时间的限制，有些可以对学生进行思维发散的创新点无法落实。于是，我便充分利用“创个性作业”这一环节，实现知识由课内向课外的延伸，落实学科知识点的整合，尊重学生的个性差异，多角度发展学生的学习能力。所布置的作业或将抽象文字变成生动画面——绘画；或发挥想象力，想象小珍珠鸟在“我”肩头的梦境——写作；或读与课文内容、情感相关的文章——阅读。弹性作业的布置，是差异性、知识性、技能性与趣味性的结合，将作业的选择权交给学生，实现分层次留作业，关注每个学生的成长，符合教育的因材施教的特点。

21. 注重语言文字训练

文本是阅读教学的载体，因此教师要善于深入钻研教材，预设有价值的问题，激发学生的情感。而积极的思维活动是课堂教学成功的关键，所以教师在课堂上应运用启发性教学来激励学生的思维活动。充满情趣的问题能够有效地激发学生的学习兴趣，引起学生对新知识的热烈探求。

《阅读大地的徐霞客》一课的教学中，学生紧扣中心句提出了有一定难度又有一定探究和讨论价值的问题：徐霞客是一位奇人，写出了《徐霞客游记》这本千古奇书。他人“奇”在哪里？书“奇”在哪里？从而引导学生们默读课文，把自己感受深的词语和句子画出来，反复读一读，在旁边批注。这个问题激发了学生的兴趣，使学生自主地与文本对话，主动地去探寻隐藏在文字背后的作者的思想和情怀。这是一个由表及里、由浅入深、由内容到中心、由外在到内心的过程，学生处于兴奋状态，积极地去思考、去表达，迸发着智慧的火花，同时情感也受到了熏陶。学生与学生之间，学生与文本之间进行这样的对话，学生自然融入其中，做到了以情激趣，以趣诱知，情知和谐统一。

此外，教师要善于运用语言进行情境渲染。教学时，当学生抓住第二段“此后三十多年，他与长风为伍，云雾为伴，行程九万里，历尽千辛万苦，获得了大量第一手考察资料。徐霞客日间攀险峰，涉危涧，晚上就是再疲劳，也一定录下当日见闻。即使荒野露宿，栖身洞穴，也要‘燃松拾穗，走笔为记。’”

当谈到徐霞客奇在他的不避艰险、求真求实时，我又运用语言进行渲染："一路上，志同道合的朋友不辞而别，服侍他的仆人偷走了他仅有的行囊。面对土匪的掳掠他毫不畏惧，面对死亡的威胁他也毫不动摇，他真是一个卓尔不群的奇人啊!"在总结学生发言的情况下，梳理了学生的思维，及时提升学生的情感，这时候再进行动情朗读，就有水到渠成的感觉。

语文学习中，学生不仅仅要了解这个人物，感受他的品行，更重要的是，要引导学生在了解人物、感受品行的同时，进行字、词、句、段、篇和听、说、读、写的语文综合训练。

再者，重点词语的理解运用了各种不同的方式。如"卓尔不群"，通过对比来理解；"醉心"，联系生活实际来理解；"九万里""三十年"通过化抽象为具体来理解；"锲而不舍"，在体验的基础上用换词法来理解；课题中的"阅读"通过到文中找相关词语来理解等等，形式多样，落到实处。

叶老说过，教材不过是个例子。是啊，每一篇课文不过是一扇扇窗子，每一名教师经由这扇窗，都要擦亮学生的双眼，让他们看到窗外更美的风景。这就要求教师要善于开发文本，利用文本，为学生创造想象的空间。

在引导学生探究徐霞客夜以继日历尽千辛万苦进行考察时，学生巧妙利用插图加以体会。我顺势引导学生看插图，图上的情景只是徐霞客旅行生活的一个小片段啊！激发学生想象，在徐霞客长途旅行的日日夜夜中，他还可能会遇到什么困难呢？学生畅所欲言，展开合理想象，有的说：可能会被险峰上滚落的石块砸伤，鲜血直流；有的说：可能找不到野果子充饥；还有的说：可能遇到骄阳似火，可能遭遇大雨倾盆，可能偶染风寒，可能险些成了野兽的美餐……学生想象丰富，思维活跃，这样就比单纯的品味语言文字更直观形象，学生会更深刻地体会到，不求功名、立志考察的徐霞客的确是一位卓尔不群的奇人。

22. 感悟与创作

《献你一束花》写了一位机场女服务员为一名比赛失利的女体操运动员献花的事，说明胜利者需要祝贺，失败者更需要鼓励，赞美了人与人之间美好的情感。

这课最大的特点是人物心理活动的描写，文章对比手法的运用以及插叙的叙述顺序。

心理活动是我本学期教学的重点，每每授课过程中，就会随机创造一个句式让学生恰如其分地为人物补充心理活动，目的是使学生能根据上下文内容自然地、创造性地补充心理活动，实现进一步领悟文章内涵，感悟人物情怀的目的。通过一个学期的训练，学生基本已经能比较熟练地运用句式，设身处地地想人物之所想了。插叙手法和对比写法的运用，就是为了让学生体会体操运动员的心理落差，感受她内心的失落心情，从而了解失败者比胜利者更需要鼓励和支持，哪怕一句话、一个眼神、一个动作都会给他们带来力量，都会温暖他们冰冷的心房，使他们重拾信心，扬帆远航。

正是由于课上对文本的品悟感受，对写法的揣摩领悟，激发了学生的创作热情。课后，学生自觉创编了小诗，表达内心的感动。如王卓仿写的《失败》——

练习平衡木，总有跌倒的时候，
学习唱歌，也会唱错音符。
年轻人啊，
谁又能不失败呢？
知道原因，
不难把失败读懂。

失败可能是人生道路上的绊脚石，
失败也可能是成功路上的垫脚石。
失败是人生必经的一难啊，
每个人都要努力地克服。
努力克服啊，吸取教训，
吸取教训啊，你才会成熟。
经历过这一难啊，
你将永远不会屈服！

23.《我们和我》教学反思

反思一：抓住学生的质疑点加以引导。

这是第一课时。出示课题后，要求学生审明题意。学生通过感情朗读，体会到“我们”代表集体，“我”代表个人，“和”是突出两者关系。我顺势引导，“我们和我”之间是什么关系？同学们说：“我是集体中的一员。”“我来自于集体。”“我要为集体做贡献。”“集体是由无数个我组成的。”……我就着学生的发言，随机板书：

集体（上：包含；下：属于）个人

顿时，集体与个人的关系清楚地呈现在眼前。这是学生初读题目后，利用解题法，由一点引发思考而想到的。

郝铁问道：“为什么不以‘集体和个人’为题？”我又一次抓住学生的质疑点，引导大家对比读两个题目。同学们通过比较朗读，真切地体会到两者的不同。徐靖彤等人说道：“‘集体和个人’读来生硬，冷冰冰的，无温暖的感觉；而‘我们和我’给人以亲切感，没有距离，我们和我之间感情是密切的，是温馨的。”这再次彰显了朗读的魅力，语言的魅力。

针对学生的质疑，老师不是一带而过，走过场，搞形式主义，而是引导学生自我解疑，沉甸甸的问题在学生的争辩中轻松地迎刃而解，且是生生互动，质疑解疑一气呵成，令质疑既有价值，解疑又具实效。而这其中，老师只略加引导，起到了四两拨千斤的作用。回想起来，课堂教学顺畅自如，源自于因势利导的效果。

又比如，朗读中，张李杨将“一齐”读成“一起”，同学指出后，我抓住这点不放手，板书出“齐”、“起”，让学生一字多组：“整齐、齐心协力、齐头并进……”“起来、起立、站起……”在组词中，学生就对“齐”有了一定的了解。再来体会“一齐”、“一起”的异同点，都具有“一同、共同”的意思，但“一齐”还有齐心协力、整齐划一的特点，这就更突出强调了个人在集体中的作用以及集体与个人的关系。学生们认识到集体中每个人都不能掉队，不能落后，要齐头并进(这词是课后总结的)。一个词的对比，使学生豁然开朗，再次齐读时，大家在“一齐”上读得很有力度，很有感情色彩。

反思二：朗读指导有梯度，有层次。

小毛读“……一齐越过千座大山，万条江河。”声音轻而无力。我用风趣的话语问同学：“他越过去了吗?”大家说：“没越过去!”“他好像没吃早饭。”一句玩笑，这不就是提醒大家读书的方法——要有力量。又一位同学朗读这句，同学们顿感困难再大也无所畏惧。我再次请小毛读这句，他的语调、语感都发生了改变。因为感悟不同了，又有参照的同学，读的效果大不相同。我引导学生们为他的进步鼓掌，对他进行激励。他由不会读到会读，由不自信到自信，这个过程在愉悦、风趣的氛围中轻松解决。

读倒数第二节时，我指导学生用不同读法读出个人感受。一位学生读到“不要只想我。”另一位读“不要只想我”。我启发学生还可以怎样朗读？学生又读到“不要只想我。”“不要只想我。”不同侧重的重音朗读渲染了氛围，我立即变备课时准备范读的内容为同学们朗读形式的综合。四个人用四种效果分别读每一组诗句，于是朗读教学中抑扬顿挫体现尽然，个性化朗读自然生成，同样句式读出了不同的味道。读，激活了同学们的灵感；读，尽显了同学们的个性；读，展现了同学们的学习能力。

反思三：在模仿中创造。

我结合课后题 2，采取重组朗读内容，创造性地运用句式的形式指导学生学习。通过变序读、组合读等不同方式的读，使学生在对比读中欣赏、感受诗句的美——词语运用美、修辞手法美、创作句式美、内容内涵美等，并在读中体会到个人与集体力量的悬殊，集体之于个人而言的重要。

"我虽是一朵花，却扮不出烂漫的春色(女)；如果我们是花，才有花的世界(齐)。我虽是一块石，却不具备泰山的巍峨(男)；如果我们是石，才有山的气魄。(齐)……"如此这般进行朗读。

读中启发学生："你发现作者运用什么修辞手法将集体力量大体现出来的?"学生发现了比喻、对比及排比，是这些修辞手法的运用使句子变得如此美妙。在发现句式美、语言美的基础上，再次引导学生，"还可以把我比做什么?"学生展开丰富的想象："我是一根线、一缕阳光、一束火把、一粒沙、一块砖、一个音符、一朵云、一根草……"一位学生说："我可以用'我虽是……却……'说一句话。"此话一出，同学们也跃跃欲试，这真是正合我意！可以让学生们由词组到句子，学习创造性地组织运用语言。听，动人的诗句从同学们口中流泻："我虽是一根草，却组不成茫茫的草海。""我虽是一缕阳光，却照不亮世界的每一处地方。""我虽是一个音符，却奏不出动听的旋律。""我虽是一根线，却织不就迷人的锦缎。""我虽是一粒沙，却聚不成无际的沙海。"……

在肯定了同学们创造的诗句的基础上，我启发学生模仿第二小节，用"我虽是……却……；如果我们是……才……"创编一节诗。学生面露难色，见此情景，我组织学生进行合作学习，集思广益，抓住一个内容，共同将"我们和我"创作完整。于是，小组内立刻展开了热烈的讨论交流……

汇报展示中，各组同学你方唱罢我登场，智慧的火花不断闪现……

这一教学环节的设计，依据课后题二的训练点，在读中达到理解句子含义的目的。为了"用书而不唯书"，把"教教材"变为"用教材教"，在这一小节教学中，我引导学生发现修辞手法的运用可以令语言美、句式美、韵律美、情感美，可以使表达的意思更生动、更形象、更鲜明、更富情致。在此基础上，对教材内容进行了拓展，尝试性地指导学生进行思维发散，采取独立思考——合作创造的方法仿写一节诗。

这一过程是灵活利用文中句式，运用几种修辞手法创造出美妙的诗句的语言训练，让学生在创造美的过程中深刻感受到个人相对于集体而言是渺小的，是微不足道的，而集体有了个人的加入与奉献，力量是不可抵挡的，是无坚不摧的。在“欣赏诗句美—发现手法美—创造句式美—陶冶性情美”的过程中，诗的内涵得以深化，三维目标得到落实。学生不光了解了诗句的含义，更重要的是学会了创造，用自己稚嫩的语言创造出又一篇《我们和我》——

我虽是一粒沙，却聚不成无际的沙海；
如果，我们是沙，才会有撒哈拉的浩瀚。
我虽是一根草，却组不成茫茫的草海；
如果，我们是草，才会有翠色欲流的妖娆。
我虽是一滴水，却不能解救土壤的干渴；
如果，我们是水，才会使大地得到滋润，小河欢快唱歌。

我虽是一根线，却织不就迷人的锦缎；
如果，我们是线，才会有绚丽的衣衫。
我虽是一个音符，却谱不出动听的旋律；
如果，我们是音符，才会奏响和谐的乐章。
我虽是一缕阳光，却照不亮世界的每一处地方；
如果，我们是阳光，才会把光明洒向世间的每一处地方。
……

这是课文内容的拓展，这是学生思想的延伸，这是创新能力的初绽……

回想学期初始，“学科教学活动化”的开展，根本意图就是要让课堂“活”起来，让学生“动”起来。教学环节的设计与安排，给学生提供充分的活动空间——思维动、情感动，个体自动，群体互动。通过动态的思考与交流，实现获取知识、掌握技能、培养情感的目的。这一目的在此环节中得到了充分的落实与体现。学生人人参与，个个动脑，以点带面，互学互促，效果鲜明。除此外，教师在这一过程中的“教—扶—放”层次清楚，既不束缚学生思维，也不完全放手不管，循序渐进地启发学生由品读到感悟，由感悟到理解，由理解到创造，这一过程的组织者是教师，实施者则是学生，学生充分交流、讨论，在自主、合作、互动的教学氛围中，思维得到提高，情感得到启迪，个性得到张扬，课堂教学满溢着人文魅力，弘扬着自主精神。

24. 教师的“导”很重要

电脑进入课堂，意味着网络教育和多媒体教学已经走进了学生的课堂学习。如何在课上充分发挥多媒体的作用，为学生提供感性的或相关的资料，使其在教堂教学中更具实效性，有的放矢地促进学生的学习，这是摆在每位教师面前的一个问题。

为了让学生对文字的理解有更深刻的情感体验，教学中，我利用电脑为学生展示了“潮来时”的壮观景象，从视觉上造成强烈的冲击，留下深刻的印象。果然，“波涛翻滚、气势恢弘、惊天动地、波澜壮阔、声势浩大、风号浪吼、漫天卷地……”等词让学生有感而发，对潮来时的景象有了整体感受，再带着这种感受把看到的景象，听到的声音在文中找到相应的语句画下来，“观景—思画—诵读—抒情”这样循序渐进，景象与文字交融，将景象作用于文字，在文字中再现景象，深化了学生对“千万匹白色战马齐头并进”、“千万辆坦克同时开动”的理解与感触。学生对“潮”的感受在读的气势中尽现。

拓展教材时，我为学生展现了自古以来诗人们对钱塘潮赞颂的诗句。李白的《横江词》——“海神东过恶风回，浪打天门石壁开。浙江八月何如此，涛如连山喷雪来。”毛泽东的《七绝·观潮》——“千里波涛滚滚来，雪花飞向钓鱼台。人山纷赞阵容阔，铁马从容杀敌回。”让学生再次从诗词中感受大潮的“天下奇观”。学生学到兴致上，我将学生课上的发言提炼出来，引导学生发现我们创作的对联——上联是“天下奇观钱塘潮”，下联是“壮观异常天下无”，学生为对联补充的横批是“难得一见”。这对联的创造，正是教师、学生集知识、技能、情感于一体的结晶，同时也巧妙地给学生渗透了中国文学中的对联艺术，在学生的心目中不光知道文章可以描述抒情，诗词可以表情达意，对联也同样实现这一文学效果。中国文化于润物无声中渗透，于潜移默化中深入……这不禁使我想起叶圣陶老先生提出的："教师当然需教，而尤宜致力于导。导者，多方设法使学生自得之，不待教师教授之谓也。"

25. 我教《凡卡》

《凡卡》是一篇老课文，文章所记叙的故事距离学生太远。生活时代不同，社会制度不同，创作背景不同……这么多不同，制约着学生对文本的理解。

为了让学生能够融入文中，读懂文本，入情入境，课前，我布置了查阅资料的任务。让学生通过对资料的搜集、整理，了解本课创作于俄国沙皇统治最黑暗的时期，理解凡卡生活的社会的黑暗，穷苦劳动人民生活的悲惨，激发学生对凡卡命运的同情。

教学时，我从主要内容入手，让学生概括文章大意——沙皇统治时期，9岁的凡卡趁圣诞节老板一家去教堂做礼拜的机会，偷偷地给爷爷写信，向爷爷诉说他在城里当学徒的悲惨生活，回忆和爷爷在一起的美好生活，盼望爷爷把他接回乡下去。

在此基础上问学生：“凡卡为什么要让爷爷把他接回乡下呀?”引出乡下生活的美好。由此让学生找到对乡下美好生活描写的内容，读中品悟，了解回忆内容，找出插叙部分，使学生很清楚地知道文章是采用了插叙的写法，用现实的悲惨生活和过去的美好生活形成鲜明的对比。在品读过去生活的美好时，学生说：“‘冻了的山林喳喳地响，爷爷冷得吭吭地咳，他也跟着吭吭地咳……’这么辛苦的生活，但在小凡卡心中还是那么值得回忆，就仿佛是在演奏一曲美妙的山林交响曲。”

回忆了过去的美好生活后，再将镜头拉回到现实生活中。通过深读细品，抓住对人物动作、感受的描写，进一步体会凡卡处境的悲惨。对比学习，使学生对凡卡的同情更甚。

课文结尾以“做梦”结束，似喜实悲，这是学生理解的难点。于是，我引导学生对比进行思考讨论：“凡卡的信爷爷能收到吗?”“即使爷爷收到了信，凡卡能过上幸福的生活吗?”“文章结尾有什么含义?”学生们联系课文内容，在争论过后悲愤地感受到，凡卡的信爷爷永远也收不到！因为他没有写信的地址，没有爷爷的名字，邮差又是醉醺醺的……这一切都暗示了凡卡悲惨的结局。学生深切地感受到：“文章以梦结尾，暗示凡卡追求幸福的生活是个不能实现的梦。这个结尾看似美好，其实隐藏着不幸。”这更激起了学生们对凡卡的同情，以及对沙皇统治下的黑暗社会的憎恨。

课后，我布置了创新作业：想象一下凡卡的命运将会是怎样的?你有什么话想对凡卡说?由学生任选其一，展开续写，进行议论，充分发挥学生的想象力，引发学生思维，尝试采用对比写法写出自己的学后心得。

26. 由《迟到》想到的——

《迟到》一课的文本内容朴实，语言通俗易懂，所阐述的道理与亲情也是显而易见的。因而对于五年级的学生学习文本没有什么难度。然而在向学生传递文本表面知识信息的同时，我认为还应该向学生进行正确的世界观教育，即不仅让学生从文本中体会到作者在父亲的严厉与慈爱中认识并改正错误，更应该由此让学生自身在学习和生活中坚持自省与反思，正确对待和改正自己的错误。

于是，怀着尝试的心理，结合学生的实情，我设计了这样的教学思路：

首先，课前活动，铺垫文本：

师生交流，自己平日所犯的错误，家人和自己是如何处理的？自己改正了没有？

其次，课堂对话，进入文本：

思考点 1：小作者犯错后，该不该打？结合文本和自己的生活体验谈理由。

思考点 2：你如何评价文中的父亲，联系文中的细节说说。

最后，走出文本，进入现实：

一方面，结合自己查找的作者(林海音)的资料及《爸爸的花儿落了》(《迟到》文本是其中的一个片断)，发表自己的看法，作者的成就与这次父亲的教诲是否关系密切？

另一方面，结合自己的实际，反思自己，在学习和生活中的过失与错误，应如何面对？尤其当家长和老师、同学针对自己的错误提出合适的建议时，我们应该怎样去看待？

课堂的学习在同学们与文本的自主对话中，不知不觉进入了尾声。课堂上，同学们的发言都独特而新颖，可最令我难忘的还是同学们走出文本的感受。记得有的同学是这样谈的："学了《迟到》，让我想到自己，每次升国旗，我都迟到，但我却总以各种理由给自己开脱，而妈妈也劝我，不要紧，不就晚一小会儿，没什么，原来，我都心安理得。现在我觉得不光自己不对，家长也不对，不应该迁就自己的坏毛病，而自己也应该主动去改。"也有的同学说："我经常犯错误，所以妈妈就常常批评我，而爸爸却对我的错误不以为然，于是，我从心里喜欢爸爸，而不喜欢妈妈，并且对妈妈的建议一概听不进去，现在想来，妈妈对我的严格要求也是为我好。"更有同学这样谈到了自己学校的生活内心感受："以前，自己犯了错误，不愿意让老师和同学知道，以至老师和同学给自己指了出来，自己也不愿意接受，甚至哪个老师要求得越严格，自己越不喜欢哪个老师，现在看来，自己真不应该这样做，严厉也是一种爱。"……

听着同学们发自内心地表达出自己从文本中获取的而又高于文本的收获，我心里很是感动，因为眼前的一切，让我想起了文本的作者林海音先生在她七十多岁时就本文的创作感受时所说的一番话，她说："我七十多岁了，一生经历的事不少，但这件'迟到'的事，对我应当是刻骨铭心的，如果爸爸影响了我，我又影响了读者，该是一件多么好的事!"的确，值得欣慰的是，通过有的放矢地引导，学生在自主学习中，不知不觉达到了林海音先生所渴望的境界。而"面对错误，要勇于改正错误，不能找借口给自己的错误进行辩解和推脱，也不能去指责别人帮助你的方式"的正确的世界观的教育也自然扎根于学生幼小的心灵。

课已上完，可我内心依然不能平静，它让我想到教师，特别是语文教师肩负的神圣使命：不光教学生习文，更要教学生做人。这样才能胜任新课标赋予我们的责任!

27. 课堂语录　智慧的光芒

把课堂还给学生，让学生“活”起来(活跃)；把创造还给学生，让学生“动”起来(思维)。

如今，我们的课堂节节课都有学生活跃的思维，绽放学生智慧的火花。这火花是生生间、师生间情感的激发，智慧的碰撞而成，是稍纵即逝的。为了将这智慧的灵光及时捕捉到，让瞬间变为永恒，我们专门布置了课堂精彩语录的积累。对积累他人语录的同学而言，这是知识储备与二次学习的过程；对创造语录的同学而言，这是荣耀的，是自信的，是再创造的平台，是自我发展的舞台。学生们越积累兴趣越浓，越积累水平越高。

看吧，这就是学生们的创造，这便是学生们的才华。桑桑为其命名为“一闪一闪亮晶晶，课堂绽放小星星”；崔崔说它是“留声机”；小陶认为是“百花齐放　百鸟争鸣”，还有什么“思想者发言”等等，你听——

《大自然的秘密》

瞧瞧，这就是好心办坏事，热心帮倒忙。——温文

我们的聪明反被聪明误，使食肉鸟得来全不费功夫。——英猫

违背自然之道，一切都将走向反面；遵循自然之道，一切都会步入正轨。——王召宇

自以为是、自作聪明只会适得其反、事与愿违。——桑桑

《你，浪花的一滴水》

小小水滴转瞬即逝，雷锋之名流芳百世。——小陶教授

雷锋积累平凡，造就非凡。——四眼

心中无我有大我，专门为人奉献多。——崔崔

稚嫩的幼鸟却能够心无旁骛地向着党飞，这是难能可贵的！

——四眼

力量从团结中来，荣耀从集体中来，行动从思想中来，智慧从劳动中来。

——小陶教授

《金色的鱼钩》

老班长睡不了，吃不饱，一心一意为我们操劳。 ——喝香油

金色的鱼钩背后是感人的故事，感人的故事背后是舍己为人的老班长，老班长的背后是他那颗无私忘我的心。 ——贫嘴小汪汪

老班长把真心、爱心、热心、关心都熬在了这一锅鱼汤里，能不香吗？

——小陶教授

《白衣天使》

父母的反对、舆论的批评、他人的不屑都不能阻挡南丁格尔开拓现代战地护理事业的脚步。

——喝香油

天使走了，可天使撒下的种子还留在人间。 ——陶子

南丁格尔为了梦想永不言弃，为了伤员勇于牺牲，为了护理事业鞠躬尽瘁，让我们为她鼓掌吧！

——崔崔

《当代神农氏》

雨，你下啊下啊，你浇不灭我对科学的热情；风，你刮啊刮啊，你刮不走我对真理的追求！

——崔崔

汗水铸就成功，努力创造奇迹！ ——吴雪君

只要有熬过严冬的勇气，请相信霜叶红于二月花。 ——八哥

有志者，事竟成；苦心人，天不负。 ——小陶

袁隆平有不撞南墙不回头的执着，不见事实不信邪的勇气！

——小陶教授

袁隆平在杂交水稻的盲区里，偏偏要摸索出一条光明的道路。

——喝香油

灼人的阳光晒着，热啊；小刀似的稻叶刮着，痒啊；汗水如注地流着，累啊。

——何思远

《一个这样的老师》

对待错误，我们要警惕，要纠正；对待真理，我们要坚持，要追求。——桑桑

我们糊里糊涂地听讲，糊里糊涂地记笔记，糊里糊涂地画图，糊里糊涂地接受了错误的知识。——崔崔

望着我们那一双双渴望读书的大眼睛，怀特森老师竟把我们玩弄于股掌之中。——衰哥

我们要活学活用，不要死学不用。本文告诉我们“学、思、问”三部学习法。——四眼

《我们上路了》

人生之路，永不止步。——杨家锐

既然是展翅的雄鹰，就翱翔吧，蓝天在召唤着你；既然是含苞的花朵，就绽放吧，太阳在召唤着你；既然是升起的明星，就闪烁吧，黎明在召唤着你；既然已经上路，就前进吧，成功在召唤着你。

——小陶教授

这是一首满怀希望与勇气的进行曲。——小宇

不逗留，不回头，一鼓作气往前走。——崔崔

给童年留下一个坚定的背影。——四眼

《学步》

要上路，先寻路，否则踏上不归路。——崔崔

鸟要离巢要飞翔，人要独立要自强。——桑桑

风雨背后有彩虹，困难背后有成功。——“史大爷”

我们要做人生路上的勇者，变成一架钢琴，弹奏出最美妙的生命旋律；变成一盒彩笔，画出最美丽的画卷；变成一支羽毛笔，写出最俏丽的诗篇。——四眼

我无法用更多的文字将学生课堂绽放的智慧火花全部收集、整理，只希望用这管中窥豹的一个点，展现课堂学习的一个面。学生在动，由内而外，在做头脑思维的体操，不吐不快，一吐为快。我坚信：每个学生都是一座金矿，是一座宝藏，只要肯挖，肯花力气，肯刻苦磨砺，一定会挖出闪光的金子。

古人云："弟子不必不如师。"瞧，我的弟子们可比我要智慧多了。他们相互启发着，不断创造着，随时运用着……节节课如此，日日、月月、年年……点滴进步着，不断发展着，思维、口才、创造力越发出色！

28. 谈“课堂语录”

“语录”，顾名思义，自然是语言的记录或摘录。字典中是这样定义的：语录是一个人的言论的记录或摘录。通常我们听到、读到的只是名人、伟人的语录，其实，就算是少年儿童，也一样可以凭聪明的头脑、敏锐的思维，创造出精辟的、睿智的、深刻的、耐人寻味的话语。每课书、每堂课都是学生精彩语录的绽放时机。智慧的火花不是静思得来的，更多的时候是群体智慧的碰撞、摩擦而产生的。启迪读就是为了通过读启迪学生思维，使学生通过关键词语的捕捉上挂下联、引古论今、说你道我，深化理解。

现摘录学生课堂上的精彩语录。看，桑桑这样形容它“一闪一闪亮晶晶，课堂闪烁小星星”：

这是学生们在学习了《别挤啦》一课后摘记的课堂语录——

在思想的王国中，你可以为所欲为，但在现实生活中，你不能越雷池半步。

利己？可以！损人？不行！

生活就像一场跑步比赛，在你的跑道上，你可以纵情驰骋，但你决不能串道，决不能违规，否则黄牌提醒后就该红牌罚下。

在这无限大的世界里，每个人都有自己的一方天地，心胸狭隘的人啊，不要再挤了！

在心门上为善良写出“欢迎光临”，为丑恶挂上“丑恶免进”！

敞开心窗吧，让善良的阳光照进来。

做心灵的看门人，不要让丑恶偷偷潜入你心底。

丑恶就像传染病，只有打了“善良”这支预防针，才能将丑恶拒之门外。

你尽可以让你的思想成为一匹脱缰的野马，可是在现实生活中，还得用尺度约束着点自己。

再看《黑孩子罗伯特》一课——

尽管丽莎这朵玫瑰花凋谢了，但黑人与白人间的友谊之花却悄然绽放了。

丽莎和战斗机就像天平的两端，罗伯特都不知道该倾向哪一方了。

破败的家境、卑微的地位、无理的辱骂，小罗伯特该有多痛苦啊！

为了给这朵逝去的玫瑰送上自己最后的祝福，小罗伯特付出一切在所不惜。

丽莎的脸蛋如玫瑰花般美丽，罗伯特的心灵如玫瑰花般美好。

家，本应是温馨的港湾，可在小罗伯特的心中，却成了痛苦的泥沼。

《企盼世界和平的孩子》——

雷棣懂得了，他要用自己柔弱的肩膀，为妈妈撑起一片晴空。

不要让和平之花在战火中凋谢，不要让和谐之树在硝烟中枯萎。

战争，不要！硝烟，不要！

父亲的殉难，使雷棣找到了心灵的方向、努力的目标、一生的宏愿；给了他前进的动力，进步的源泉和一颗顶天立地的男子汉的勇敢、自信的心。

母亲肝肠寸断，儿子心如刀绞，娘儿俩痛不欲生。

“最高的圣德是为旁人着想。”这不就是雷棣吗？

原来雷棣是享受别人的爱，现在他是让别人享受爱。

……

瞧，教师一旦解放了学生的脑，解放了学生的口，解放了学生的思维，解放了学生的情感后，尽情释放出的就是这些原汁原味，源自学生心灵的话语。

对我来说，这就是课堂的魅力——从学生身上受到启迪，学到穷尽我个人之力无法创造出来的智慧。都说“三人行必有我师”，35 个人和我同行，课堂上的老师层出不穷，使我受益多多啊！向专家学，向书本学，向同行学，这样的时间毕竟是有限的，但向学生学却是无限的，每堂课，每次发言，每本作业，每一句话……我是学生的老师，但学生又何尝不是我的老师呢？

29. 我们的诗歌

自从五年级接班以来，我一直致力于发掘学生的潜力，无论是课堂上还是作业中，培养学生进行句式、段式的练习，在此基础上，指导学生学习创作对联、诗歌，进而学写课本剧、三字经、三句半、宝塔诗等，进行不同形式的文学创作。

经过近两年的锤炼，学生的创作意识越来越浓，创新意识越来越强。下面仅呈现几篇学生学习后创作的作品。

这两首诗的作者是小陶教授(陶江蒙)——

来吧，来吧，全力以赴！

——学习《我们上路了》后的创作

创作于 2009 年 5 月 20 日

人生的道路，
磨难无数。
未知的前方，
荆棘遍布。

懒惰的人们，
不愿起步；
怯懦的人们，
寻求庇护；
脆弱的人们，
彷徨无助；
狡猾的人们，

误入歧途。

来吧，来吧，
全力以赴！
别怕困难，
切断你前进的路，
别怕逆境，
阻碍你找到归宿。

来吧，来吧，
全力以赴！
失败的弱者绝不无辜，
别低声下气，
乞求命运的宽恕，
别让你的人生，
也有污点标注。

来吧，来吧，
全力以赴！
坚强地抬头，
描绘生命的蓝图！

既然

——学习《我们上路了》后的创作

创作于 2009 年 5 月 19 日

既然身为雄鹰的你已经展翅，
那就翱翔吧，
天空在召唤着你；

既然身为花朵的你已经含苞，
那就绽放吧，
阳光在召唤着你；

既然身为明星的你已经升起，
那就点亮吧，
黎明在召唤着你；

既然身为种子的你已经萌芽，
那就生长吧，
春天在召唤着你；

既然身为勇士的你已经上路，
那就前进吧，
成功与梦想在召唤着你！

【其他创作形式】

诉衷情

六(2)班　张锐

星沉月落夜闻香，素手出锋芒。前缘再续新曲，心有意，定当强！人生远，碧空长，路茫茫。不畏挫折，勇于拼搏，定能当强！

草原颂

3　3　4　5|　5　4　3　2|　1　1　2　3|　3.2　2 —|
茫 茫 草 原， 一 碧 千 里， 小 丘 绵 延， 真 美 丽！

3　3　4　5|　5　4　3　2|　1　1　2　3|　2.1　1 —|
我 们 一 行， 来 到 这 里， 蒙 古 人 民， 多 欢 喜！

2　2　3　1|　2　34 3　1|2　34 3　1|1　2　5 —|
紧 紧 握 手， 盛 情 款 待,唱 歌跳 舞,好 开 心！

3.3　4　5|5　4　3　2　|　1　1　2　3|2 .1　1 — ‖
蒙汉 人 民,好 似 兄 弟，　团 结 互 助,一 家 亲！

如今，学生敢于拿起笔，书写学习心得；乐于拿起笔，进行文学创作，这是我倍感欣慰的地方。语文学习就是为了加以运用，学生们主动地进行“我手写我心”的实践创作，长此以往，生花的妙笔握在手中，稚嫩的话语愈见深邃，学习的技能愈见提高。

30. 只要会说不愁写

听、说、读、写，这是语文教学的四大能力。“说”既可以锤炼学生的语言表达力，又能够培养学生的思维反应力，说的好处多多。许多时候，老师们总为学生写作困难，达不到要求的字数而发愁。其实，只要充分利用课堂40分钟时间，对学生进行“说”的能力的培养，就再不用为“写”而忧虑了。因为，“说”是“写”的前提，只要学生会说、能说、善说，就一定能写、乐写、善写。

这不，学生课堂上的精彩语录已充分证实了“会说”这一点。接下来就是将课堂所说和自己更深入的思考落于笔端了。这时候，学生写出的就不止是一句话，而是一段话、一篇文章了。长此以往，学生的能力由阅读到习作，将会不断深入。

这是学生在学习了《别挤啦》之后，结合课上所学，创作的一篇诗一般的文章——

别挤，别挤！

别挤，别挤！
世界容不了你的自私自利、损人利己。
倘若再挤，
这偌大的世上便会没了你的容身之地。

别挤，别挤！
你的心灵还残存着善良、美丽。
别让丑恶再把它们驱赶得寥寥无几。
在心灵的一方净土上，
种植下芬芳的百合、玫瑰、茉莉，

把心灵花园装点得奇丽无比！

别挤，别挤！
用那火把似的正义，
驱赶那无耻的卑鄙；
洗净你心灵上的污泥，
让它重新散发出那花一样的香气。

别挤，别挤！
用美德填补心灵的空隙；
别挤，别挤！
别让丑恶侵占你心灵的领地；
别挤，别挤！
让我们在心中永远铭记！

谁说学生不能写？谁说学生不会写？当学生说得如鱼得水时，当学生思得深刻透彻时，他们的智慧有时是老师也无法企及的。

再看，小才女小旎学完《小英雄雨来》后，将课后题"'我们是中国人，我们爱自己的祖国。'这句话在课文中有什么作用？"作为"开心词典，快乐问答"。她这样回答——

"这句话有深化主题，点明中心的作用。它在文中出现了两次，第一次是雨来上夜校时学会的。夜校老师用言传教会了雨来'我们是中国人，我们爱自己的祖国。'这句话在雨来心灵的沃土上撒播下'爱国'的种子。这，不就是雨来舍身掩护交通员李大叔的动力吗？这，不就是雨来面对糖衣炮弹仍不动心的力量源泉吗？这句话第二次出现是在雨来挨打后。'我们是中国人，我们爱自己的祖国。'这，就是支撑雨来接受严刑拷打后仍守口如瓶的精神支柱。雨来做到了，他用自己的行动实践着，用自己的鲜血书写着，'我们是中国人，我们爱自己的祖国。'"

学生会写，学生能写，只是需要老师的点拨、指导，需要日常的培养、训练。从说开始，欲写不难！

31. 学以致用每一课

第一单元的文章不是古诗、现代诗，就是长联、散文，这对于小学生来说，的确是有一定难度的。但再难的文章，只要掌握了品读的法宝，也会从语言文字中感悟到作者的思想和情怀。

看，“藕荷色的小蝴蝶，背着圆壳的小蜗牛……”这“小”字的运用，恰是冰心对动物的喜爱之情的流露。“我爱自己，也爱雏鸟；我爱我的双亲，我也爱雏鸟的双亲。”一份平等、一种尊重就这样自然而然地建立在人与动物之间。一个字眼不多，却足以悟其情；一个句子不长，却已够感人心。正是对语言文字的品悟，让学生读有所思，对文字的领悟能力不断提高。如今，我们全班同学更是开始了学以致用、活学活用。

学习古诗，孩子们也尝试着创作古诗，讴歌劳动。例如：学过有关劳动的《古诗二首》后，张伟豪创作的诗篇是——

乐在其中

昼夜不分去劳作，
乡间小道无人过。
村庄田园好景色，
初夏时节收获多。

★这是学习了《长城赞》后，王卓创作的诗——

长城

起春秋，历秦汉，
修筑长城路漫漫。
黎庶百工经苦难，

费尽心力洒血汗。

为我中华创奇观！

★这是韩鉴琪学习《你，浪花的一滴水》后的创作——

雷锋

为民服务全心全意，

无私奉献尽心尽力。

倾心维护人民利益，

爱岗敬业争创佳绩。

感动未来无穷世纪！

★还有《琥珀》学完后，力夫这样写——

当年松脂如今琥珀，

包裹生物机缘巧合。

贯穿古今时间打磨，

永恒生命历史定格。

★《赞琥珀》仿写一阕词——

琥珀恒久远，
一颗永流传。
变化过程路漫漫，
日日经考验。

任风吹雨打，
心如铁石坚。
海沙下面数万年，
突现人眼前。

经得住考验，
受得了磨难。
万般寂寞若等闲，
终完美蜕变。

★《鹬蚌相争》后的韩鉴琪的创作——

“鹬”与“蚌”

凡事都要讲利弊，
利弊不分不可取。
该得利时就得利，
该让步时别小气。

“矛”与“盾”

实事求是讲真话，
名要符实别乱夸。
言过其实做了假，
被人揭发多尴尬。

学习长联，学生们又开始了对联的创编。瞧，这对联多好呀！绝不亚于罗哲文对长城的赞美。

例如：金舒涵的创作——

长城赞

上联：历史悠久凝聚智慧穿越上下五千年

下联：景色壮美承载心血纵横大地十万里

★韩鉴琪的创作——

上联：战争不期而至，战火肆虐，狼烟四起。长城昂起头颅，保家卫国，奋力抗敌，奋起反击。

下联：和平缓缓降临，白鸽飞翔，红旗飘扬。长城挺起胸膛，见证历史，作为丰碑，扬眉吐气。

学习《山中杂记》，学生又将课上争论无果的问题写于本上，进行课堂学习的延伸，谈“自私的爱与无私的爱”、“地球属于谁”、“尊严可贵”……

虽然学生文笔还很稚嫩，尽管学生思想还欠深刻，但活学活用，学以致用的实践与创造精神却不容小觑。它是学生自主学、主动学、创新学的体现。学生真正意义上成为了学习的主人！

32. 学会深思方有所得

从六年级开始进行段篇训练后，我着力在学习了每篇精读课文后，布置相关的写一段话或学文一得等创新作业，重在培养学生第二轮的深入思考。在课堂互动学习绽放智慧火花的基础上，静下心来独自深入感悟，将课堂所学、所听与课后所感巧妙结合，这是深入理解课文内容，由学会到会学的一种有效途径。只有将课上所学加以提炼，经过沉淀，不断锤炼，才能将知识内化，将情感升华，将所学积淀后铺在脚下，成为提升自己学习技能的台阶，这就是练笔的意义，这就是作业的魅力。

我们所谓“不动笔墨不读书”决不只是课堂教学的一种表面形式，更应成为每节课、每课书后的思维方式，在深入的练笔中学会深思，在深层的思考中形成思想，在深刻的思想中完善认知。这样持之以恒地训练，定会收到很不错的效果。学生学习的主动性会更强，最主要的是学生会动脑学习，且学有深度。

以《野草》一课为例，学生在“学文一得”中见解独到，颇为启迪人，像夏衍一样文笔极富感染力。

如学生在作业中的“语言背后是思想和情怀”——

野草，它并不渺小，在困难前都能放声大笑；野草，它不比树高，却值得我们为它叫好。野草拥有无与伦比的、无物能及的力，但它不会张扬……经风雨洗礼，见成功真谛，这便是野草。

——摘自张思远《这便是野草》

野草，不落在肥土而落在瓦砾中，不生在花棚而生在野岭中，不长在温室而长在荒地中。它一出生，就不可能与那些养尊处优的奇花异草相提并论，可它不放弃自己的生之理想，不忘记自己的生之志向，永远满怀憧憬与希望。于是它不畏艰辛往上挺，任你石缝何狭；于是它奋然向上使劲顶，任你巨石何重；于是它不屈不挠拼命钻，任你风吹雨打。它永远告诫自己："成功的法则是拼搏。"它永远提醒自己："我的未来不是梦。"它永远对着命运傲然地说："不！"

——摘自赵英辰《学会对命运说"不"》

什么是生命的力量？一株小草，如此渺小，可它却倔强地钻出地面来。它的根深深地扎进地下，它的叶拼命地伸展发芽。野火烧不尽它，车轮碾不死它，寒风吹不倒它，烈日晒不枯它。待到春风吹来，它又蓬勃向上；待到烈日炎炎，它又茁壮生长；待到秋意袭来，它悄然变黄，根却依然汲取营养；待到冬雪纷纷，它又为来年积蓄力量。……什么是生命的力量？这就是生命的力量！

——摘自何桑柔《生命的力量》

在夹缝中求生存，在逆境中求生长，这便是野草的精神。……没有人夸赞它比花娇艳，没有人欣赏它比树高直，但没有人不承认它是自然界中的强者。……我们难道不是这样吗？在困难与逆境面前，畏缩不前、知难而退，这是弱者的表现；唯有勇往直前、知难而进，才是强者的宣言。

——摘自王时雨《生活中的强者》

你问，野草为何能看见阳光？因为它象征坚强，不管困难重重，千万阻挡，只为向往，奋然向上！因为它象征意志，面对困难，勇于斗争，顽强拼搏，自始至终！因为它象征生命，自强不息，只为一生向往；不畏艰辛，只要实现梦想；坚韧不拔，只求冲破土壤，见到一丝春风、一缕阳光！你可以让它生长在瓦砾中，你可以用石块阻挡野草成长的方向。但是，野草告诉你——一生奋斗，只为生之意志，实现梦想！越磨砺，越光芒！

——摘自崔梦琦《一生梦想》

当草的根在地下蔓延，扎稳，为爆发而沉默，为生长而蓄力，一切的准备就此开始。……这，是强者的挑战，是勇者的舞台，是弱者的禁地。较量信仰，较量意志，较量对生的向往。……草可攻可守，可进可退，石稳扎稳打，纹丝不动；草坚持不懈，坚韧不拔，石依仗身势，不愿退缩；草顽强不屈，奋然向上，石开始动摇，放弃信仰……

——摘自陶江蒙的《较量》

以上仅为课后“一得”篇，此外还有“语录”篇、“诗歌”篇。瞧，这是学生的课堂经典话语——

草不可貌相。——召宇

绳锯木断，水滴石穿，草长石翻。——桑桑

挡我者，翻！——大胖

给我生命，我将创造奇迹！——陶老师

小小石块，能奈我何？——小关

野草是在逆境中求生存啊！——雪筠

困难就是磨刀石。——思远

阿基米德说：“给我一个支点，我能撬起整个地球。”小草说：“给我温度与湿度，我能分开整个头盖骨。”——八哥

小草的座右铭：只有你想不到，没有我做不到。——召宇

钉子有挤劲、钻劲，小草不也是如此吗？——陶老师

这是一首小陶教授自己创作的小诗《奋斗》——

奋斗

不断地奋斗再奋斗，
到生命最后的最后。
挺胸，昂首，
相信阳光总在风雨后。

困难面前，
绝不能恐惧地闭上双眼。
站稳脚步，踏步向前，
鼓起勇气将它挥剑斩断。

天地之间，
存在许多逆境、磨难，
怎能刚开始冒险，
就被打得失去信念？

人生短暂，
许多美景都来不及看，
但，
抬眼眺望，抛开杂念，
坚强地迎接下一次挑战！

如那野草一般，
根，扎入地面，
叶，修长舒展。
阻力，化为动力，
重担，变作轻烟。
向着阳光，向着蓝天，
前方的路，不再遥远，
只要你变得更坚强，勇敢！

学生学习若此，创作若此，莫不是长期形成的学习好习惯、思维好习惯造就而成。学会深思，学生便成为了学习的主人；学会深思，学生便拥有了创作的愿望；学会深思，学生便可学有所得。

33. 我看语文学科的人文性——情感

语文学习的最终目的是会写，这也就是语文的工具性的运用。为什么语文学习一直将人文性和工具性捆绑在一起呢？

我知道语文是充满情感的一门学科，这是任何学科无法充分体现的特色。可见，要想学好语文，必须要有情感的投入，必须要擅长驾驭文字，即人文性、工具性的二合为一。惟其如此，才是真真正正地深入学习，学好语文。瞧，情感是语文的灵魂，没有了灵魂的文章，无异于失去了灵魂的躯壳，哪来的内涵，哪来的深度？文字是工具，只有使用工具，才能写就文章。工具是根本，情感是核心，二者缺一不可。

正是认识到这一点，所以，日常教育教学活动中，我着力培养学生的情感技能，只要学生动情了，就很容易走进课文，与文本近距离接触，想人物所想，思人物所思，这就是我们常说的为学生创设情境，引学生入境。与其课堂上老师千方百计地去设计情境调动学生情绪，激发学生兴趣，为什么不在平日的教育中着力培养学生的高情商呢？一旦学生感性意识增强了，无需老师绞尽脑汁地引导，学生会很轻松自然地将自己置身于文本情境中，自觉地贴近人物，换位思考，动情读、动情说、动情悟。看，哪一样离得开“情”啊？当学生拥有情感的时候，当情感作为技能被学生自然“输出”的时候，无论哪种类型的文章，无论哪个国家的故事，不管它所介绍的事件离学生多么遥远，不管它所处的背景有多么难于理解，学生都会被打动，都会与作者产生共鸣，都会品悟到文字背后的情感，因为“感人心者莫过于情”，因为“语言文字的背后是思想和情怀”。

以我的学生为例，都是出生在蜜罐里的孩子，谁也没有体验过二万五千里长征的艰辛，谁也没有感受过亲人牺牲的痛苦，谁也没有经历过义犬寻亲的故事，谁也没有……可正是因为他们不冷漠，他们有情感，他们有爱心，一篇篇抽象的文字鲜活了起来，一个个感人的形象树立了起来。

你可曾想到，在平日的课堂上，他们会为江姐看到丈夫的头颅挂在城门上而咬紧牙关不让自己暴露身份的瞬间所震撼；他们会为被贫穷的主人无奈送人的义犬历经三个月的长途跋涉，精疲力竭扑卧在破败的家门前而泪光闪闪；他们会为老班长皱着眉头硬咽鱼骨头的情景而泪流满面；他们会为……是啊，他们会为许多事情感动。课上，哪里还用老师煽情式的表演诗朗诵？哪里还会出现老师感动得热泪盈眶，而学生个个都是无动于衷的景象？哪里还会有一篇文章学生读不出情，品不透味？

情感是帮助学生理解的助力器，有了情感，就仿佛是给学生插上了思想的翅膀，有了这对羽翼，学习语文就会得心应手，学习过程必将事半功倍。

34. 为短文命题乐趣多

这天，为学生讲一篇短文，其中一题就是“给短文加一个题目”，这可是个难点。平日总是指导学生如何审清题意，对于审题，学生掌握了一套方法，而为文命题总是不知如何下手。于是，我采取“逆向思维”的学习方法，指导学生明明白白地为文章命题。

首先，让学生明白题目是文章的眼睛，眼睛的神采如何绽放呢？要能体现文章内涵或是内容。由此，引导学生回忆过去曾指导过的命题方法，以主要内容、中心思想、时间、地点、事件、线索、人物语言等进行命题，其中最关键的当然是要体现主要内容，突出文章中心思想了。于是，命题由此入手。

学生明白了题目中要彰显的内容，那么究竟怎样给这篇文章命题呢？还要具体问题具体分析，题目还要能让人了解这篇文章是写什么的？学生哑然了，连题目都没有，如何判断？我引导学生回忆写作中讲到的“前点题，后扣题”的方法，学生恍然大悟。原来，在无题可解的情况下，看文章的开头、结尾，也会给一些启迪。

随即，我让学生们读这篇短文。学生立刻从“我国著名的妇产科专家林巧稚大夫一心扑在事业上，对病人满腔热情。”感觉到这是写人的文章，写的是林巧稚这个人。“那么用‘林巧稚’命题行吗？”“不行，题目太空，太大！”“不能看出主要内容。”“人物特点也不知道。”否决了这个题目的同时，学生明白了要抓人物特点命题。瞧，这组命题出现了：“一心扑在事业上的林大夫”、“对病人满腔热忱的林巧稚”、“对工作（事业）满腔热忱的林大夫”……“这是以中心命题的一种形式，还可以从主要内容方面着手，或是将内容与中心合二为一，可以试试吗？”学生的创造潜力的确不可小窥。看，“好记性·坏记性”、“林巧稚的记性”、“在乎·不在乎”……学生居然能从两件事上着手，对比着命题，既强调了事件内容，又蕴含着人物品质，实在太妙了！我不禁为学生竖起了大拇指。这就是理解，这就是创造。

学生的智慧启迪着我，“嘿，瞧她这记性！”我脱口而出，没想到居然又是一个新颖而引人的题目。“忘了托人买电池的事”可以是“嘿，瞧她这记性！”可见，林巧稚为了工作什么也不顾，除了工作，什么也记不得。“主动向病人家属介绍病人情况”可以是“嘿，瞧她这记性！”只要是为了病人，她的记性就好得很。两者对比，林巧稚的一心扑在工作上，对病人满腔热忱的人物特点跃然眼前。

看，课堂上教师深入浅出的引导，激发了学生的创造才能。学生的智慧又激活了教师的思维，生生互动，师生互动，课堂的确是师生共同学习，共同创造，共同提升的大学堂。

35. 让学生“动起来 学进去”的先决条件

课上，要让学生动起来，首先就要给学生创设一个和谐、宽松的学习氛围，尊重学生，平等地对待学生，让学生在精神紧张、心情轻松的状态下学习，才会主动学、自主学、创新学，学有质量。

课堂教学中，学生创新意识的培养和发展离不开和谐、民主、活泼、轻松的课堂学习氛围的创设；专制、压抑的你问我答或串讲式教学会给师生和学生间的交流制造压力，造成障碍。在学生心目中总认为那是课堂，是个专制性强的地方，怀有紧张心理的学生又怎能将自己的所思所想尽情展现于课堂呢？

因此，必须将“课堂”变为“学堂”，变为学生学习的乐园，教师只是乐园中的普通一分子，无论在身份上或是情感上尽可能地与学生融为一体，没有特权，和学生共同读、思、品、悟，该悲则悲，应喜则喜，让学生自然地将教师作为一个情感交流的大朋友，而不是呆板、生硬的机器控制员。只有这样，学生才会真正地拥有思想上的轻松感、心理上的亲切感，宽松的课堂是师生共同营造的语言艺术的学堂。

在交流、研究、探讨的学堂，学生是主人，他们可以尽情地品悟语言文字中的美，蕴含的情，或交流、或争论、或赞赏、或驳斥，声声不歇、环环相扣，在辩中求异，在驳中求同，思维的火花不断地闪现，创造的才能不断地挖掘。学习氛围之浓郁，

探究问题之深入，思维想象之敏锐，正是学生民主、自主学习的体现。

其次，教师要用自己饱满的情绪带动学生。要知道教师是一面镜子，是每个学生心目中的榜样，学生的表现很多时候正影射出了教师的言行。教师要让学生说得动情，自己就要富有感情；教师要让学生读得有滋有味，自己先要读得绘声绘色。以情激情，师生才能实现真正意义上的互动。

课上，我总是以激昂的斗志面对每一个学生，让他们从老师身上看到的是力量、自信，教师用激情地讲，动情地读，生动的教态，丰富的表情去感染学生，与学生交流。在教师情绪的感染下，学生更是积极、热烈、自信、坚韧地开展学习活动，踊跃发言、热烈讨论、情绪高涨，课堂气氛十分活跃。教师的情与学生的情相互交融，课堂上始终充满了浓浓的情感，每位学生都是情感的表达者、创设者、接受者。

听，学生的发言无拘无束，决不胡言，也不乱语。一环套一环，一个接一个。

这是《你，浪花的一滴水》的课堂教学进行中——

师：谈谈你对“一滴水”的新的理解？

生1：一滴水多么渺小，多么平凡，多么微不足道，但是……

生2：但是，它却是浪花至关重要、不可或缺的组成部分……

生3：雷锋，不就像这浪花中的一滴水一样吗？虽然不足挂齿，可是却影响巨大。他在平凡的岗位上做出了不平凡的事，一步一个脚印，全心全意为人民服务，从点点滴滴的小事中，启迪我们伟大的真正内涵——雷锋精神就是小中见大。

生4：雷锋，用他年轻的生命谱写了一曲壮丽的乐章；

生5：雷锋，用他朴实的行动展现了一种精神的不朽；

生6：雷锋，奉献了自己的青春，在人们心中永生！

生7：是太阳就要发光，是花儿就要绽放，是鸟儿就要歌唱，是党员就要奉献！这就是雷锋，只知奉献不知索取，毫不利己专门利人！他用自身的点滴行为告诉我们，力量从团结中来，智慧从劳动中来，行动从思想中来，荣誉从集体中来……

当课堂真正交给学生后，学生就是学习的主人，就是课堂上流动的活水，潺潺流淌，活力无限。

36. 让作文教学落在实处

第一篇以“乐趣”为主题的习作完成了。批改后发现，学生叙事能力强，抓住动作、语言、神态、心理活动具体描述事件的起因、经过、结果。可唯独欠缺了“趣”，字里行间无趣可言。为了体现趣事，而不得不在文章开头、结尾处点上一、两句有关乐趣的话语。

为什么会出现这样的现象呢？我不禁反思：也许是教学中我对“乐趣”强调的不够吧！关注了让学生寻找体现乐趣的事，而忽略了“事中见趣、乐在其中”的指导。

讲评作文时，我让学生再次回顾了《养花》一课老舍先生是如何把养花当作生活中的乐趣的，从文中找出老舍乐在其中的语句。学生多聪明啊！很快，“我只把养花当作生活中的一种乐趣。”“摸着门道，花草养活了，而且三年五载老活着，开花，多么有意思呀！不是乱吹，这就是知识呀！多得些知识决不是坏事。”“我不知道花草受我的照顾，感谢我不感谢，我可得感谢它们。”“看着友人拿走自己的劳动果实，心里自然特别喜欢。”……在读中，在议中，学会体会到了叙事中要融趣，表达中要增趣，情感上要见趣。我又让学生体会范成大在七绝《四时田园杂兴》中对“趣”的体现——“童孙未解供耕织，也傍桑阴学种瓜”。学生感到尽管诗人未细致描写，可却通过传神的语言，开启了我们想象的空间。在想象中，我们真切地体会到小孩子装模作样学着大人的样子，乖巧可爱、憨态可掬地“辛勤劳动”的情景，令人忍俊不禁。

有了更深入的指导，学生在语言表达上充满了深深的“童趣”，情感体现上渗透着浓浓的“情趣”。

如：何桑柔作文《小小铁环 滚出无限乐趣》

滚铁环，听到这个名字，有人会摇摇头："没听说过。"有人会点点头："嗯，那好像是爸爸妈妈儿时玩过的。"如今，这个带给我们父母无穷乐趣的游戏，又着实让我们过了一把瘾。

大课间到了，我们班刚一解散，大操场上便"叮哩咣啷"地响起了铁环与铁杆的亲密接触声。

李子豪显然是个新手，对滚铁环一窍不通。只见他把铁环往前一扔，铁环便一摇一摆、歪歪扭扭地向前滚动起来。"好新颖的发环方式!"我目瞪口呆地惊叹道。接下来的情景更令人瞠目结舌：李子豪挥起铁杆一抽，铁环便快速地转动起来，像一头脱缰的野驴一般横冲直撞。李子豪也加大马力跑起来。这种滚铁环方式，好独具匠心啊！我愣得无语了……就这样，操场上便出现了人追铁环，不，更准确地说是"铁环遛人"的景象。

看到忍俊不禁的场面，听着充斥耳畔的叫声："杨昊，滚。""吴嘉澍，滚。"我心里也痒痒了，接过一副铁环，也来练练。

扶正铁环，摆好铁杆，左手一放，右手一推，铁环就在我的指挥下滴溜溜地转动前行了，好像一只乖巧的小狗，欢快地跑了起来。我又用杆一勾，哈哈，铁环又听话地停了下来。张思远看见了，大声叫道："哇！何桑柔，你简直就是天才，我太崇拜你了!"

听了这句话，我相当的高兴，又自信满满地尝试了第二次。调好了铁杆的位置，放手，推环，一切都进行得很完美。我正梦想着再一次成功，不料杆被我推出去一大截，环却纹丝未动，像没有骨头一样瘫在了地上。呜呀！好失败，我这一世英名立刻毁于一旦。

"没有不可能(impossible is nothing)!"所以我是不可能推好铁环的。错了，我是不可能推不好铁环的。我这样鼓舞着自己，又重复了一遍准备动作，推杆——耶！铁环果然动了起来。"成……"还没把"功"字说出来，铁环在地上翻了一圈后，就又倒下了。唉，失败是成功之母，再试试吧。

在做完充分的思想准备后，我又振作起来，第四次立起铁环。放手，推杆，我非常认真地做着，铁环竟慢慢移动起来……噢！这次真的成功喽！不料，加速的铁环居然趁我不注意时“开溜”了，好狡猾的铁环！

哎，铁环“跑”远了，快追！于是，本来受我驾驭的铁环如今“使唤”起了我，它跑到哪里，我就得屁颠屁颠地追到哪里。唔，就像一只跟屁虫一样。我一个大活人，怎么能听命于一个小铁环呢？用铁杆控制吧。可是，我举着杆又不知道怎么才能搭上铁环。从旁边伸杆，怕把铁环碰翻在地；从后面捅铁环，又怕环打掉铁杆。我只好眼睁睁地看着我“费尽移山心力”才滚起来的铁环在地上一翻，一滚，仿佛在做最后的挣扎。我眼一闭，一睁，眨巴眨巴，就看见铁环倒在了地上，完成了这次还算成功的尝试。

就这样，我和铁环赛跑似的你追我赶玩起了“追逐赛”。环滚啊滚，滚出了欢乐；我跑呀跑，跑出了愉悦。经过多次尝试，我终于控制住了这个拼命想逃离铁杆的铁环。铁环终于听我这个发号施令的指挥官的命令喽！那成就感，真是相当的大。

呵呵，这就是“滚”出来的无穷乐趣！

如果说第一次习作“事中见趣”是区别于过去写叙事文的不同之处，那么，第二次习作，我则着力强调的是“物中抒情”。由“遗迹”发散开来，选择一个有代表性的物加以介绍，从而透过现象看本质，透过事物看人物，由物及人，由对物的描绘，赞美创造此物的人的精神。状物是引子，抒情是根本。

如此讲解，学生便抓住了习作二的写作特点——物少情多，借物抒情，这又是与过去学写介绍说明文不同的一种习作类型，我就权且叫它做“状物抒情文”。

对于每学期这 6 篇大作文，我力求将其写实，写精，写出特色。而其写作特色、方法就来源于单元中的精读课文，努力做到学以致用，真正实现教材工具性的价值。每练一篇文，我都将写作特色落于实处，在习作中锤炼写作技巧，使学生在学以致用的基础上，学会写作，长于写作，精于写作，品尝到习作的乐趣。

37. 品读是语文学习的根

“读”是语文学习的根本，读书贵在品读。读一本书就像品一盅酒、品一杯茶，细细咀嚼出酒的香醇、茶的清香。

古人云：“书读百遍，其义自见。”这一方面是强调要多读；另一方面也是在告诉我们，只有品读才能让隐藏在文字背后的思想和情怀凸显出来。

何为“品读”？“品读”就是咂摸味道。“咂摸”一词在字典中的解释是“仔细辨别滋味、意思等”。是的，食物的滋味需要咂摸，语言的意思同样也需要咂摸。如果只是读而不去品，次数再多也无味可尝。就好像喝茶一样，饮茶是为了解渴，而品茶则是为了享受茶香、茶色、茶味、茶韵……品读文字就是要在读中享受文字的美妙，体会语言的魅力，透过文字感悟思想内涵，借助文字感受作者情怀。

品读是更高层面的读，是深思之后的悟。品读的过程恰恰是读者与作者思想交融、情感碰撞的过程。我始终认为，小学生只有品读，才能入情、入境，品读是用心读、动情读的真实呈现。

正是在品读的训练中，学生平淡、快速、声音如蚊般的朗读被替代了，他们开始注意读书时的抑扬顿挫、疾徐快慢，开始调动表情，带动心情，利用手势等辅助性手段进行朗读。万事开头难，有了敢为人先者的带动，再加上老师的相机引导、鼓励，调动了学生的积极性。顿时，课堂气氛轻松了、活跃了，一些学生跃跃欲试，不再胆怯，不再害羞，全身心融入到诵读中。敢品了，能读了，品读的味道愈来愈浓了。

学习语文重在品读，品读是情感的释放，品读是智慧的碰撞，品读让语文学习轻松、生动有保障。

38. 减负增效做法

所谓“减负增效”，简单地说就是减轻负担，增加效益或效能。怎样将减负增效提质落到实处？我的做法是充分利用课堂时间精讲、深思、细嚼；大力开发课外时间激情、引趣、创新，通过精心设计课外作业，全面提高学生能力，实现由课内向课外，由此课向彼课延伸，课内外结合，科与科融汇，课本知识与生活实践相统一。布置作业时，我坚持因材施教的原则，切实将分层次留作业落到实处，促使不同层次的学生学有所得，写有所获。

首先，针对学生特点，开放性地分层次布置作业。

根据学生学习状况，我在作业内容和形式上进行了一系列的变革——针对高年级特点，淡化生字词、抄书等项固有作业，强调作业中的求异、创新，将作业由过去一刀切局面变为多层面展开，且具可选性。

让头脑灵活而又勤于动手的孩子，创造性地做一些具有一定难度，但又通过认真思考可解决的作业。如理解句子、改写文章等，给他们以口头表扬或利用代币制进行精神上的奖励，使其从作业中获得更多的自信。既具思考性又可体现能力水平的作业很受乐学、会学的学生欢迎，因为他们可在作业中发散思维，将课上没说透的内容在作业中充分体现，培养了他们爱钻、乐钻，深入细致的学习作风。

对于那些头脑反应相对较慢，缺少良好学习习惯的学生，也可在创新作业中发挥自己的才智，做一些对其而言既不过难，无从下手，又不很易，索然无味的作业。如从文中选一些词语搭配、近反义词等内容。这种自创作业潜移默化地令学生掌握了知识，发展了思维。老师对其中肯、实在的鼓励也激发了他们的上进心，日积月累，在其能力许可的范围内发展着、提高着。

另外，我根据学生书写速度的快慢，从本学期开始，增加了选做题。写作业快的学生，写完必做内容后，如果感觉不累，还可以充分利用晚自习时间做一些拓展题目，进一步提高学业质量。

分层次留作业给了学生很大的自选空间，令传统单调、枯燥重复的作业焕发了生机，集趣味性、创新性、开放性、教育性于一体，注重学生主体作用的发挥，使学生课堂的自主学、主动学、创新学在作业中能动地体现出来。

其次，形式的多样可激发学生对课外作业的兴趣。

就跟“亲其师信其道”一个道理，当学生从创造性的作业中尝到甜头后，便会自然而然地喜欢上写作业。因为作业成了他施展才华的舞台，充满智慧的作业开发了他的创造潜力，彰显了他的能力，学生会越写越有兴趣，不会将其视为负担。

兴趣是学习的动力，能激发求知的欲望，促进思维的活跃，保持学习的持久。因此，课外作业的质量取决于学生的兴趣。根据不同学生的兴趣特长，设计不同形式、不同内容的作业，既有利于调动学生完成作业的积极性，又在作业中发挥了学生的特长，更是学生依据个性化的理解对课文内容的深层次的挖掘、领悟，可谓一举三得。

我根据教材特点，结合学生实际，下放了留作业的权利，学生可自选、自定作业内容。作业一经开放，形式便多种多样，不仅只是听、说、读、写几方面了，诗、画、故事等形式，电脑、录音机等手段全运用上了，学习能力得到全面发展。

其一，图文并茂，感性、理性相结合。

比如学完《两张电影票》，有的学生写作业时以连环画的形式体现，将事件的经过画成了一幅幅小图，将枯燥的文字想象成生动的画面，配上简短的、概括过的文字，经过构思，这样一篇文字符号在学生头脑中鲜活起来、生动起来；还有的学生将故事续画成图或续写成文。

对文章的认识由感性到理性，再由理性到更深入的感性，如此往复，文章内容在学生心目中理解更深、更透。

其二，提高文学素质，试着当回诗人。

有的学生认为课内发言还不尽兴，就在情感的驱动下将课文内容写成了一首首小诗，一板一眼，韵味无穷。一首首并不成熟但却饱含真情的小诗，正是学生运用语言再造语言的过程。

草原

草原
美如画
一碧千里
风光甲天下
众鸟空中翱翔
牛羊就像珍珠撒
情趣浓浓景色幽雅
草原
欢笑多
人们握手
蒙古包中坐
盛情款待贵客
一杯酒中情谊多
蒙汉人民分外亲热
天
明朗，蔚蓝
草儿绿，空气鲜
一碧千里，草天一线
平地同样绿，小丘柔连绵
羊群陪伴草原，白花映入眼帘
翠色欲流入云际，牛和马也飘欲仙
流连忘返在这草原，心甘情愿爱你万年

其三，变书面作业为口头作业。

学生尝到了开放式作业的甜头，作业形式更多了，居然还出现了录音作业，将课后作业全录到磁带上，别人交作业本，他交磁带，声情并茂的作业也很别具一格，这也是学生做作业手段的创新。于是，对于有时工作较繁忙但平时作业一贯认真的学生，我就作为奖励允许其不写书面作业，以录音作业代替。录音作业向传统作业进行了挑战，对学生而言，说作业充满了情趣。

其四，课堂语录绽放智慧的光芒。

把课堂还给学生，让学生“活”起来(活跃)；把创造还给学生，让学生“动”起来(思维)。如今，我们的课堂节节课都有学生活跃的思维，绽放学生智慧的火花。这火花是生生间、师生间情感的激发，智慧的碰撞而成，是稍纵即逝的。为了将这智慧的灵光及时捕捉到，让瞬间变为永恒，我专门布置了课堂精彩语录的积累。对积累他人语录的同学而言，这是知识储备与二次学习的过程；对创造语录的同学而言，这是荣耀的，是自信的，是再创造的平台，是自我发展的舞台。学生们越积累兴趣越浓，越积累水平越高。

桑桑为其命名为“一闪一闪亮晶晶，课堂绽放小星星”；崔崔说它是“留声机”；小陶认为是“百花齐放 百鸟争鸣”，还有什么“思想者发言”等。

我教的一届学生留下了一本《妙语连珠》集子，他们在序言中这样写道：

相信当你们看到这本《妙语连珠》——精彩课堂语录集锦的时候，我们已经迈入了中学的门槛。如今，我们可以自豪地说：“我们这个集体中的每个同学都是发言的精英！我们这个拥有众多精英的集体，创造了课堂气氛最活跃，语言表达最精彩的课堂！不，不是课堂，而是我们大家的学堂。我们是这里真正的主人。

在这里，你可以耳闻“小陶教授”“赵豆苗”“何公、何母……”的出色口才，你可以眼见“崔崔”“张四眼”“老大姐”……的精彩表现，这可是我们全班43位同学共同营造的和谐温馨、民主宽松的的完美课堂。

我们决不人云亦云，我们决不随波逐

流；我们有头脑，我们有智慧，我们有胆量……

如今，学生们敢于拿起笔，书写学习心得；乐于拿起笔，进行文学创作，这是我倍感欣慰的地方。语文学习就是为了加以运用，学生们主动地进行“我手写我心”的实践创作，长此以往，生花的妙笔握在手中，稚嫩的话语愈见深邃，学习的技能愈见提高。

再者，创造性地完成课外作业，对发展学生能力，提高学生学习素质起着重要的作用。

今后，我还会根据所教学生的年龄特点、具备的知识技能、拥有的性格特征等情况，有针对性地改革墨守成规的、传统的留作业方式，使课外作业具有更大的灵活性、趣味性、发展性，调动学生做作业的积极性，使学生在自觉、能动的状态下创造性地完成课外作业，令自主学、主动学、创新学在课外作业中得以落实，融诗、情、画、意于一体，陶冶性情、增长知识、提高能力，令减负增效提质，更见成效。

图书在版编目(CIP)数据

捕捉教育生命力/李荣霞著.—北京：北京师范大学出版社，2014.5（2014.8重印）
（中国教育现场丛书）
ISBN 978-7-303-14879-0

Ⅰ.①捕… Ⅱ.①李… Ⅲ.①中小学教育－教学经验 Ⅳ.① G63

中国版本图书馆 CIP 数据核字(2014)第 078311 号

营销中心电话 010-58802181 58805532
北师大出版社高等教育分社网 http://gaojiao.bnup.com
电子信箱 gaojiao@bnupg.com

BU ZHUO JIAO YU SHENG MING LI
出版发行：北京师范大学出版社 www.bnup.com
北京新街口外大街19号
邮政编码：100875
印　　刷：北京京师印务有限公司
经　　销：全国新华书店
开　　本：170 mm × 240 mm
印　　张：16.75
字　　数：220千字
版　　次：2014年5月第1版
印　　次：2014年8月第2次印刷
定　　价：48.00元

策划编辑：陈红艳　　　责任编辑：陈红艳
美术编辑：王齐云　　　装帧设计：王齐云
责任校对：李　菡　　　责任印制：陈　涛